Unternehmensführung & Controlling

Reihe herausgegeben von

Patrick Ulrich, Professur für Unternehmensführung und -kontrolle, Hochschule Aalen – Technik und Wirtschaft, Aalen, Deutschland

Die inhaltliche Zielsetzung der Reihe ist es, den Gesamtkontext von Unternehmensführung und Controlling im Spiegelbild seiner historischen Entwicklung, aber auch im Lichte der aktuellen Anforderungen an eine zukunftsorientierte betriebswirtschaftliche Managementlehre abzubilden. Das Controlling wird in diesem Zusammenhang als integrativer Bestandteil der Unternehmensführung aufgefasst. In dem damit hier zugrunde gelegten wertschöpfungsorientierten Verständnis des Controlling stehen eine originäre Lokomotionsfunktion sowie derivative Informations- und Abstimmungsfunktionen im Vordergrund dieser funktional geprägten Controllingauffassung. Die führungsnahe Lokomotionsfunktion dient dem initialisierenden Anstoßen der Wertschöpfung sowie der Ausrichtung aller unternehmerischen Aktivitäten auf den Wertschöpfungszweck. Diese Funktion wird erst möglich, wenn die derivativen Informations- und Abstimmungsfunktionen erfüllt sind. Die Reihe strebt die Generierung fundierter, praxisnaher, aber auch theoretisch auf State-of-the-Art-Niveau stehender wissenschaftlicher Erkenntnisse an, die Unternehmensführung und Controlling auch im Forschungsbereich eine wachsende Bedeutung zuschreiben. Die Reihe hat einen hohen theoretischen Anspruch, ist letztlich jedoch immer im praxeologischen Sinne anwendungsorientiert ausgerichtet und zudem ausdrücklich offen für neue inhaltliche und publizistische Formate. Sie nutzt die bildhafte Vermittlung als Gestaltungsinstrument und bietet zeitgemäße, wissenschaftlich solide, dabei aber verständliche und zugleich praxisorientierte Publikationen. Die Autorinnen und Autoren sind ausgewiesene Experten aus Theorie und/oder Praxis der von ihnen bearbeiteten Themengebiete und somit ausgezeichnete Kenner von Unternehmensführung und Controlling. Die Grundlage für die Inverlagnahme bildet ein Exposé, das über den inhaltlichen Aufbau des Werkes, den geschätzten Manuskriptumfang, den Termin der Ablieferung des Manuskriptes an den Verlag sowie die Zielgruppe und mögliche Konkurrenzwerke Auskunft gibt. Dieses wird von den Herausgebern der Reihe sowie dem Verlag einem kritischen Review unterzogen. Die Schriftenreihe präsentiert Ergebnisse der betriebswirtschaftlichen Forschung im Themenfeld Unternehmensführung und Controlling. Die Reihe dient der Weiterentwicklung eines ganzheitlich geprägten Management-Denkens, in dem das wertschöpfungsorientierte Controlling einen für die Theorie und Praxis der Führung zentralen Stellenwert einnimmt.

Herausgegeben von

Univ.-Prof. Dr. Dr. habil. Wolfgang Becker
Lehrstuhl für Betriebswirtschaftslehre, insbes. Unternehmensführung & Controlling Otto-Friedrich-Universität Bamberg
Bamberg, Deutschland

Prof. Dr. Patrick Ulrich
Professur für Unternehmensführung und -kontrolle
Hochschule Aalen – Technik und Wirtschaft
Aalen, Deutschland

Vanessa Frank

Erfolg des Management Reportings

Eine prozess- und rollenspezifische Analyse

Springer Gabler

Vanessa Frank
Hochschule Aalen
Aalen, Deutschland

Die vorliegende Dissertation wurde als Doktorandin der Hochschule Aalen – Technik, Wirtschaft und Gesundheit über den Promotionsverband der Hochschulen für angewandte Wissenschaften Baden-Württemberg, Forschungseinheit 1 – Sozial-, Verhaltens- und Wirtschaftswissenschaften, zur Erlangung der Würde eines/einer Dr. rer. pol. angefertigt und an der Hochschule Aalen veröffentlicht.

ISSN 2628-5339 ISSN 2628-5347 (electronic)
Unternehmensführung & Controlling
ISBN 978-3-658-51475-4 ISBN 978-3-658-51476-1 (eBook)
https://doi.org/10.1007/978-3-658-51476-1

Die Deutsche Nationalbibliothek verzeichnet diese Publikation in der Deutschen Nationalbibliografie; detaillierte bibliografische Daten sind im Internet über https://portal.dnb.de abrufbar.

Planung/Lektorat: Karina Kowatsch
Springer Gabler ist ein Imprint der eingetragenen Gesellschaft Springer Fachmedien Wiesbaden GmbH und ist ein Teil von Springer Nature.
Die Anschrift der Gesellschaft ist: Abraham-Lincoln-Str. 46, 65189 Wiesbaden, Germany

Geleitwort

Die vorliegende Dissertation von Frau **Vanessa Frank** mit dem Titel **„Aktuelle Entwicklungen des Management Reporting – Eine rollenspezifische Analyse des Einflusses der Digitalisierung“** entstand im Rahmen des Promotionsverbands Baden-Württemberg (BW-CAR) und widmet sich einem hochaktuellen und zugleich wissenschaftlich anspruchsvollen Themenfeld der Betriebswirtschaftslehre.

Die Digitalisierung prägt seit Jahren in zunehmender Intensität die Strukturen, Prozesse und Geschäftsmodelle von Unternehmen. Insbesondere das Controlling und hierunter das Management Reporting stehen im Spannungsfeld zwischen technologischer Innovation, steigender Datenverfügbarkeit und sich wandelnden Kompetenzanforderungen. Während sich ein Großteil der bisherigen Forschung vornehmlich auf technologische Aspekte oder auf allgemeine Transformationsprozesse konzentriert, wählt Frau Frank eine differenzierte und integrative Perspektive: Sie verbindet die Analyse digitaler Entwicklungen mit einer rollenspezifischen Betrachtung der beteiligten Akteure im Management Reporting. Diese Verknüpfung technologischer und verhaltensorientierter Dimensionen stellt eine besondere Stärke und zugleich einen innovativen Beitrag der Arbeit dar.

Die Dissertation zeichnet sich durch eine klare konzeptionelle Struktur und eine fundierte theoretische Verankerung aus. Aufbauend auf einer systematischen Literaturanalyse entwickelt die Verfasserin einen konsistenten Bezugsrahmen, der Digitalisierung, IT-Tool-Nutzung, Aufgabenverteilung, Rollenverständnis, Rollenkonflikte sowie den Management-Reporting-Erfolg in einen nachvollziehbaren Wirkungszusammenhang stellt. Die theoretische Fundierung wird dabei nicht isoliert behandelt, sondern stringent mit den empirischen Untersuchungen verzahnt.

Die empirische Untersuchung in Form einer breit angelegten Onlinebefragung liefert eine belastbare Datenbasis zur Überprüfung der hergeleiteten Hypothesen. Die differenzierte Auswertung mittels Korrelations- und Regressionsanalysen unterstreicht die methodische Sorgfalt und wissenschaftliche Reife der Arbeit. Besonders hervorzuheben ist die strukturierte Herleitung der Hypothesen sowie deren systematische Prüfung im Kontext eines klar definierten Forschungsdesigns. Dadurch gelingt es, theoretische Annahmen empirisch zu fundieren und zugleich neue Erkenntnisse für die Weiterentwicklung des Management Reporting zu generieren.

Ein weiteres zentrales Verdienst der Dissertation liegt in ihrer hohen Praxisrelevanz. Die gewonnenen Erkenntnisse verbleiben nicht auf einer rein theoretischen Ebene, sondern werden in konkrete und differenzierte Handlungsempfehlungen überführt. Gerade vor dem Hintergrund zunehmender Automatisierung, datengetriebener Entscheidungsprozesse und veränderter Rollenbilder im Controlling bietet die Arbeit wertvolle Orientierungsimpulse für Unternehmen. Sie trägt dazu bei, digitale Transformationsprozesse nicht ausschließlich technologisch, sondern auch organisatorisch und personell reflektiert zu gestalten.

Frau Frank legt mit dieser Dissertation eine in sich geschlossene, methodisch fundierte und zugleich zukunftsweisende Forschungsarbeit vor. Sie verbindet wissenschaftliche Strenge mit konzeptioneller Klarheit und praktischer Anwendbarkeit. Damit leistet sie einen substantiellen Beitrag zur aktuellen Controlling- und Reporting-Forschung und erweitert den Diskurs um eine differenzierte rollentheoretische Perspektive.

Für ihren weiteren wissenschaftlichen und beruflichen Weg wünsche ich Frau Frank alles Gute und weiterhin viel Erfolg.

Aalen
im Februar 2026

Prof. Dr. habil. Patrick Ulrich
Promotionsverband
Baden-Württemberg (BW-CAR)
Stuttgart, Deutschland

Vorwort

Aus Wissensdurst zu bedeutenden Themenfeldern im Finanzwesen mittelständischer und großer Unternehmen, kristallisierte sich das Thema Digitalisierung im Management Reporting für die vorliegende Arbeit heraus. Teile der Dissertation wurden bereits zusammen mit den Autoren *Ulrich*, *Becker* und *Büttner* veröffentlicht.[1] Die Veröffentlichungen haben zur tiefen Faszination für den vorliegenden Themenbereich und zur Verbesserung der Dissertation beigetragen.

Einen Großteil der Promotionszeit durfte ich als wissenschaftliche Mitarbeiterin das Aalener Institut für Unternehmensführung der Hochschule Aalen begleiten. Auch hierdurch erhielt ich erweiterte Fachexpertise. Mein besonderer Dank gilt daher Herrn Prof. Dr. habil. Patrick Ulrich als Leiter des Instituts sowie Erstbetreuer meiner Dissertation. Seine Expertise ermöglichte mir zahlreiche fachliche Diskussionen. Seine Förderung und wertvollen Ratschläge beeinflussten die vorliegende Arbeit wegweisend und waren bedeutsam für den Erfolg dieser. Auch Herrn Prof. Dr. Dr. habil. Robert Rieg möchte ich, nicht nur für die Erstellung des Zweitgutachtens, sondern speziell für sein Engagement und Einbringung seiner Fachkompetenz bei schwierigen Fragestellungen, danken. Durch Herrn Prof. Dr. habil. Patrick Ulrich und Herrn Prof. Dr. Dr. habil. Robert Rieg, war

[1] Siehe Ulrich et al. (2022b); Ulrich et al. (2022c); Wissenschaftliche Vorträge: Current Developments in Management Reporting – A Systematic Literature Review focusing on Digitization and Role Changes, Pacific Asia Conference on Information Systems (PACIS) 2022, 05.-09. Juli 2022 (zusammen mit Patrick Ulrich, Wolfgang Becker und Ricardo Büttner); A Literature Review on the Impact of Modern Technologies on Management Reporting, 26th International Conference on Knowledge-Based and Intelligent Information & Engineering Systems (KES) vom 7.-9. September 2022 (zusammen mit Patrick Ulrich, Ricardo Büttner und Wolfgang Becker).

ich stets motiviert mein Bestes zu geben und lernte auch mit komplexen Sachverhalten zielführend umzugehen. Mein besonderer Dank gilt außerdem Herrn Prof. Dr.-Ing. Guido Baltes als Vorsitzender der Prüfungskommission.

Mit tiefer Dankbarkeit möchte ich zudem verstorbenen Herrn Univ.- Prof. Dr. Dr. habil. Wolfgang Becker gedenken, dessen Forschungen und Lehre stets Inspiration für meine Arbeit waren.

Des Weiteren möchte ich meinen ehemaligen Kollegen und Kolleginnen Wertschätzung für die schöne Zeit und Zusammenarbeit gegenüber bringen. Bei unseren wissenschaftlichen Hilfskräften möchte ich mich zudem für die Unterstützung, auch im Rahmen der vorliegenden Arbeit, bei Tätigkeiten der Grafikerstellung, Literatursammlung und Datenaufbereitung, bedanken.

Widmen möchte ich die vorliegende Arbeit meiner Familie. Hierunter meiner Mutter Marita Wilsmann-Stüpfert – in liebevoller Erinnerung, deine Wärme und Stärke begleiten mich. Meinem wundervollen Ehemann Christopher Frank für jede Ermutigung, bedingungsloser Unterstützung und seinem Beistand in schwierigen Zeiten. Ohne deine Liebe und dein Verständnis wäre diese Arbeit nicht möglich gewesen. Tiefster Dank gilt auch meinem Sohn Fynn Frank, dessen Freude und Lachen mir täglich Kraft geschenkt haben. Ich liebe dich von ganzem Herzen.

Zudem danke ich mit viel Liebe und aus vollem Herzen meinem Vater Peter Stüpfert, meinem Bonus-Vater Detlef Zülsdorf und meiner Schwester Nina Stampf. Ihr habt immer an mich geglaubt und mich in allen Lebenslagen, in jeder Hinsicht, unterstützt. Eure Liebe, Weisheit und Rat sind unverzichtbar für mich.

Eine immense Unterstützung waren zudem meine Schwiegereltern Hedwig Frank und Johann Frank. Durch eure Großzügigkeit und Hilfe, nicht zuletzt bei der Betreuung mit meinem Sohn, habt ihr mir die nötige Zeit zur Arbeit an der Dissertation gegeben.

Kraft, Ermutigung und viel Geduld habe ich zudem durch meinen mir unendlich wichtigen Freundeskreis erfahren. Namentlich möchte ich mich vor allem bei Thomas Bayer, Robert Baumbach, Denise Klein und Felipe de la Fuente bedanken. Hervorzuheben ist zudem mein verstorbener Herzensbruder Maximilian Pitterle. Dein Glaube und deine Liebe in mich als Person waren ausschlaggebend für diverse wichtige Entscheidungen in meinem Leben und ganz sicher ausschlaggebend für die Erstellung vorliegender Dissertation.

Vanessa Frank

Zusammenfassung

Die vorliegende Arbeit zeichnet sich durch die Erlangung von Kenntnissen zum Thema Erfolgssteigerung des Management Reportings unter Einsatz von Technologien und IT-Tools aus. Als Hauptbestandteil können prozess- und rollenspezifische Analysen genannt werden. Hierbei weist unter anderem die Erfolgsanalyse unter Betrachtung der einzelnen Management-Reporting-Subprozesse den Novitätsgrad vorliegender Arbeit auf und stellt die Wichtigkeit der Thematik in Theorie und Praxis heraus. Aus theoretischer Perspektive kann die Ausweitung der Wissensbasis im Management-Reporting-Prozess bezüglich dem Thema Digitalisierung sowie rollenspezifischer Zusammenhänge hervorgehoben werden. Bezogen auf die Unternehmenspraxis erfolgt ein Mehrwert durch die Erarbeitung von Handlungsempfehlungen zur sinnvollen Technologie- und IT-Tool-Nutzung zur Erfolgssteigerung. Zudem wird von der Darstellung der, mit dem Themenkomplex Digitalisierung, einhergehenden Rollenkonflikte profitiert.

Ein ausführlicher Grundlagenteil stellt in der vorliegenden Arbeit die notwendigen fundierten Kenntnisse zum Thema Digitalisierung im Controlling und Management Reporting, der Erfolgsmessung sowie bezüglich der einbezogenen Technologien und IT-Tools sicher. Zudem erfolgt eine perspektivische Darstellung des Management Reportings unter Digitalisierungseinfluss. Der ausgedehnte Grundlagenteil soll es Unternehmen ermöglichen, sich im Einzelfall vereinfacht in den Themenkomplex einzuarbeiten und ausgearbeitete Empfehlungen besser auf ihre Bedürfnisse anzupassen.

Die Erarbeitung von zwei systematischen Literaturanalysen (vor Ergebnisaggregation insgesamt 6.140 Treffer; nach Ergebnisaggregation 51 Treffer) und einer ergänzenden Literatursammlung ermöglichten 1. einen umfangreichen Rollenabgleich, 2. die Erarbeitung des Bezugsrahmens mit Hypothesen-Herleitung, setzten 3. den Fokus auf die Erfolge Entscheidungsunterstützung und Zeitersparnis und stellten 4. den Business Partner als besonders erfolgsversprechende Rolle heraus. Der Bezugsrahmen vorliegender Arbeit wird neben einer rollentheoretischen Fundierung im situativen Kontext aufgezeigt.[2]

Für die Hypothesentests wurde die Datenbasis einer vom 01.03.2022 bis zum 21.04.2022 durchgeführten Onlineumfrage verwendet. Es wurden 10.676 Links der Umfrage versendet. Zustellbar waren 9.421 E-Mails. Die Umfrage wurde 439-mal aufgerufen, 275 Probanden brachen die Onlineumfrage vorzeitig ab und 164 Teilnehmer bearbeiteten den Fragebogen vollständig.

Als wichtigstes Ergebnis der Hypothesentests konnte ein positiver Einfluss der Technologie- und IT-Tool-Nutzung in der Beratung auf die Zeitersparnis vorgewiesen werden. Zudem wird bei der Technologie- und IT-Tool Nutzung in der Datenanalyse und Berichterstellung tendenziell ein positiver Einfluss auf die Zeitersparnis angedeutet. Signifikante Ergebnisse bezüglich der Entscheidungsfindung konnten nicht aufgezeigt werden, jedoch aber eine statistisch signifikante Korrelation zwischen der Entscheidungsfindung und Zeitersparnis. Insgesamt können Erfolge durch den Technologie- und IT-Einsatz in der Beratung und nicht unter der Rollenbetrachtung aufgezeigt werden.

Die deskriptive Betrachtung zeigt in diesem Zusammenhang zudem, dass die Beratung am zweitwenigsten, die Datenanalyse und Berichterstellung am häufigsten von der Digitalisierung betroffen ist. In genannten Subprozessen werden vorzugsweise Dashboards und Analytics eingesetzt. Die Zeitersparnis wird bezüglich des Erfolgs im Management-Reporting-Prozess am höchsten bewertet. Empfohlen wird eine verstärkte Technologie- und IT-Tool-Nutzung in der Beratung.

Bezüglich betrachteter Rollen wird ein Rollenmix zur Konfliktreduktion angeraten. Aufgestellte Hypothesen bezüglich der Rolle des Business Partners im Zusammenhang mit der Technologie- und IT-Tool-Nutzung und Erfolgen in der Entscheidungsunterstützung und Zeitersparnis können nicht gestützt werden. Anhand der Perspektivenanalysen wird jedoch ein Rollenmix empfohlen. Enthalten sein sollten Rollen mit IT-affiner und -fördernder Wirkung sowie managementinteraktive Rollen,[3] hierunter dringend der Business Partner. Zudem ist bis dato auch die Rolle des Scorekeepers nicht zu vernachlässigen. Anzumerken ist zudem eine sinnvolle Einbindung weiterer Akteure wie IT-Mitarbeiter, Data Scientists, Data Engineers und Mathematiker/Statistiker.

Die vorliegende Arbeit bietet eine Grundlage für weitere Forschungen im Bereich der Erfolgsbetrachtung im Management-Reporting-Prozess. Als Beispiel

[2] Siehe zur Rollentheorie Katz/Kahn (1978) und Kapitel zwei (*Abschnitt 2.4*), zum situativen Ansatz Kapitel vier (*Abschnitt 4.1.3*) der vorliegenden Arbeit.

[3] Vgl. Schäffer/Brückner (2019), S. 26.

sinnvoller Erfolgsgrößen wird, durch erzielte deskriptive Ergebnisse, auf Transparenz, Ergebnisqualität (Aktualität) und Arbeitsentlastung aufmerksam gemacht. Anhand erarbeiteter Listen relevanter Technologien- und IT-Tools ist zudem eine Ergebniserweiterung in Folgestudien denkbar. Auf tieferer Definitionsebene könnten erneut Fragestellungen bezüglich der Erfolgswirkung des Business Partners im vorliegenden Themenkomplex denkbar sein.

Inhaltsverzeichnis

Abkürzungsverzeichnis

AI	Artificial Intelligence
BA	Business Analytics
BI	Business Intelligence
CRM	Customer Relationship Management
ERP	Enterprise-Resource-Planning
ID	Information Design
InfoVis	Information Visualisation
IT	Informationstechnik
KI	Künstliche Intelligenz
RPA	Robotics Process Automation
SLA	Systematische Literaturanalyse
SPOT	Single Point of Truth
SSBI	Self-Service Business Intelligence
VA	Visual Analytics
VBI	Visual Business Intelligence

Abbildungsverzeichnis

Tabellenverzeichnis

1 Einleitung

Die vorliegende Arbeit zielt auf die Betrachtung von Erfolgssteigerungen im Management Reporting ab. Sie handelt diesbezüglich von Digitalisierungen im Management-Reporting-Prozess und möglichen einhergehenden Rollenbildern und Aufgabenbereichen der Controller. Schwerpunkte sind hierbei verbundene Konflikte der Akteure sowie die Erarbeitung entsprechender Handlungsempfehlungen. Zur Einführung in den Themenkomplex folgen Ausführungen zur Problemstellung und Themenrelevanz. Startend mit dem Thema Digitalisierung im Allgemeinen, bis hin zum Thema Digitalisierung im Management Reporting und Rollenwandel, soll die Thematik nähergebracht werden. Anschließend bringen Erläuterungen zur Forschungskonzeption und letztlich zum Aufbau der vorliegenden Arbeit einen Überblick des Forschungsvorgehens und des Arbeitsinhalts.

1.1 Problemstellung und Themenrelevanz

Von Unternehmen, über die Politik, bis hin zur Infrastruktur – diverse Digitalisierungsstudien deuten auf digitale[1] Defizite und die Dringlichkeit der Aufarbeitung dieser hin. Die Umsetzung digitaler Anpassungen kann als ausschlaggebend für Deutschlands wirtschaftliche sowie gesellschaftliche Aufrechterhaltung angesehen werden.[2]

---

[1] Siehe im Kapitel zwei (*Abschnitt 2.1*) der vorliegenden Arbeit Abgrenzungen zum Begriff Digitalisierung.

[2] Vgl. Engels (2020), Kurzbericht ohne Seitenzahlen. Als Beispielstudien werden folgende Arbeiten angeführt: Demary et al. (2016); Lichtblau et al. (2018), Initiative D21/fortiss (2019); Hintemann/Clausen (2018).

V. Frank, *Erfolg des Management Reportings*, Unternehmensführung & Controlling, https://doi.org/10.1007/978-3-658-51476-1_1

Angesichts argumentierender Autoren wird klar, spätestens auf Grund der vorangegangenen COVID-19 Pandemie sollte die Bedeutsamkeit der Thematik Digitalisierung bei Öffentlichkeit, Politik und Wirtschaft offensichtlich geworden sein. Für Unternehmen stellt die Pandemie hierbei einen Stresstest dar, der auf mögliche digitale Lücken aufmerksam macht.[3] Das Virus SARS-CoV-2 wurde erstmals zum Ende des Jahres 2019 entdeckt.[4] Für Unternehmen war nach Ausruf der COVID-19 Pandemie am 11. März 2020[5] unumgänglich innerhalb kürzester Zeit notwendige Maßnahmen zu ergreifen, um das Fortführen des Betriebes möglichst digital und ortsungebunden zu gewährleisten.[6] Prozessuale sowie technologische Anpassungen und hiermit einhergehendes agiles Handeln der Unternehmen sind seit der Pandemie nahezu unabdingbar geworden.[7]

Längst vor der Pandemie bietet das Thema Digitalisierung kontroverses Diskussionspotential in betriebswirtschaftlicher Forschung sowie der Unternehmenspraxis.[8] Der digitale Wandel, begründet durch Informationstechnologien, kann als Aufgabenübertragung zuvor menschlicher Tätigkeiten auf Informationssysteme und künstliche Prozessabbildung sowie Prozesssteuerung beschrieben werden.[9] Als maßgebliche Treiber digitaler Transformationen[10] können nach *Gronau* und *Ulrich* gestiegene Datenmengen, verbesserte Algorithmen, aussagekräftigere Datenauswertungen durch verbesserte analytische Verfahren und

---

Siehe für aktuelle Ausführungen zum Thema digitale Technologien zur Resilienzförderung in Krisenzeiten beispielsweise: Bürgel/Hiebl/Pielsticker (2023); Santos/Liguori/Garvey (2023).

[3] Vgl. Engels (2020), Kurzbericht ohne Seitenzahlen.

[4] Vgl. Serpa (2020), S. 59.

[5] „Aufgrund der rapiden Zunahme der Fallzahlen außerhalb Chinas erklärte am 11. März 2020 der Generaldirektor der WHO, Dr. Tedros Adhanom Ghebreyesus, den Ausbruch offiziell zu einer Pandemie." Weltgesundheitsorganisation (engl. World Health Organisation (WHO)) Regionalbüro für Europa (2020).

[6] Vgl. Fitzpatrick et al. (2020), S. 5; Mischke et al. (2023), S. 1 ff.

[7] Vgl. Shi (2020); Feichtinger (2023), S. 1 ff.

[8] Vgl. Botzkowski (2018), Geleitwort, S. V.

[9] Vgl. Gronau/Ullrich (2019), S. 471.

[10] Die digitale Transformation kann als „[...] die Veränderung von Wertschöpfungsprozessen durch die Weiterentwicklung bestehender und Implementierung neuer digitaler Technologien, Anpassungen der Unternehmensstrategien auf Basis neuer digitalisierter Geschäftsmodelle sowie den Erwerb der dafür erforderlichen Kompetenzen bzw. Qualifikationen[]" betrachtet werden. Kersten/Schröder/Indorf (2017), S. 51; vgl. Gronau/Ullrich (2019), S. 471.

maschinelles Lernen[11], sowie die weltweite Vernetzung der Unternehmen genannt werden.[12]

Als bedeutende Entwicklungen der digitalen Transformation sind digitale Produkte sowie auch Infrastrukturen (späte 1990er), digitale Distribution (Web-Strategie, E-Commerce, 2000er) sowie digitale Geschäftsmodelltransformationen (2010er) zu nennen. Dementsprechend wird deutlich, dass die vorliegende Thematik Unternehmen bereits seit den letzten Jahrzehnten beeinflusst.[13] Die digitale Transformation kann hierbei einerseits durch die Möglichkeiten der Optimierungen und Innovationen im Unternehmen als Chance gesehen werden neu eröffnete Wertschöpfungspotenziale zu nutzen[14] – andererseits sind Unternehmen regelrecht dazu gezwungen sich dem digitalen Fortschritt anzuschließen, um das Überleben des Unternehmens auf dem Markt zu sichern.[15]

Das Thema Digitalisierung entwickelte sich somit im Laufe der Jahre zu einem Megatrend,[16] betreffend das Unternehmen in seiner Gesamtheit sowie heruntergebrochen alle Funktionsbereiche im Einzelnen.[17] Als erfolgskritisch in der modernen Geschäftswelt gilt dabei der Bereich Controlling. So ist das Controlling umfangreich in Steuerungs-, Zielfindungs- sowie Planungsprozesse der Unternehmensführung eingebunden, fungiert als Datenlieferant von Informationen über Kosten, Ergebnisse und ganze Wertschöpfungsketten und ist funktionsübergreifend in Fragestellungen strategischer wie auch operativer Themenbereiche integriert und somit in Bezug auf das Thema Digitalisierung nicht zu vernachlässigen.[18]

---

[11] Siehe in Kapitel zwei (*Abschnitt 2.3.2*) der vorliegenden Arbeit Abgrenzungen zu den Begriffen Analytics und maschinelles Lernen.

[12] Vgl. Gronau/Ullrich (2019), S. 471 f.

[13] Vgl. Berman/Bell (2011), S. 2.; Botzkowski (2018), S. 1; Becker/Pflaum (2019), S. 6 f.

[14] Vgl. Nylén/ Holmström (2015), S. 57; Plekhanov/Netland (2019), Introduction; Parviainen et al. (2022), S. 74.

[15] Vgl. Sebastian et al. (2017), S. 197 f.; Plekhanov/Netland (2019), Feichtinger (2023), S. 1 ff.

[16] Vgl. Hamidian/Kraijo (2013), S. 11.

Vgl. für einen Überblick zur deutschen Wirtschaft beispielsweise den Digitalisierungsindex 2023 in Bakalis/Büchel/Scheufen (2023).

Im Allgemeinen wirkt sich die Digitalisierung verstärkt auf große bis große mittelständische Unternehmen, Konzerne und vor allem Unternehmen mit vielen und schnellen Transaktionsbewegungen und großen Kundenstämmen aus. Dies wird sich jedoch über die nächsten Jahre hinweg fortlaufend ausweiten. Vgl. Langmann (2019), S. 1.

[17] Vgl. Keimer et al. (2017), S. 827; Macharzina/Wolf (2023), S. 1114 f.

[18] Vgl. Heimel/Müller (2019), S. 390 f.

Nach der *International Group of Controlling* können folgende Controlling-Hauptprozesse genannt werden (Abbildung 1.1):[19]

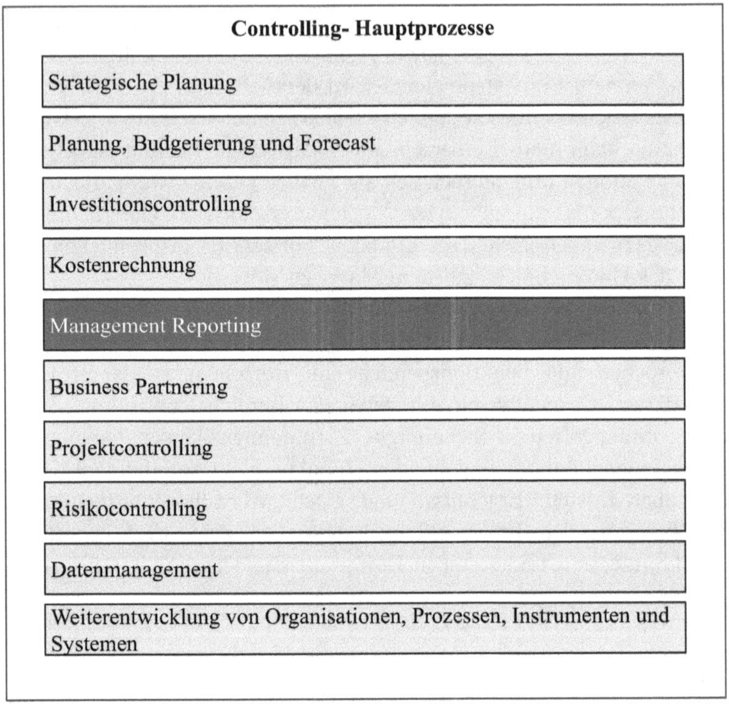

Abbildung 1.1 Controlling-Hauptprozesse. (Inhaltlich übernommen von der International Group of Controlling (2017), S. 3)[20]

[19] Die folgende Aufzählung wurde wörtlich aus den Ausführungen der International Group of Controlling (2017), S. 3 übernommen:

„Controlling-Prozessmodell 2.0" Ebd. Auch Ulrich/Rieg (2022) weisen auf die gängige Nutzung des Prozessmodells zu Forschungszwecken in Fragestellungen zur Digitalisierung hin. Vgl. Ebd., S. 5.

[20] Der Inhalt der Grafik wurde aus der International Group of Controlling (2017), S. 3 wörtlich übernommen. Die Darstellung unterscheidet sich.

Im Rahmen der aufgezählten Controlling-Hauptprozesse wird sich in der vorliegenden Arbeit auf die Informationsversorgung der Führungskräfte, das heißt auf das Management Reporting, fokussiert. Wie in *Kajüter, Schaumann* und *Schirmacher* beschrieben weisen digitale Umstrukturierungen des internen Berichtswesens[21] die Gelegenheit auf, oftmals hervortretende Probleme der Management-Informationsversorgung zu lösen.[22]

Das Management Reporting, zuvor geprägt durch einen Mangel an Flexibilität, Schnelligkeit, Dynamik sowie einem starren Informationsangebot,[23] soll zukünftig „[...] standardisierbare Reporting- und Analyseprozesse weiter automatisieren[]“[24] und dem Management eine „[...] adressatengerechtere und schnellere Vermittlung entscheidungsrelevanter Informationen[]“[25] zur Verfügung stellen und zeigen hierdurch eine erfolgssteigernde Wirkung.[26] Manager sollen dabei in Zukunft eigenständig in der Lage sein sich, ortsunabhängig innerhalb von Sekunden oder bereits sogar in Echtzeit mit benötigten Datenmengen, ungebunden an andere Funktionsbereiche, selbst zu versorgen und diese zu visualisieren.[27] Manager werden befähigt, neben der Nutzung digital abrufbarer Datensätze, auch Analysen und Berichte eigenständig zu kreieren, sich Informationsressourcen selbstständig zu generieren,[28] Trends und Muster zu erkennen[29] und Unternehmensszenarien sowie strategische Optionen digital darzustellen.[30] Das sich hierdurch ergebene Potenzial des digitalen Fortschritts im Management Reporting soll im Rahmen der vorliegenden Arbeit anhand gängiger Technologien und

---

[21] Siehe in Kapitel zwei (*Abschnitt 2.3.1*) der vorliegenden Arbeit Abgrenzungen zum Begriff internes Berichtswesen.

[22] Vgl. Kajüter/Schaumann/Schirmacher (2019), S. 137.

[23] Vgl. Ebd.

[24] Nobach (2019), S. 260; Vgl. auch Pargmann et al. (2023), S. 18.

[25] Nobach (2019), S. 260.

[26] Vgl. ebd.; Keimer et al. (2018), S. 5 u. 14; Isensee et al. (2019), S. 1 ff.; Weich/Löchte (2019); Fähndrich (2023), S. 44 f.; Pargmann et al. (2023), S. 18.

[27] Vgl. Weber/Strauß/Spittler (2012), S. 106; Weich/Löchte (2019); Stirzel/Yaldiran (2023), S. 549.

[28] Vgl. Alpar/Schulz (2016), S. 152 f.

[29] Vgl. Fayyad/Piatetsky-Shapiro/Smyth (1996), S. 39.

[30] Vgl. Mehanna/Tatzel/Vogel (2016), S. 504.

IT-Tools erläutert und auf Grundlage des wertschöpfungsorientierten Controllings betrachtet werden.[31] Unter anderem *Nobach* beschäftigte sich in Bezug auf das wertschöpfungsorientierte Controlling mit Digitalisierungstechnologien in Controlling-Prozessen wie dem Berichtswesen.[32] Gewählte Schwerpunkte sind vorerst an eben diese Ausführungen angelehnt und werden anschließend im aktuellen Forschungsstand der Arbeit vollumfänglich, anhand diverser Paper, als gängige Technologien und IT-Tools herausgearbeitet (Abbildung 1.2).

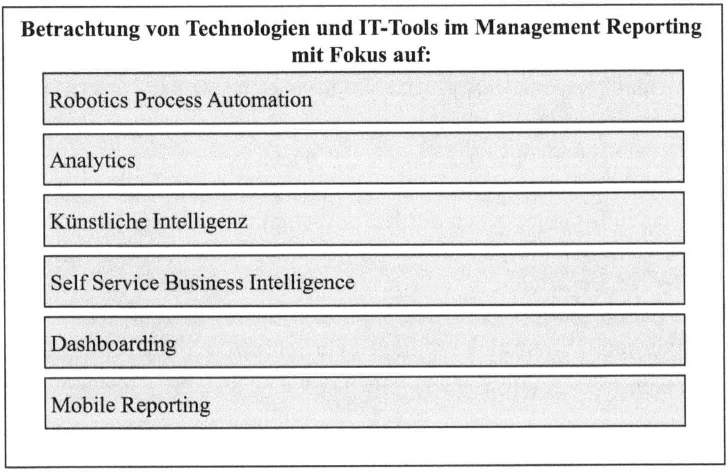

Abbildung 1.2 Auswahl Technologien und IT-Tools[33]

Unter Betrachtung aufgezählter Technologien zugehöriger IT-Tools im Management-Reporting-Prozess werden zwei Schwerpunkte fokussiert: Der einhergehende Rollenwandel und die Erfolgswirkung:

Die mit dem digitalen Wandel im Management Reporting einhergehende Unabhängigkeit des Managements zum Controlling in seiner traditionellen Natur,

[31] Vgl. für Merkmale von wertschöpfungsorientiertem Controlling Becker (1999), S. 3. Siehe für detaillierte Ausführungen zum Management Reporting im Zusammenhang mit wertschöpfungsorientiertem Controlling, sowie dessen Funktionen Kapitel zwei der vorliegenden Arbeit.

[32] Vgl. Nobach (2019).

[33] Siehe in Kapitel zwei (*Abschnitt 2.3.2*) der vorliegenden Arbeit Abgrenzungen der genannten Begriffe.

zeigt die Notwendigkeit eines Rollenwandels des Controllers der in Zukunft vermehrt proaktive Tätigkeiten übernimmt.[34] Im digitalen Zeitalter soll der Controller zunehmend die Rolle des Business Partners einnehmen,[35] digitale Transformationen vorantreiben, „konstruktiv-kritisch" beurteilen[36] und dem Management die digital gewonnenen Datensätze zur Entscheidungsfindung übersetzen.[37] Im Rahmen der vorliegenden Arbeit soll überprüft werden, in wie fern dieses Vorgehen erfolgssteigernde Wirkungen im Management Reporting aufzeigt. Neben einer theoretischen Fundierung folgen systematische Literaturanalysen durch welche ein Bezugsrahmen und anschließend Hypothesen herausgearbeitet werden. Hypothesentests erfolgen auf Datenbasis einer Onlineumfrage zur vorliegenden Thematik.[38]

Hervorheben wird sich die Arbeit durch die Analyse der einzelnen Management-Reporting-Subprozesse unter Technologie- und IT-Tool-Nutzung auf den Management Reporting Erfolg. Des Weiteren werden weitere Controllerrollen und Akteure im Management Reporting einbezogen. Wird in der Forschung bisher zwar der Mensch als Hemmnis digitaler Transformationen erkannt, wurden bislang Konfliktbeziehungen als Basis vorkommender Probleme im Management Reporting nur unzureichend behandelt.[39] Der Einbezug von Konflikten wird im Rahmen der Erfolgsbetrachtung der vorliegenden Arbeit als wichtig eingestuft:

In Folge der Kompetenzveränderung steht der Controller enormen Effizienz-, Zeit- und Regulierungsdruck gegenüber.[40] Zudem besteht die Gefahr von Rollenunklarheiten und damit einhergehenden Rollenkonflikten der Akteure des

[34] Vgl. Gänßlen et al. (2013), S. 59; Heupel/Reinhardt (2019), S. 126. Als proaktiv kann in diesem Sinne die aktive Mitgestaltung und „[...] Mitverantwortung [des Controllers] für die Erreichung der Unternehmensziele[]" bezeichnet werden. Gänßlen et al. (2013), S. 59.

[35] Vgl. Schäffer/Weber (2016), S. 13 f.; Ala-Heikkilä/Järvenpää (2023), S. 349.

[36] Vgl. Schäffer/Weber (2016), S. 13 f. Siehe in ebd. auch Ausführungen zur „konstruktiv-kritisch[en]" Begleitung des Managements durch den Controller.

Der Business Partner kann nach Schäffer/Brückner (2019) wie folgt definiert werden: Er „steht Managern beratend zur Seite, hinterfragt sie kritisch und arbeitet proaktiv an unternehmerischen Herausforderungen und Chancen[.]" Ebd. S. 21.

[37] Vgl. Strauß/Reuter (2022), S. 38; Wolf/Heidlmayer, (2022), S. 15.

[38] Vgl. Riesenhuber (2009), S. 1 f. Die Ausgestaltungen von ebd. beziehen sich hierbei auf die Ausführungen von Popper (1966). Siehe auch Töpfer (2012), S. 30 ff.

[39] Vgl. Kapitel drei aktueller Forschungsstand der vorliegenden Arbeit.

[40] Vgl. Koch/Storm (2020), S. 39.

Siehe für Controller-Herausforderungen Hastenteufel/Schuster/Kiszka (2022), S. 2 ff.; Vgl. für Ausführungen zu neuen Anforderungen des Controllers auch Kapitel drei der vorliegenden Arbeit.

Management Reportings im Fall von Aufgabenüberschneidungen.[41] Forschungen wie die Arbeiten von *Freistühler et al.* zeigen beispielsweise Überschneidungen der Tätigkeitsbereiche von Controllern und Data Scientists[42] und bereits gezielte Übertragungen von Controlling Projekten an den Data Scientist, vor allem dann, wenn sich Projektinhalte auf Datenanalysen oder Forecasts im Reporting beziehen.[43] Entsprechend wird dieser Themenkomplex in Ausarbeitungen zum Management-Reporting-Erfolg integriert. Der Forschungsprozess wird in folgenden Abschnitten umfangreich beschrieben.

1.2 Forschungskonzeption

Im Forschungsprozess wird eine Wissensüberprüfung bisheriger Forschungsergebnisse, sowie die systematische Erkenntnisgewinnung zum Wissensaufbau des behandelten Forschungsgebietes, anhand wissenschaftlicher Methoden, angestrebt. Entsprechendes Vorgehen wird nachvollziehbar dokumentiert.[44]

Das zu erforschende abgegrenzte Forschungsgebiet kann hierbei als *Erkenntnisobjekt* bezeichnet werden. Der Einsatz wissenschaftlicher *Methoden,* welcher erfolgt, um an gewünschte Erkenntnisse zu gelangen, wird in der Literatur auch als die Verfolgung des *Erkenntnisziels* beschrieben.[45] „Mittels der drei Elemente – Erkenntnisobjekt, Erkenntnisziel und Methodologie – kann jede Wissenschaft vollständig beschrieben und von anderen Wissenschaften abgegrenzt werden."[46] Folgend wird auf die Zielsetzung sowie die Methodologie der vorliegenden Arbeit eingegangen. Das Forschungsgebiet, bereits durch die Problemstellung eingeleitet, wird im nachfolgenden Grundlagenkapitel tiefgehender aufgegriffen.

---

[41] Vgl. hierzu Kapitel zwei (*Abschnitt 2.4*) der vorliegenden Arbeit.

[42] Siehe für Erläuterungen der Berufsgruppen Controller und Data Scientist Freistühler et al. (2019).

[43] Vgl. Ebd., S. 68.

[44] Vgl. Rech (2020), S. 5; Döring/Bortz (2016a), S. 7.

[45] Vgl. Botzkowski (2018), S. 11.

[46] Ebd. Ebd. bezieht sich auf Clausius (1998), S. 2; Peters/Brühl/Stelling (2005), S. 1. Autoren wurden in gleicher Reihenfolge wie bei Botzkowski (2018), S. 11 aufgenommen.

1.2.1 Zielsetzung und Forschungsfragen der Arbeit

Ziel der Arbeit ist es einerseits die Potenziale der Prozessdigitalisierung und der Rolleneinnahme zum Management-Reporting-Erfolg aufzuzeigen und andererseits die durch menschliche Konfliktbeziehungen begründeten Unklarheiten digitaler Auswirkungen im Management Reporting zu lindern. Auf Basis gefundener Ergebnisse sollen Handlungsempfehlungen formuliert werden. *Grundlagen zur Digitalisierung im Management Reporting sollen dabei im Rahmen des wertschöpfungsorientierten Controllings erarbeitet und auf die Informations-, Abstimmungs- und Lokomotionsfunktion Bezug genommen werden.*[47] Die Forschung bezweckt dabei neben dem Erkenntnisziel, das Ziel der Anwendung in der Unternehmenspraxis und lässt sich dementsprechend auf theoretische sowie auch praktische Zielesetzungen spezifizieren.[48] Die Forschungsziele können letztlich wie folgt dargestellt werden (Abbildung 1.3):

Primäres Forschungsziel
Erlangung von Kenntnissen zum Thema Erfolgssteigerung des Management Reportings unter Einsatz von Technologien und IT-Tools, durch prozess- & rollenspezifische Analysen.

Spezifische Forschungsziele (Theorie)
Ausweitung der Wissensbasis zu Digitalisierungen im Management-Reporting-Prozess und Ausarbeitung rollenspezifischer Zusammenhänge im Management Reporting.

Spezifische Forschungsziele (Praxis)
Darstellung möglicher Erfolgssteigerungen durch den Einsatz von Technologien und IT-Tools im Management-Reporting-Prozess, Verdeutlichung von Akteuren und Controller-Rollenkonflikten mit Erarbeitung von Handlungsempfehlungen.

Abbildung 1.3 Forschungsziele der Dissertation

Aus der allgemeinen Zielsetzung der vorliegenden Dissertation können konkrete Forschungsfragen abgeleitet werden. Diese lassen sich anhand des Forschungsleitfadens zur Erlangung wissenschaftlicher Erkenntnisse nach *Töpfer*, in

[47] Vgl. für Merkmale von wertschöpfungsorientiertem Controlling Becker (1999), S. 3. Siehe für detaillierte Ausführungen zum Management Reporting im Zusammenhang mit wertschöpfungsorientiertem Controlling, sowie dessen Funktionen Kapitel zwei der vorliegenden Arbeit.

[48] Vgl. Töpfer (2007), S. 2.

die Ebenen der Definition, der Klassifikation, der Deskription (Beschreibung), der Theorie[49] sowie der Technologie[50] eingliedern und wie folgt darstellen:[51]

Forschungsfrage eins dient der Definition und Klassifikation des Sachverhaltes: 1) Welche Aufgaben und Rollen gibt es im Zusammenhang mit der Digitalisierung im Management Reporting und welche Rollenkonflikte als mögliche Erfolgs-Hemmnisse dieser existieren?
Das Kapitel Grundlagen und Begriffsabgrenzungen soll dieser Frage anhand ausführlicher Begriffsabgrenzungen zur Digitalisierung im Controlling, im Management Reporting und rollentheoretischen Grundlagen[52] gerecht werden. Der Fokus vorliegender Arbeit liegt bei der Rollenbetrachtung bezüglich der Einbindung von Technologien und IT-Tools im Management-Reporting-Prozess und der Beurteilung des Erfolgs im Management Reporting. Auf Grund des Novitätsgrades des vorliegenden Forschungsschwerpunktes „Prozessdigitalisierung und rollentheoretische Fragestellungen im Management Reporting“ werden erarbeitete Ausführungen darauffolgend anhand der Datenerhebungen ergänzt. Interessant gestaltet es sich hierbei den Controller von anderen Positionen im Management-Reporting-Prozess abzugrenzen und Konfliktpotenziale der Rolleneinnahmen aufzuzeigen.

---

[49] Die Ebene Theorie hat das Ziel Ursache-Wirkungs-Beziehungen anhand von Hypothesenaufstellungen und anschließender Prüfung herauszustellen. Vgl. Töpfer (2012). S. 9 f.

[50] Sind gefundene Zusammenhänge bekannt sollen im Rahmen der Ebene Technologie Wirkungen durch Einsatz entsprechender Mittel sowie Maßnahmen erzeugt werden, um gewünschte Ziele zu erreichen. Vgl. Ebd., S. 6.

[51] Vgl. Töpfer (2012). Nach Ebd., S. 6 ist zusätzlich die sechste Ebene „Philosophie“, hierin auch bezeichnet als Werturteile, zu nennen. Im Rahmen dieser Arbeit wird die sechste Ebene nicht fokussiert. Wie auch Baltzer (2013) in seiner Arbeit anmerkt, ist der Einbezug der philosophischen Ebene (Werturteile) in der Betriebswirtschaft disputabel. Allenfalls können an dieser Stelle auf das Anstreben der Effektivität sowie Effizienz des Unternehmens als Werturteil hingewiesen werden. Vgl. Ebd. S. 19.

Vgl. die Ebenen auch mit den Ausführungen über die „Funktionen einer Realwissenschaft“ von Wild (1974), S. 161 f.

Für weitere Ausführungen zu den einzelnen Ebenen kann zudem beispielsweise auf die Arbeiten von Chiemelewicz (1994) verwiesen werden.

[52] Siehe zur Rollentheorie Katz/Kahn (1978) und Kapitel zwei (*Abschnitt 2.4*) der vorliegenden Arbeit.

Forschungsfrage zwei dient der Beschreibung und theoretischen Darstellung des Sachverhaltes: 2) Bestehen Zusammenhänge zwischen der Technologie- und IT-Tool-Nutzung im Management-Reporting-Prozess, Rollen und dem Management-Reporting-Erfolg?
Der Einsatz digitaler Technologien[53] im Unternehmen kann durch eine Verbesserung der Informationskongruenz Entscheidungsprozesse im Unternehmen fördern.[54] Wie bereits in der Einführung beschrieben zeigt sich im Management Reporting, als einer der Hauptprozesse des Controllings, die Notwendigkeit das Potential digitaler Technologien und damit ansteigende Datenmengen zu nutzen.[55] Obwohl das Erfordernis digitaler Umstrukturierungen im Controlling bereits erkannt wurde, zeigt sich jedoch oftmals enormer Handlungsbedarf in der Unternehmenspraxis.[56] Eben dieser soll in der vorliegenden Arbeit unter anderem bezüglich beteiligter Akteure analysiert werden. Neben dem sinnvollen Technologie- und IT-Tool-Einsatz soll parallel auf den Faktor Mensch eingegangen und mitwirkende Controllerrollen einbezogen werden. In der vorliegenden Arbeit sollen Beziehungen zwischen der Technologie- und IT-Tool-Nutzung im Management-Reporting-Prozess, Rollen und dem Management-Reporting-Erfolg herausgestellt, sowie hierzu gefundene Rollenkonflikte betrachtet werden.

Ist der Status quo und der dementsprechende Handlungsbedarf im Unternehmen bekannt, können Schwachpunkte identifiziert und aktiv Optimierung

[53] Siehe in Kapitel zwei (Abschnitt 2.1) eine nähere Definition zum Begriff „digitale Technologien"

[54] Vgl. Becker/Kollacks/Ulrich (2011), S. 226. Auf den Begriff Informationskongruenz wird in Kapitel zwei (*Abschnitt 2.2.1.3*) näher eingegangen. Siehe zudem Kapitel zwei (*Abschnitt 2.3.3*), welcher die Verbesserung der Informationskongruenz anhand ausgewählter Technologien und IT-Tools beschreibt.

[55] Vgl. Keimer et al. (2017), S. 827. Siehe für die Beurteilung des Management Reportings als eine der häufigsten Tätigkeitsfelder der Controllingabteilung Ulrich/Rieg (2022), S. 25.

[56] Vgl. Schäffer/Weber (2018), S. 44 f. 50 % befragter Probanden (Controller und CFOs) geben laut ebd. an keine Digitalisierungsstrategie in Bezug auf das Controlling zu haben; Datenerhebung: WHU Controller Panel, 454 Respondenten 2017 + Vergleichsstudien 2011 und 2014, Vgl. Ebd. S. 42. Auch 2021 machen Reimer/Schäffer auf eine hohe Nutzung von Excel-Tabellenkalkulationen im Controlling aufmerksam. Vgl. Reimer/Schäffer (2021), S. 2 f. Zum Bereich Management Reporting zeigen Reimer/Schäffer (2022) in ihrer Studie auf, dass mittlerweile immerhin in 60 % der Unternehmen Dashboard oder BI-Lösungen existieren. Vgl. Ebd. S. 2 f.

eingeleitet werden.[57] Nach der Erfassung der Zusammenhänge zum Management-Reporting-Erfolg und gefundenen Rollenkonflikten, kann sich der Lösung der Sachverhalte und somit Forschungsfragen drei und vier angenommen werden.[58]

Forschungsfrage drei und vier dienen der Ebene Technologie der Forschung:

3) In welchen Management-Reporting-Subprozessen sind Technologien und IT-Tools am sinnvollsten einzusetzen, um bestmögliche Erfolge zu erzielen und welche spezifischen Technologien- und IT-Tools werden verwendet?

4) Welche Rolle sollte zur Erfolgssteigerung vom Controller im Management-Reporting-Prozess unter Nutzung von Technologien- und IT-Tools eingenommen werden und wie lassen sich gefundene Rollenkonflikte lösen?

Auf Grund der, mit dem digitalen Wandel, einhergehenden Umverteilungen der Aufgabenbereiche des Controllers auf Manager und andere Aufgabenträger, sowie dem enormen Veränderungsdruck dem der Controller gegenübersteht, wird die zukünftige Notwendigkeit der Controllertätigkeit in seiner traditionellen Form angezweifelt.[59] Hieraus stellt sich die Frage an welcher Stelle Technologien- und IT-Tools am sinnvollsten im Management-Reporting-Prozess Tätigkeitsbereiche übernehmen oder Akteure unterstützten sollten und in welcher Rolle sich der Controller wiederfindet, um den Management-Reporting-Erfolg zu fördern und Rollenkonflikten entgegenzuwirken. Bezüglich der Fragestellungen zu erfolgssteigernden Wirkungen und der Technologie- sowie IT-Tool-Nutzung werden empirische Ausarbeitungen Abhilfe schaffen.

Zuvor können durch die Abgrenzung der Rollenanforderungen bereits erste Rollenkonflikte und Handlungsunklarheiten der Akteure transparent gemacht werden. Prinzipiell gilt es tatsächliche Rollen, eigene und fremde Rollenerwartungen sowie Wahrnehmungen zu überprüfen, da diese Konfliktpotentiale darstellen können,[60] die sich negativ auf den Leistungserfolg auswirken könnten.[61]

In der Forschung erweisen sich bei Veränderungen der Rollenprozesse im Controlling Rollentheoretische Lösungsansätze[62] als ein optimales Instrument,

---

[57] Vgl. Koß (2016), S. 36.

[58] Vgl. Töpfer (2012), S. 6. Beschreibungen zur Ebene Technologie.

[59] Vgl. Erichsen (2019), S. 7 f.; Hora/Kailer (2022), S. 398.

[60] Vgl. Katz/Kahn (1978), S. 196; David (2005), S. 79. Siehe zu Konfliktpotentialen Kapitel zwei (*Abschnitt 2.4*) der vorliegenden Arbeit.
Die Befragungsschwerpunkte sind angelehnt an Rieg/Ulrich/Finckh (2022).

[61] Vgl. Amilin (2017), S. 245. Siehe für weitere Ausführungen zur negativen Auswirkung von Rollenkonflikten auf Erfolge Kapitel drei (*Abschnitt 3.1.2*) der vorliegenden Arbeit.

[62] Vgl. das Rollentheoretisches Modell von Katz/Kahn (1978), S. 196.

Problemstellungen der Unternehmen durch Einbezug persönlicher Eigenschaften der Akteure sowie individueller Beziehungen aufarbeiten zu können.[63] Anhand rollentheoretischer Grundlagen soll dementsprechend ein umfassendes Profil des Controllers erstellt werden, in dem neben den tatsächlichen Rollen im Management Reporting, die Erwartungen und Wahrnehmungen der Rollensender und Rollenempfänger klar ausgedrückt, transparent gestaltet und dadurch Konfliktlösungen gefunden werden können.[64] Im Anschluss der in Forschungsfrage eins und zwei stattgefundenen Abgrenzungen und Erläuterungen der Rollenkonflikte sind in Forschungsfrage vier entsprechende Handlungsempfehlungen abzuleiten.

Die Konzeption, zur Beantwortung gestellter Forschungsfragen im vorliegenden Fachbereich, wird im folgenden Abschnitt erläutert.

1.2.2 Wissenschaftsmethodologie und Forschungsdesign

Zur Ausarbeitung von Controlling-Konzeptionen gibt es verschiedene Vorgehensweisen. Die Ziel- und Funktionsableitungen ausgehend aus einer bestimmten Problematik heraus, wird als deduktiv bezeichnet. Die Herleitung der Controlling-Konzeption, beispielsweise durch Befragungen mit resultierender Controller-Aufgabenzuteilung, wird als induktiv betitelt. Zudem gibt es die Möglichkeit der Verknüpfung beider Methoden.[65]

Im Rahmen der Betriebswirtschaftslehre, diese auch in der vorliegenden Arbeit angesehen als angewandte Wissenschaft, soll der Wissenserlangung des theoretischen Teils eine praxisorientierte Ausarbeitung folgen.[66] Die angewandte Betriebswirtschaftslehre sieht dabei nach *Jung* „[…] ihre Aufgabe in der Beschreibung und Beurteilung von empirisch vorgefundenen Entscheidungsprozessen sowie in der **Entwicklung neuer Entscheidungsgrundlagen** […].“[67]

Auch nach *Becker* führt eine einseitige Auslegung auf einen induktiven oder deduktiven Ansatz zu keiner sinnvollen Ausgestaltung einer Controlling-Konzeption. Vielmehr ist ein Ansatz empfehlenswert, welcher induktive wie auch deduktive Erkenntnisziele aufweist und diese miteinander verbindet.[68] Die

---

[63] Vgl. Goretzki/Weber (2010), vgl. zu Problemen im Rollenprozess bezugnehmend auf Controller und dem Management S. 165, vgl. zum Einbezug persönlicher Eigenschaften und individueller Beziehungen S. 169.

[64] Vgl. Rieg/Ulrich/Finckh (2022).

[65] Vgl. Scherm/Lindner (2022), S. 50 ff.

[66] Vgl. Jung (2016), S. 24.

[67] Ebd., im Original ist Hervorgehobenes zusätzlich blau formatiert.

[68] Vgl. Becker/Baltzer (2010), S. 2; vgl. zudem in Küpper et al. (2013) die Kriterien einer Controlling-Konzeption.

Zweckmäßigkeit dieser Vorgehensweise wurde durch ebd. herausgestellt[69] und in seinen Werken unter dem Begriff „**Forschung im Gegenstrom**" geführt.[70] Im Rahmen der vorliegenden Arbeit soll sich diesem Verfahren angeschlossen werden. Das Forschungsthema wird zunächst anhand einer theoretischen Fundierung sowie bereits bestehender empirischer Forschungen ausgearbeitet. Im nachfolgenden Schritt werden im Kontext des Bezugsrahmens Hypothesen erstellt. Die anschließende empirische Untersuchung anhand einer Onlineumfrage dient letztlich dazu bestehende Forschungslücken zu schließen und gestellte Hypothesen zu überprüfen. Deduktiv gewonnene Erkenntnisse werden somit durch induktiv erzielte Erkenntnisse ergänzt, sowie empirisch überprüft.[71]

Nach dem „**Ansatz der Forschung im Gegenstrom**"[72] nach *Becker* lässt sich die Forschungskonzeption dieser Arbeit wie folgt darstellen (Abbildung 1.4):

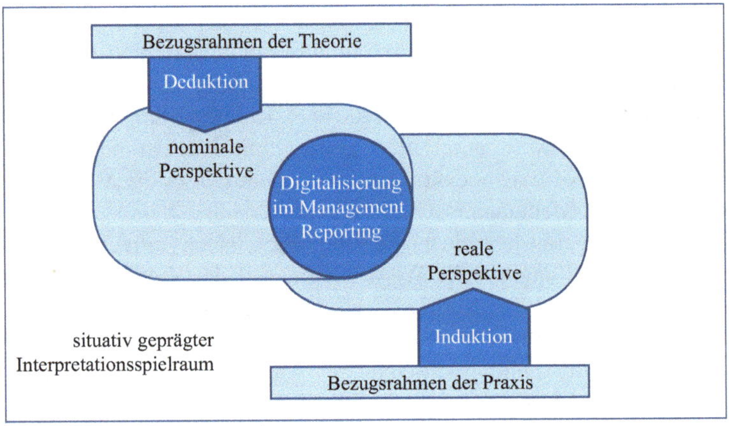

Abbildung 1.4 „Ansatz der Forschung im Gegenstrom". (In Anlehnung an Becker (1990), S. 296; Becker (2012), S. 35)[73]

---

[69] Vgl. Becker (1990), S. 296.

[70] Vgl. beispielsweise Becker/Baltzer (2010), S. 3. „**Forschung im Gegenstrom**" Ebd.

[71] Vgl. Riesenhuber (2009), S. 1 f. Die Ausgestaltungen von ebd. beziehen sich hierbei auf die Ausführungen von Popper (1966). Siehe auch Töpfer (2012), S. 30 ff.

[72] Becker/Baltzer (2010), S. 3.

[73] Grafik in Anlehnung an Becker (1990), S. 296; Becker (2012), S. 35. Inhalte wurden Großteils wörtlich aus ebd. übernommen. Der Themenbezug wurde auf die Digitalisierung im Management Reporting angepasst.

„**Ansatz der Forschung im Gegenstrom**" Becker/Baltzer (2010), S. 3.

Die wertschöpfungsorientierte Controlling-Konzeption nach *Becker*,[74] sowie die Rollentheorie nach *Katz/Kahn*[75] dienen im Rahmen der vorliegenden Arbeit als Grundlage der theoretischen Fundierung. Zudem wird die Kontingenztheorie[76] im Kontext des Bezugsrahmens behandelt.

Grundlegend wird die vorliegende Arbeit durch eine quantitative Forschungsmethode charakterisiert: Die Wahl des Forschungsdesigns beinhaltet die Wahl zwischen quantitatives und qualitatives methodisches Vorgehen oder einer Kombination beider.[77] Bei quantitativem methodischen Vorgehen wird nach zahlenmäßigen Ausprägungen geforscht, bei qualitativem methodischen Vorgehen nach der Beschaffenheit.[78] Um einen umfangreichen Überblick[79] über den Digitalisierungsgrad, sowie den mit der Digitalisierung einhergehenden Rollenwandel im Management Reporting deutscher Unternehmen erzielen zu können, ist es notwendig eine weitläufige Stichprobe verschiedener Unternehmen zu analysieren. Qualitative Forschungsmethoden sind hierbei mit einem hohen Aufwand verbunden und somit im Gegensatz zur quantitativen Forschung oftmals auf wenige Fallzahlen beschränkt. In der vorliegenden Arbeit wird sich dementsprechend auf die quantitative Forschung festgelegt, welche ermöglicht mit einem verhältnismäßig geringen Arbeitsaufwand, verhältnismäßig viele Vergleichsdaten für den vorliegenden Forschungszweck zur Verfügung zu stellen.[80] Zudem wird angestrebt im Rahmen des induktiven Ansatzes eine Datenbasis zu generieren, welche zur Überprüfung der deduktiv hergeleiteten Hypothesen herangezogen werden kann. Auch hierbei ist auf ein quantitatives methodisches Vorgehen hinzuweisen.[81]

---

[74] Vgl. für Erläuterungen der wertschöpfungsorientierten Controlling-Konzeption nach Becker beispielsweise Becker (1999); Becker/Baltzer (2010); Becker/Baltzer/Ulrich (2014); Baltzer/Ulrich (2019) und Ausführungen des Kapitels zwei (*Abschnitt 2.2.1*) der vorliegenden Arbeit.

[75] Siehe zur Rollentheorie nach Katz/Kahn (1978) Kapitel zwei (*Abschnitt 2.4*) der vorliegenden Arbeit.

[76] Siehe zur Herkunft der Kontingenztheorie Kapitel vier der vorliegenden Arbeit.

[77] Vgl. Becker et al. (2019), S. 62. Vgl. zur Kombination beider Methoden „Mixed-Methods-Design" auch Döring/Bortz (2016b), S. 184 f.

[78] Vgl. Kirchmair (2022), S. 2. Vgl. auch Schwaiger/Zimmermann (2009), S. 421 f.; Becker et al. (2019), S. 62.

[79] Vgl. für allgemeingültige Aussagen und die Größe der Stichprobe Lemmer/Gollwitzer (2018), S. 248 f. Mit steigender Strichprobenanzahl steigt die Sicherheit der Aussage. Auch anhand kleinerer Stichprobenanzahl sind gültige Aussagen möglich. Vgl. ebd.

[80] Vgl. Mey/Ruppel (2018), S. 210. Unterscheidung quantitative und qualitative Forschung; Kirchmair (2022), S. 3.

[81] Vgl. Döring/Bortz (2016b), S. 184.

Nach den Ausführungen von *Fritz* lässt sich das Forschungsdesign zudem bezüglich des Forschungsziels in explorative (erkundende/entdeckende) oder konfirmatorische (überprüfende) Forschungen, bezüglich der Aussageart in Forschungen deskriptiver (beschreibender), explikativer (erklärender) oder instrumenteller (umsetzender) Form unterteilen (Abbildung 1.5).[82]

Untersuchungsziel / Aussageart	**Exploratorisch**	**Konfirmatorisch**
Deskriptiv	ED-Design	KD-Design
Explikativ	EE-Design	KE-Design
Instrumentell	EI-Design	KI-Design

Abbildung 1.5 Überblick empirischer Forschungsdesigns. (In Anlehnung an Fritz (1995), S. 60)[83]

Wie in der Problemstellung beschrieben, wurden Rollenabgrenzungen im Management Reporting sowie das Thema Mensch als Hemmnis digitaler Transformationen im Management Reporting bisher in der Forschung nur unzureichend behandelt. Das Thema besitzt dementsprechend in der Forschung einen hohen Novitätsgrad und ist somit einem explorativen Forschungsziel zuzuordnen und wird somit zunächst umfangreich erfasst/beschrieben.[84] Die durchgeführte Analyse des aktuellen Forschungsstands in Kapitel drei bestätigt hierbei den hohen Novititätsgrad im Bereich Management Reporting, zeigt jedoch einen gut ausgebauten Forschungsstand der Rollenveränderungen und Technologie- und IT-Tool-Nutzung allgemein im Controlling auf. Dieser kann für die weiteren Ausarbeitungen der vorliegenden Arbeit sinnvoll verwendet werden:

[82] Vgl. Fritz (1995), S. 59 f.; Töpfer (2012), S. 151; Botzkowski (2018), S. 93 f.

[83] Grafik in Anlehnung an Fritz (1995), S. 60.
Vgl. auch Botzkowski (2018), S. 94. Inhalte wurden wörtlich aus ebd. übernommen.

[84] Vgl. Kapitel zwei der vorliegenden Arbeit.

In explorativen Studien sollen anhand empirischer Daten entsprechende Hypothesen erstellt werden. Hypothesen werden erst nach der Datenanalyse aufgestellt. Es wird ein Entdeckungszusammenhang angestrebt. In konfirmatorischen Studien erfolgt die Hypothesenaufstellung theoriegeleitet und es folgt eine Hypothesenprüfung anhand empirischer Daten. Hierbei wird ein Begründungszusammenhang angestrebt.[85] In der vorliegenden Arbeit werden die Hypothesen anhand einer systematischen Literaturanalyse[86] erstellt. Anschließend wird diese durch eine selbst durchgeführte empirische Datenerhebung aus der Praxis, mit Einbindung einer möglichst umfangreichen Probandenzahl, überprüft. Der Untersuchungsgegenstand soll dementsprechend zunächst erforscht und beschrieben, anschließend auf dessen Richtigkeit überprüft und erläutert werden. Dies ermöglicht ein möglichst umfassendes und aussagekräftiges Ergebnis der vorliegenden Forschung. Die Forschung weist dementsprechend ein deskriptiv-exploratives Forschungsdesign mit einer anschließenden (im Rahmen der vorliegenden Arbeit und ihren Möglichkeiten in Anführungszeichen gesetzten) konfirmatorisch-explikativen Untersuchung vor:

> *„Die deskriptiv-explorative Forschung verfolgt das Ziel, einen Untersuchungsgegenstand zu entdecken und zu beschreiben. Deskriptiv-explorative Forschungsarbeiten erlauben im Anschluss weiterführende Hypothesen zu formulieren und im Anschluss eine konfirmatorisch-explikative Untersuchung durchzuführen.“*[87]

Für das genannte Vorgehen erscheint eine vergleichende Feldstudie als sinnvoll.[88] Die Möglichkeiten dieser liegen entweder bei einer Querschnittsuntersuchung, bei der ein Zeitpunkt betrachtet oder einer Längsschnittuntersuchung, bei der mehrere Zeitpunkte einbezogen werden.[89] Im Rahmen der vorliegenden Arbeit wird eine Querschnittsuntersuchung durchgeführt, da mehrere Unternehmen verglichen, jedoch keine unterschiedlichen Zeitpunkte betrachtet werden.

---

[85] Vgl. Rech (2020), S. 323.

[86] Eine Begriffserläuterung der systematischen Literaturanalyse erfolgt im Anschluss.

[87] Botzkowski (2018), S. 95, im Original nicht kursiv und nicht mittig formatiert; Ebd. bezieht sich auf Töpfer (2012), S. 152 und S. 243, siehe zudem S. 150 f.

[88] „*Müller-Böling* empfiehlt für eine solche Forschung als Forschungsform insbesondere die vergleichende Feldstudie.“ Botzkowski (2018), S. 95. Ebd. bezieht sich hierbei auf Müller-Böling (1992), Sp. 1495.

[89] Vgl. Müller-Böling (1992), Sp. 1496.

1.2.2.1 Abgrenzung Literaturanalyse

Als Grundlage zur Herleitung der Hypothesen und zur Ableitung des Bezugsrahmens dient neben der theoretischen Fundierung dieser Arbeit die Literaturanalyse. Mit der Literaturanalyse, ebenfalls fundamentale Komponente wissenschaftlicher Forschungen, werden der aktuelle Wissenstand bisheriger Forschungen und somit Forschungslücken und Grenzen aufgezeigt. Nur durch die Bekanntheit dieser, können anschließend die Wissensgrenzen verschoben und neue Hypothesen oder Theorien herausgearbeitet werden.[90] Dementsprechend ist die Literaturanalyse ein Hauptbestandteil der vorliegenden Arbeit und wird folgend erläutert:

Prinzipiell lassen sich Literaturanalysen unterschiedlich klassifizieren. Sozialwissenschaften weisen gewöhnlich die Unterscheidung des narrativen Reviews zur systematischen Literaturanalyse vor.[91]

„[…] [U]nter einer narrativen Literaturanalyse [kann] die verbale ‚Aneinanderreihung' besonders relevanter Forschungsergebnisse zu einem bestimmten Themengebiet, wie sie Bestandteil fast jeder wissenschaftlichen Abhandlung ist[]" gesehen werden.[92] Narrative Literaturanalysen ermöglichen es verschiedene Themenbereiche zusammenzuführen. Gewonnene Ergebnisse können anschließend der Neuinterpretation sowie thematischen Neuverknüpfungen des Forschungsobjekts und zur Hypothesenbildung dienen.[93] Die narrative Literaturanalyse verfolgt im Gegensatz zur systematischen Literaturanalyse keine systematischen Methoden und ist vom Ermessen und der Erfahrung des Forschers abhängig, sprich nicht standardisiert. Diese Form der Literaturanalyse ermöglicht es somit schnell und kostengünstig Informationen zur Argumentationsunterstützung des Autors zu sammeln.[94]

Die systematische Literaturanalyse als andere Art der Sekundärdatenerhebung bietet hingegen die Möglichkeit eine Vielzahl bereits bestehender Primäruntersuchungen zum behandelten Forschungsobjekt systematisch zusammenzufassen,

---

[90] Vgl. Xiao/Watson (2019), S. 93.

[91] Vgl. Rech (2020), S. 71; Döring/Bortz (2016 g), S. 895 ff.; Rech (2020), S. 71 ff. führt als spezielle Klassifikation im Bezug zum Controlling (sowie Rechnungswesen) die Ausführungen von Trapp (2012), S. 76 ff. auf, in denen die Literaturanalyse in eine qualitativ-analytische Literaturanalyse sowie eine quantitativ-deskriptive Literaturanalyse unterteilt wird. Hierbei wird aufgezeigt, dass das Vorgehen der qualitativ-analytischen Literaturanalyse dem Vorgehen der narrativen Literaturanalyse und das Vorgehen der quantitativ-deskriptiven Literaturanalyse dem Vorgehen der systematischen Literaturanalyse gleicht. Vgl. Rech (2020), S. 71 ff.

[92] Kotulla (2012), S. 26.

[93] Vgl. Baumeister/Leary (1997), S. 312.

[94] Vgl. Xiao/Watson (2019), S. 95.

ermöglicht hierdurch einen strukturierten Überblick über den aktuellen Forschungstand und die Möglichkeit hieraus abgeleitete Erkenntnisse neuartig in weiteren Forschungen zu nutzen. Dementsprechend wird die systematische Literaturanalyse in der Forschung als fundamentale Methode angesehen einen qualitativ hochwertigen Einblick, in das zu betrachtende Forschungsfeld zu leisten.[95] Aufarbeitungsziel ist dabei die Zusammenführung mehrerer Forschungsergebnisse und Ermöglichung der Themenbetrachtung anhand unterschiedlicher Blickwinkel.[96] „By using explicit and systematic methods when reviewing articles and all available evidence, bias can be minimized, thus providing reliable findings from which conclusions can be drawn and decisions made [...].“[97] Im Gegensatz zur narrativen Literaturanalyse weisen systematische Literaturanalysen präzise definierte Prozessschritte, Kriterien und klinische Fragestellungen vor. Verwendete Studien werden hierbei formell bewertet, um deren Qualität sicherzustellen.[98] Als wünschenswerte Eigenschaften im Prozess der Datensammlung können bei einer systematischen Literaturanalyse Strukturiertheit, Vollständigkeit/Ausführlichkeit und Transparenz aufgezählt werden.[99]

Im Rahmen der vorliegenden Arbeit wird angestrebt mögliche Verzerrungen der Datenerhebungen zu vermeiden, eine im hohen Maße nachvollziehbare Datenerhebung sicherzustellen und ein qualitatives Vorgehen zu gewährleisten. Auf subjektives Vorgehen soll hierbei möglichst verzichtet, die Möglichkeit ergänzende und aktuelle Paper zu relevanten Erkenntnissen hinzuzuführen, soll dennoch nicht ausgeschlossen werden. Aus diesen Gründen wird sich zunächst für die systematische Literaturanalyse entschieden. Abgezielt auf gefundene Schwerpunkte wird diese anschließend durch eine iterative Literaturanalyse (narrativ) ergänzt. Das genaue Vorgehen der Sekundärdatenerhebungen wird in Kapitel drei der vorliegenden Arbeit beschrieben.

1.2.2.2 Abgrenzung Onlineumfrage

Die Prüfung der aus der Sekundärdatenerhebung abzuleitenden Hypothesen, erfolgt anschließend durch eine Primärdatenerhebung in der Praxis. Die folgende

[95] Vgl. Becker/Ulrich/Stradtmann (2018), S. 75 f. Diese beziehen sich auf die Ausführungen von Stamm/Schwarb 1995, S. 6; Conn et al. (2003), S. 256; Cooper/Hedges (2009), S. 10 f.; Eisend (2014), S. 4.

[96] Vgl. Becker/Ulrich/Stradtmann (2018), S. 76.

[97] Snyder (2019), S. 334 f. Ebd. bezieht sich auf Moher et al. (2009).

[98] Vgl. Crowther/Lim/Crowther (2010), S. 3140.

[99] Vgl. Hiebl (2023), S. 231.

Grafik stellt hierzu eine Übersicht möglicher Methoden der Primärerhebung dar (Abbildung 1.6):

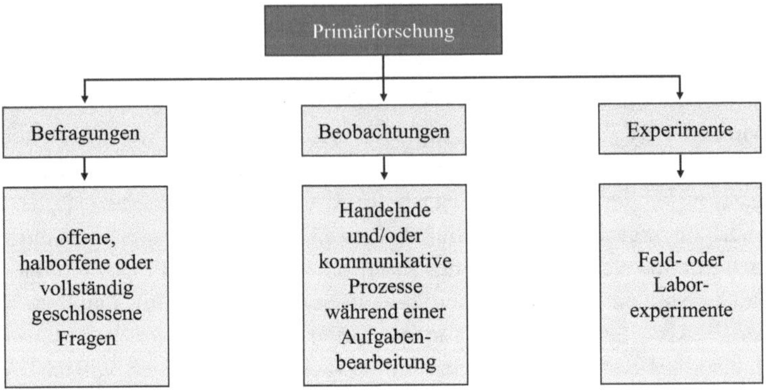

Abbildung 1.6 Überblick Primärforschung. (In Anlehnung an Walter (2020), S. 18)[100]

Wie in Abbildung sechs dargestellt, können als mögliche Datenerhebungsmethoden der Primärforschung Befragungen, Beobachtungen[101] und Experimente[102]

[100] Grafik in Anlehnung (es erfolgten lediglich formale Anpassungen) an Walter (2020), S. 18. Inhalte wurden wörtlich aus ebd. übernommen.

[101] „Bei der Beobachtung handelt es sich um eine Datenerhebungsmethode, bei der Ereignisse, Verhaltensweisen oder Merkmale durch Forschende erfasst, dokumentiert und ausgewertet werden […].“ Thierbach/Petschick (2019), S. 1165; Ebd. bezieht sich auf Döring/Bortz (2016d), S. 324. Beobachtungen im Sinne der qualitativen Forschung zeichnen sich durch dokumentierte Beschreibungen wahrgenommener Geschehnisse (z. B. menschliches Verhalten) und dessen Eigenschaften aus. Bei der quantitativen Beobachtung wird sich auf die Häufigkeit bestimmter Verhaltensereignisse fokussiert. Vgl. Ruso (2007), S. 527. Beobachtungen können unsystematisch und zufälliger oder systematischer Natur sein. Beobachtungen begründen hierbei oftmals weitere empirische Forschungen qualitativer sowie auch quantitativer Art. Vgl. Brüsemeister (2008), S. 14 f. „Viele Forschungen gehen [dabei] auf irritierende Anfangsbeobachtungen zurück, an die sich gezielte methodische Erhebungen sowie theoretische Erklärungen anschließen.“ Ebd., S. 14. Ziel der Primärdatenerhebung der vorliegenden Arbeit ist jedoch die gezielte Befragung von Probanden zur Datengewinnung, abgestimmt auf den durch die Sekundäranalyse aufgestellten Bezugsrahmen und entsprechenden Hypothesen. Demzufolge kann die Datenerhebungsmethode der Beobachtung ausgeschlossen werden.

[102] Anwendung finden Experimente „Die experimentelle Art der Datenerhebung zielt darauf ab, Hypothesen auf kausale Zusammenhänge zwischen Merkmalen empirisch, durch kontrollierbare Bedingungen, zu überprüfen.“ Walter (2020), S. 17 f.

genannt werden. Zur empirischen Datenerhebung der vorliegenden Arbeit wird die Befragung als Untersuchungsmethode verwendet.

> Befragungen können als „[...] gängigste Methode für statistische Untersuchungen in wirtschaftlichen und sozialwissenschaftlichen Bereichen [...]“[103] herangezogen werden, welche mündlich *(persönlich, telefonisch)*, beispielsweise in Interviewform, oder auch *schriftlich (postalisch, online, mobil)*, zum Beispiel im Rahmen eines Umfragebogens, möglich sind.[104]

Mündliche Befragungen haben hierbei den Vorteil der Flexibilität und Interaktion. Es können zum einen etwaige Rückfragen zügig beantwortet, zum anderen gewünschte Themenbereiche flexibel tiefer behandelt und somit individuell auf Probanden eingegangen werden. Die flexible Nutzung visueller Hilfsmittel stellt zudem einen Vorteil dieser Befragungsform dar. Mündliche Befragungen können hierbei persönlich sowie telefonisch erfolgen, wobei bei der telefonischen Alternative visuelle Darstellungsformen wegfallen.[105] Als Nachteil mündlicher Befragungen kann ein hoher Arbeits- sowie bei persönlichen Gesprächen ein hoher Zeit- und Ressourcenaufwand genannt werden.[106] Interviews sind zudem durch den Ruf möglicher Verzerrungen durch persönliche Beeinflussung geprägt.[107] Im Rahmen der vorliegenden Arbeit soll eine umfangreiche Befragung der Probanden erfolgen, welche sich auf eine große Stichprobenanzahl beläuft. Demensprechend wird sich auf Grund des hohen Arbeits- und Zeitaufwands pro

---

Eine in den Sozialwissenschaften und der Psychologie gängige Unterscheidung ist diese in Labor- sowie Feldexperimente. Bei Laborexperimenten werden Probanden kontrolliert in eine künstliche Umgebung und Situation eingeführt. Als Feldexperimente werden Experimente beschrieben, welche in einer für die Probanden natürlichen Umgebung bzw. Umständen durchgeführt werden. Vgl. Rack/Christophersen (2009), S. 18 f.; Häder (2019), S. 361 f.; Walter (2020), S. 18. Erkenntnisse der vorliegenden Forschung könnten in weiteren Untersuchungen innerhalb eines experimentellen Rahmens fokussiert werden.

[103] Ebd. S. 17, im Original nicht mittig formatiert.

[104] Vgl Potthoff/Eller (2000), S. 101; Walter (2020), S. 17; Böhmert/Abacioglu (2023), S. 70 ff.

[105] Vgl. Kaya (2009), 52 ff.

[106] Vgl. Ebd.; Potthoff/Eller (2000), S. 102. Persönliche Interviews bedeuten einen „[...] nicht unerheblichen Einsatz an Ressourcen (Interviewer, Räume, Administration etc.).“ Potthoff/Eller (2000), S. 102. „Deswegen werden bei persönlich-mündlichen Interviews häufig regional ‚geklumpte‘ Stichproben untersucht.“ Ebd.

[107] Vgl. Jedinger/Michael (2019), S. 365.

Interviewpartner gegen diese Form der Datenerhebung entschieden und ein etwaiger Kontrollverlust der Probanden und der Rücklaufquote bei Durchführung einer schriftlichen Befragung in Kauf genommen.[108]

Schriftliche Befragungen können postalisch sowie als Online-Befragung z. B. per E-Mailversand erfolgen.[109] Schriftliche Befragungen sind kostengünstig und weniger zeitaufwendig als persönliche Interviews. Zudem kann durch die Anwendung genannter Methoden Interviewer-Einfluss vermieden und eine große Anzahl an Probanden gleichzeitig befragt werden.[110] Im Rahmen der vorliegenden Arbeit erscheint besonders eine standardisierte Onlinebefragung per E-Mailversand als vorteilhaft, da sich durch diese mit einem verhältnismäßig geringen Aufwand, kostengünstig viele Probanden,[111] unabhängig ihrer Standorte erreichen lassen.[112] Probanden können zudem zeitlich ungebunden, anonym und unbeeinflusst vom etwaigen Interviewsteller geforderte Fragen beantworten, wodurch Ergebnisverzerrungen verhindert werden sollen.[113] Ergänzt wird dieses Vorgehen durch die Verteilung des Umfragebogens über ein webbasiertes berufliches Netzwerk LinkedIn[114], über welches vernetzte Firmenkontakte parallel zum Mailversand auf den Umfragebogen aufmerksam gemacht werden sollen.

Die Wahl einer Onlineumfrage erscheint im Zeitalter der Digitalisierung zeitgemäß. Jedoch ist an dieser Stelle anzumerken, dass auch Onlineumfragen per E-Mailversand schlecht vorhersehbare Ausfallquoten aufzeigen. Dementsprechend ist dies bei der Größe des Mailverteilers im Verlauf der Dissertation zu berücksichtigen.[115] Vor allem auch im Rahmen der gegenwärtigen COVID-19 Pandemie und der hierbei zu ergreifenden Sicherheitsmaßnahmen zum Schutz der eigenen sowie der Gesundheit der Probanden, werden Online-Methoden der Befragung als sinnvoll eingestuft. Das genaue Vorgehen der Primärdatenerhebung wird in Kapitel fünf (*Abschnitt 5.1*) der vorliegenden Arbeit beschrieben.

Folgender Abschnitt zeigt zunächst eine Beschreibung zum allgemeinen Aufbau der Dissertation.

---

[108] Vgl. Kontrollverlust mit: Brake (2009), S. 409 f.

[109] Vgl. Potthoff/Eller (2000), S. 101; Böhmert/Abacioglu (2023), S. 70 ff.

[110] Vgl. Potthoff/Eller (2000), S. 101 ff.

[111] Vgl. Thielsch/Weltzin (2009), S. 70.

[112] Vgl. Wagner-Schelewsky/Hering (2019), S. 788 f.

[113] Vgl. Häder (2019), S. 253.

[114] Siehe https://www.linkedin.com/.

[115] Vgl. Häder (2019), S. 254.

1.3 Aufbau der Dissertation

Kapitel eins der vorliegenden Arbeit beinhaltet zunächst eine Ausführung zur Problemdarstellung und Themenrelevanz *(Abschnitt 1.1)*. Dem gefolgt wird die Forschungskonzeption vorgestellt. Hierin enthalten sind Erläuterungen zur Zielsetzung, der Forschungsfragen, der Wissenschaftsmethodologie und des Forschungsdesigns *(Abschnitt 1.2)*. Die vorliegenden Ausführungen zum Aufbau der Dissertation schließen das Kapitel *(Abschnitt 1.3)*.

Kapitel zwei beinhaltet die grundlegenden wissenschaftlichen Definitionen und Abgrenzungen des Themenkomplexes. Zunächst wird hierin eine Abgrenzung des Begriffs Digitalisierung vorgenommen *(Abschnitt 2.1)*, um anschließend auf die Digitalisierung im Controlling und hierbei auf die Grundlagen des wertschöpfungsorientierten Controllings[116] einzugehen *(Abschnitt 2.2)*. Folgend wird zu den Begriffsdefinitionen Reporting und Management Reporting hingeleitet und aktuelle Technologien und IT-Tools im Management Reporting beschrieben, sowie eine perspektivische Darstellung des Management Reportings unter Digitalisierungseinfluss erarbeitet *(Abschnitt 2.3)*. Als Fundament folgender Kapitel werden im anschließenden Abschnitt rollentheoretische Grundlagen aufgegriffen. Hierbei wird der Begriff Rolle erläutert, die Rollentheorie von *Katz/Kahn* vorgestellt und eine Übersicht möglicher Rollenkonflikte gegeben *(Abschnitt 2.4)*.[117] Zudem erfolgt eine Herleitung und Auswahl der Erfolgsmessung des Management Reportings. Besprochen werden hierunter die finanzielle und nicht-finanzielle Erfolgsmessung, objektive und subjektive Erfolgsmaße und die tatsächliche Wahl der Erfolgsmessung des Management Reportings im Rahmen der vorliegenden Arbeit *(Abschnitt 2.5)*. Das Kapitel schließt mit dem Zwischenergebnis, mit Anmerkungen zum Vorgehen für die weitere Forschung *(Abschnitt 2.6)*.

Kapitel drei gibt Überblick über den aktuellen Forschungsstand. Zu den Themenschwerpunkten Digitalisierung, Technologien und IT-Tools, Aufgaben, Rollen, Rollenkonflikte und Erfolg im Controlling und Management Reporting werden zwei systematische Literaturanalysen (Literaturanalyse „Digitalisierung" und Literaturanalyse „Rollen"), ergänzende Paper, Bücher und Beiträge aus der Unternehmenspraxis vorgestellt *(Abschnitt 3.1)*. In genanntem Abschnitt enthalten ist die Vorstellung der Vorgehensweise vorgenommener Literaturanalyse und

[116] Vgl. für Erläuterungen zur wertschöpfungsorientierten Controlling-Konzeption nach Becker auch Becker/Baltzer (2010); Becker (2012); Becker/Baltzer/Ulrich (2014); Baltzer/Ulrich (2019).

[117] Siehe zur Rollentheorie Katz/Kahn (1978).

eine umfangreiche Ergebnispräsentation. In der Ergebnispräsentation zeigt sich eine Themenabgrenzung auf die Bereiche „Moderne Technologien und IT-Tools", „Erfolgssteigerung durch Technologie- und IT-Tool-Nutzung" und „Rollenentwicklung". Das Kapitel schließt mit der Darstellung des Forschungsbedarfs und der Forschungsrelevanz (*Abschnitt 3.2*).

In Kapitel vier erfolgt zu Beginn eine Erläuterung zum Aufbau des Bezugsrahmens. Hierin ist zunächst die Abgrenzung des Begriffs „Bezugsrahmen" enthalten. Anschließend wird auf für den Bezugsrahmen dominante Themenschwerpunkte eingegangen, welche anhand der Erkenntnisse aus Kapitel drei gewonnen wurden. Den Ausarbeitungen wird neben den in Kapitel zwei erläuterten Rollentheoretischen Grundlagen[118] die Kontingenztheorie[119] unterlegt *(Abschnitt 4.1).* Abschließend werden aus den in Kapitel drei gewonnenen Ergebnissen entsprechende Hypothesen hergeleitet *(Abschnitt 4.2).* Das Zwischenergebnis des Kapitels enthält dementsprechend einen vollständigen Bezugsrahmen, zur Darstellung möglicher Zusammenhänge im Management Reporting, sowie die Zuordnung der hergeleiteten Hypothesen *(Abschnitt 4.3).*

Kapitel fünf umfasst die Onlineumfrage und zugehörige Analysen. Zunächst wird hierbei die Vorgehensweise der Onlineumfrage erläutert. Hierin enthalten sind Beschreibungen zur Probandenauswahl und der Verteilungskanäle. Anschließend werden auf den Aufbau des Onlinefragebogens und die Datenauswertungstechniken eingegangen *(Abschnitt 5.1).* Folgend erfolgt die Unternehmens- und Probandencharakterisierung *(Abschnitt 5.2).* Im nächsten Abschnitt werden die Ergebnisse der Onlineumfrage vorgestellt. Die deskriptiven Ergebnisse werden in die Themenschwerpunkte „Digitalisierung als Erfolgstreiber im Management-Reporting-Prozess", „Akteure und Rollen des Controllers im Management-Reporting-Prozess" und „Betrachtung von Rollenkonflikten Management-Reporting-Prozess" unterteilt aufgeführt. Im Anschluss erfolgt die Darstellung der Hypothesentests mit zugehörigem Fazit *(Abschnitt 5.3).*

In Kapitel sechs erfolgt die Zusammenführung der Erkenntnisse von Kapitel drei bis fünf und die hierdurch ermöglichte Ausarbeitung der Handlungsempfehlungen. Das Kapitel ist anhand der Ergebnisschwerpunkte in die Bereiche „Zeitersparnis durch Technologien und IT-Tools" *(Abschnitt 6.1)* und „Empfehlung zum Rollenmix zur Konfliktreduktion" *(Abschnitt 6.2)* unterteilt.

Kapitel sieben beinhaltet abschließend die Schlussbetrachtung. Hierin enthalten wird auf die Beantwortung der Forschungsfragen und gewonnenen

[118] Siehe zur Rollentheorie Katz/Kahn (1978) und Kapitel zwei (*Abschnitt 2.4*) der vorliegenden Arbeit.

[119] Siehe zur Herkunft der Kontingenztheorie Kapitel vier der vorliegenden Arbeit.

Erkenntnisse *(Abschnitt 7.1)*, sowie Limitationen und den weiteren Forschungsbedarf *(Abschnitt 7.2)* eingegangen. Mit einem Schlusswort zur Studie enden die Ausführungen der vorliegenden Arbeit (*Abschnitt 7.3*) (Abbildung 1.7).

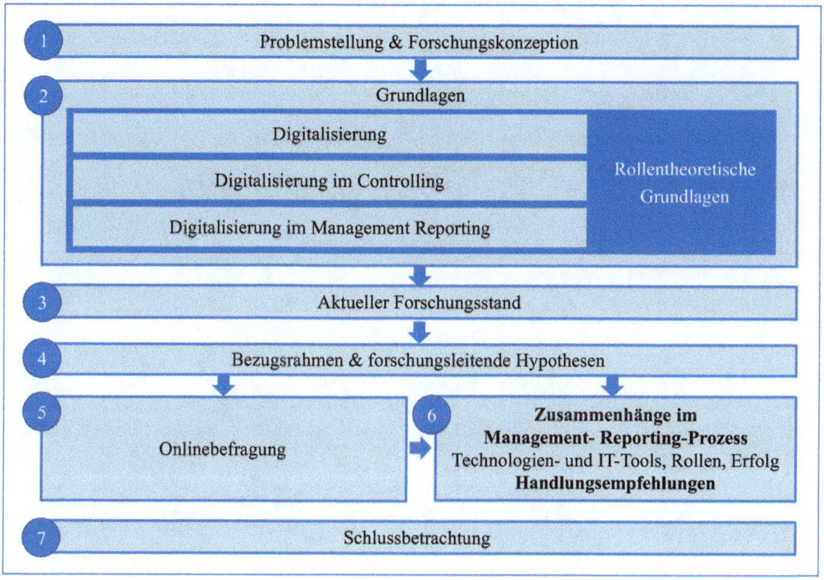

Abbildung 1.7 Aufbau der Arbeit

Grundlagen und Begriffsabgrenzungen 2

Im Rahmen des zweiten Kapitels werden für den weiteren Verlauf der vorliegenden Arbeit notwendige Begriffsabgrenzungen vorgenommen. Das Kapitel enthält Begriffsabgrenzungen bezüglich der Digitalisierung, der Digitalisierung im Controlling und der Digitalisierung im Management Reporting. Des Weiteren wird auf Rollentheoretischen Grundlagen[1] zur Fundierung dieser Arbeit, sowie die Erfolgsmessung eingegangen.

2.1 Begriff der Digitalisierung

Ist der Begriff „Digitalisierung" zwar allgegenwärtig im Alltag vorhanden und zieht sich durch Wirtschaft sowie Gesellschaft, findet sich dennoch keine einheitliche betriebswirtschaftliche Definition.[2] Historisch geht die Digitalisierung auf Gottfried W. Leibniz durch die Entwicklung binärer Strings zurück, wobei die Anwendung digitaler Informationsübermittlungen durch Morsezeichen auf Samuel F. B. Morse in 1835 zurückzuführen ist.[3] Aus der technischen Perspektive heraus handelt es sich bei der Digitalisierung um den Transformationsprozess

[1] Siehe zur Rollentheorie Katz/Kahn (1978).

[2] Vgl. Becker et al. (2013), S. 12; Schallmo/Rusnjak (2017), S. 3; Becker (2019), S. 24.

[3] Vgl. Vogelsang (2010), S. 7.; Botzkowski (2018), S. 22.

Ergänzende Information Die elektronische Version dieses Kapitels enthält Zusatzmaterial, auf das über folgenden Link zugegriffen werden kann https://doi.org/10.1007/978-3-658-51476-1_2.

V. Frank, *Erfolg des Management Reportings*, Unternehmensführung & Controlling, https://doi.org/10.1007/978-3-658-51476-1_2

analoger in digitale Datenformate.[4] Im englischsprachigen Raum wird die rein technische Darstellung des Begriffs als „digitization“ bezeichnet, welcher im deutschen Sprachgebrauch unter dem allgemeinen Begriff „Digitalisierung“ integriert ist.[5] Der Begriff *„digitalization“* wird somit häufig als Synonym für *„digitization“* und auch *„digital transformation“* verwendet.[6]

Es ist somit hervorzuheben, dass unter der rein technischen Perspektive der Digitalisierung in der vorliegenden Arbeit „digitization“ und unter der betriebswirtschaftlichen/strategischen Perspektive der Digitalisierung „digitalization“ verstanden wird.[7]

Zur Verdeutlichung der Entwicklung des Begriffs „Digitalisierung“ aus der technischen Betrachtungsweise heraus zu einer betriebswirtschaftlichen Perspektive, wird nachfolgend ein kurzer exemplarischer Überblick bestehender Definitionsansätze aufgezeigt, welche für die vorliegende Arbeit als Grundlage dienen können (Tabelle 2.1):

Tabelle 2.1 Definitionen der Digitalisierung[8]

Autor(en)	Definition
Loebbecke (2006), S. 360	„Digitalisierung kann definiert werden als die Umwandlung von analogen Signalen in digitale Daten.“
Müller/Brösel (2008), S. 387	„[…] Digitalisierung – d. h. die Darstellung von Informationen in binärer Form – […].“
Schulz-Schaeffer/Funken (2008), S. 15	„[…] verwenden den Begriff der *Digitalisierung* als Oberbegriff, der alle der [in ihrem Beitrag] […] skizzierten Formen des betrieblichen Einsatzes von Informations- und Kommunikationstechniken umfasst […].“

(Fortsetzung)

[4] Vgl. Levi/Rembold (2003), S. 55; Loebbecke (2006), S. 360; Becker/Pflaum (2019), S. 7; Becker (2019), S. 24.

[5] Vgl. Wolf/Heidlmayer (2022), S. 5.

[6] Vgl. Knudsen (2020), S. 2.

[7] Vgl. Wolf/Heidlmayer (2022), S. 5.

[8] Siehe für ähnliche Aufzählungen z. B. Botzkowski (2018), S. 23; Becker/Pflaum (2019), S. 7 ff., Becker (2019), S. 24.

Tabelle 2.1 (Fortsetzung)

Autor(en)	Definition
Yoo, et al. (2010), S. 8	„[…] [O]ngoing digitalization in our material world adds new material properties to previously non-digital, industrial age products and processes."
Hiller (2013), S. 5	„Digitalization is the integration of digital technologies into the business to achieve maximum benefit, particularly with respect to information."[9]
Becker et al. (2013), S. 54	„Unter Digitalisierung wird die Veränderung von **Geschäftsmodellen** durch die Verbesserung von **Geschäftsprozessen** aufgrund der Nutzung von **Informations-** und **Kommunikationstechniken** verstanden"
Leidinger (2017), S. 122	Digitalisierung „[…] ist ein konsequenter Vorgang der Automatisierung von Prozessen und der Nutzung von Möglichkeiten der IT-Systeme zur Reduktion des Aufwands von Informationsverknüpfungen, die bislang nicht wirtschaftlich realisierbar waren."
Eling/Lehmann (2018), S. 363	„[…] [D]efine digitalization […] as 'the integration of the analogue and digital worlds with new technologies that enhance customer interaction, data availability and business processes.'"
Schawel/Billing (2018), S. 105	„Der Begriff Digitalisierung […] bezieht sich im unternehmerischen Kontext typischerweise auf die Umwandlung von manuellen Prozessen und physischen Objekten in digitale Varianten, unter Nutzung neuer bzw. leistungsfähiger digitaler Technologien […]."
Wolf/Strohschen (2018), S. 58	„Wir sprechen von Digitalisierung, wenn analoge Leistungserbringung durch Leistungserbringung in einem digitalen, computerhandhabbaren Modell ganz oder teilweise ersetzt wird."[10]

(Fortsetzung)

[9] Angewendete Textfarben im Original welche ähnlich wie schwarz, beispielsweise grau sind, werden bei direkten Zitaten nicht gesondert vermerkt.

[10] Wolf/Strohschen (2018), S. 58, im Original kursiv formatiert.

Tabelle 2.1 (Fortsetzung)

Autor(en)	Definition
Eschenbach/Siller (2019), S. 28[11]	„*Digitalisierung* […] ist die zunehmende digitale Aufbereitung, Speicherung, Verarbeitung, Darstellung bzw. Durchführung von Information und Kommunikation und die digitale Veränderung von Instrumenten, Geräten, Prozessoren, Prozessen und Geschäftsmodellen mittels Informations- und Kommunikationstechnologien […].“
Nobach (2019), S. 248 f.	„Während es bei der Digitalisierung primär um die Implementierung digitaler Technologien in existierende Geschäftsmodelle und bestehende Prozesse geht, bezieht sich die digitale Transformation vorrangig auf die Umsetzung von digitalen Geschäftsmodellinnovationen.“
Langmann (2019), S. 5	„In der Praxis wird die Digitalisierung […] immer wieder mit einer Reihe von Begriffen in Verbindung gebracht. Besonders prominent sind hierbei Big Data, Business Analytics, Robotic Process Automation (RPA) und Machine Learning.“[12]
Abée/Andrae/Schlemminger (2020), S. 7	„**Digitale Transformation:** Auf Basis von (neuen) Technologien werden Prozessabläufe automatisiert und neue oder veränderte Methoden oder Verfahren etabliert, die zu Effizienzsteigerungen führen.“[13]
Ploier/Mayr (2022), S. 143	„Digitalisierung bedeutet […], dass analoge Wertschöpfung durch Leistungserbringung in einem digitalen, computerhandhabbaren Modell ganz oder teilweise ersetzt wird.“

[11] Eschenbach/Siller (2019), S. 28 beziehen sich auf Disselkamp/Heinemann (2018), S. 7; Hippmann/Klingner/Leis (2018), S. 9.

[12] Langmann (2019), S. 5. Siehe für die Erläuterung genannter Technologien und IT-Tools Kapitel zwei der vorliegenden Arbeit.

[13] Abée/Andrae/Schlemminger (2020), S. 7, im Original durch Aufzählungszeichen hervorgehoben.

Bezugnehmend auf das Thema wertschöpfungsorientiertes Controlling, wird die Definition vom „Bamberger ‚Kompetenzzentrum für Geschäftsmodelle in der digitalen Welt'"[14] einbezogen, in der Digitalisierung wie folgt beschrieben wird:

> *„Digitalisierung ist die strategisch orientierte Transformation von Prozessen, Produkten, Dienstleistungen bis hin zur Transformation von kompletten Geschäftsmodellen unter Nutzung moderner Informations- und Kommunikationstechnologien (IuK) mit dem Ziel, nachhaltige Wertschöpfung effektiv und effizient zu gewährleisten."*[15]

In der Definitionsformulierung wurde über die rein technische Darstellungsweise der Digitalisierung hinaus ein betriebswirtschaftlicher Kontext hergestellt,[16] welcher in der vorliegenden Arbeit für das Thema Management Reporting verwendet werden soll. Digitale Technologien können in diesem Sinne als „[…] die Gesamtheit aller Technologien zur Erstellung, Verarbeitung, Übertragung und Nutzung von digitalen Gütern[]"[17] bezeichnet werden, welche sich auf die Controlling-Funktionen auswirken und somit unter anderem im Management Anwendung finden.[18] Bezüglich digitaler Technologien wird, im Rahmen der vorliegenden Arbeit, von Technologien und zugehörigen IT-Tools gesprochen.

Möchte man die Begriffe Digitalisierung, digitale Transformation und digitale Technologien, bezüglich der in dieser Arbeit prozessorientierten Betrachtung mit Wertschöpfungsziel, voneinander abgrenzen, könnte das wie folgt aussehen: Unter einer digitalen Transformation kann die Fusion industrieller Prozesse und digitaler Gegebenheiten verstanden werden. Das Wertschöpfungsziel wird im Rahmen der digitalen Transformation durch den sinnvollen Einsatz digitaler Technologien (Technologien- und IT-Tools) verfolgt.[19]

---

[14] Becker/Pflaum (2019), S. 9; Becker (2019), S. 24.

[15] Becker/Pflaum (2019), S. 9, im Original nicht kursiv und nicht mittig formatiert, jedoch im farbigen Kästchen hervorgehoben.

[16] Vgl. Becker/Pflaum (2019), S. 9; Becker (2019), S. 24.

[17] Loebbecke (2006), S. 360. „Diese werden unter dem Begriff der ‚Information-, Communication- and Media Technologies (ICMT)' zusammengefasst." Ebd.

[18] Vgl. als Beispiel zum Thema Business Intelligence Tools und wertschöpfungsorientiertes Controlling: Becker/Kollacks/Ulrich (2011), S. 226; vgl. zur Informationsfunktion des Controllings: Reichmann (2006), S. 10 ff.; siehe Erläuterungen zu den Controlling-Funktionen und zum Einfluss der Digitalisierung auf die Controlling-Funktionen in Kapitel zwei (*Abschnitt 2.2*) der vorliegenden Arbeit.

[19] Vgl. den gesamten Absatz mit Kersten/Schröder/Indorf (2017), S. 48 ff.

Die Digitalisierung kann in diesem Sinne als übergeordneter Begriff bezeichnet werden, dessen Kerninhalt die digitale Transformation von Prozessen anhand der sinnvollen Integration von Technologien- und IT-Tools, welche einem Wertschöpfungszweck dienen, beschrieben werden.[20]

2.1.1 Industrielle Revolution

Mit der Industrialisierung erfolgten Paradigmenwechsel durch Technologiesprünge, heute als Revolutionen betitelt. Die umfassende Digitalisierung wird hierbei als „3. industrielle Revolution" betitelt.[21] „Unter »Industrie 4.0« wird die Digitalisierung der industriellen Wertschöpfung verstanden. Industrie 4.0 bezeichnet die echtzeitfähige, intelligente Vernetzung von Menschen, Maschinen und Objekten zum Management von Systemen."[22] Zielsetzung ist hierbei eine Transparenz- und Effizienzerhöhung im Wertschöpfungsprozess,[23] „[...] um mit intelligenten Produkten und Dienstleistungen den Kundennutzen zu optimieren."[24]

In der Industrie 4.0 wird dabei eine Verwachsung der virtuellen und physischen Welt deutlich. Die vier Phasen der industriellen Revolution und hierunter dessen Weg hin zu Cyber-Physikalischen Systemen können wie folgt aufgezeigt werden (Abbildung 2.1):[25]

[20] Zusammengefasste Definition von vorherig aufgeführten Autoren.

[21] Vgl. Lasi et al. (2014), S. 261.

[22] Bauer/Horváth (2015), S. 515.

[23] Vgl. Roth (2016), S. 6.

[24] Ebd., im Original kursiv formatiert.

[25] Vgl. den gesamten Absatz mit Becker/Pflaum (2019), S. 6.

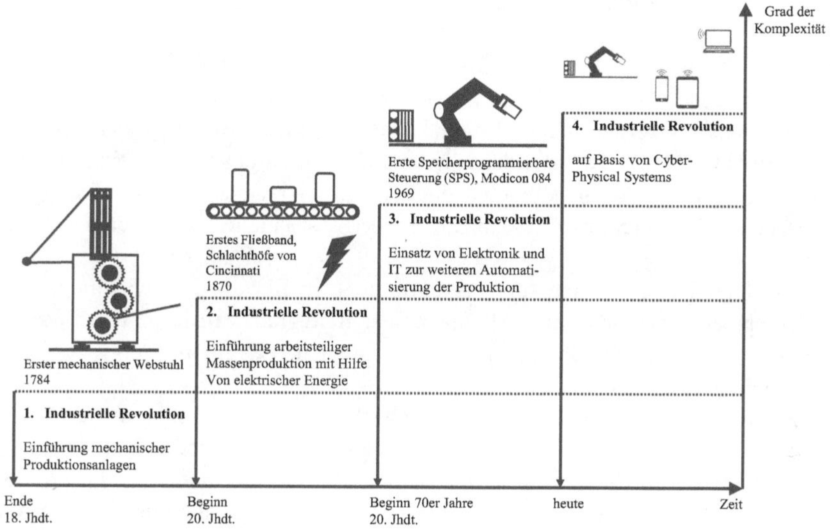

Abbildung 2.1 Industrielle Revolution. (In Anlehnung an Becker/Pflaum (2019), S. 6)[26]

Zum nächsten Revolutionsschritt, Industrie 5.0, werden von der Europäischen Kommission grundlegend die drei Elemente „human-centricity, sustainability and resilience“ genannt.[27] Somit wird während des digitalen Wandels der Fokus wieder vermehrt auf den Faktor Mensch im Zusammenspiel mit der Maschine bzw. Technologie gelegt.[28] Dies könnte als Ansatzpunkt gesehen werden, mangelnde Durchdringung der Technologie zum Menschen zu verbessern sowie fehlender Akzeptanz entgegenzuwirken und somit den digitalen Reifegrad im Unternehmen und dessen Funktionsbereichen zu steigern.[29]

[26] Grafik mit Formatierungsanpassungen nachgestellt und Inhalte wörtlich übernommen aus Becker/Pflaum (2019), S. 6; vgl. auch Kagermann/Wahlster/Helbig (2013), S. 17.

[27] Vgl. Breque/De Nul/Petridis (2021), S. 13 ff.; „human-centricity, sustainability and resilience“ Ebd., S. 13.

[28] Vgl. Günther/Reiff-Stephan (2020), S. 319; Günther/Prell/Reiff-Stephan (2022), S. 2.

[29] Vgl. Günther/Prell/Reiff-Stephan (2022), S. 2 ff.

2.1.2 Digitaler Reifegrad

Für den Begriff digitale Reife existieren je nach Ansatzpunkt unterschiedliche Abgrenzungen.[30] So beschreiben *Brodny* und *Tutak* Digital Maturity beispielsweise als „[…] certain state of social and economic awareness that enables enterprises to effectively implement digital technologies to achieve their goals."[31] *Aslanova* und *Kulichkina* definieren diese als „[…] gradual process of integration and implementation of organization processes, human, and other resources into digital processes and vice versa."[32] *Wolf* und *Strohschen* gehen direkt auf den Reifegrad ein, auf den für Auskünfte zu Digitalisierungsentwicklungen in Unternehmen verwiesen wird. Als maximaler Reifegrad wird in diesem Zusammenhang die vollumfängliche Nutzung des möglichen Digitalisierungspotentials im Unternehmen definiert.[33]

Unter anderem mit der Industrie 4.0 entwickelte sich das Thema digitale Reife und hierunter diverse Definitionen sowie Modelle zur Bestimmung des Digitalen Reifegrads, sprich des Levels der digitalen Reife.[34] In *Mettler* und *Ballester* wird beispielsweise unter anderem auf Maturity Modelle der Unternehmen Microsoft, SAP sowie IBM hingewiesen.[35] Als aktuelle sehr umfangreiche Studie mit mehr als 800 Probanden[36] sind zudem die Ausführungen von *Deloitte* bezogen auf ihren „Digital Maturity Index"[37] zu erwähnen. Im Rahmen der Primärdatenerhebung der vorliegenden Arbeit soll der Digitale Reifegrad, unter anderem anhand einer vordefinierten Beschreibung, bei der der **höchste Reifegrad als perfekt digitalisiert** bezeichnet wird[38] und unter Vorgabe von fünf Skalenstufen[39], vereinfacht abgefragt werden.[40]

---

[30] Vgl. Brodny/Tutak (2021), S. 3.

[31] Ebd.

[32] Aslanova/Kulichkina (2020), S. 444.

[33] Vgl. Wolf/Strohschen (2018), S. 60.

[34] Vgl. Aslanova/Kulichkina (2020), S. 443 ff.

[35] Vgl. Mettler/Ballester (2021), S. 1.

[36] Vgl. Deloitte (2023), S. 4.

[37] Ebd., S. 8.

[38] Vgl. Ulrich/Frank/Kratt (2021), S. 24; Kane et al. (2018), S. 7.

[39] Siehe für Erläuterungen zu Skalenabfragen Kapitel fünf (*Abschnitt 5.1.2*) der vorliegenden Arbeit.

[40] Vgl. für Ausführungen zum Aufbau von Reifegradmodellen Heß (2015), S. 10 ff.

Da sich das Controlling im Zuge der Digitalisierung als erfolgskritischer Funktionsbereich in Unternehmen herauskristallisiert,[41] wird sich bei der digitalen Reifegradabfrage auf eben diesen und hierunter auf das Management Reporting fokussiert. Unter Vorlage des Controlling-Prozessmodells der *International Group of Controlling* stellten bereits *Ulrich* und *Rieg* das Management Reporting als den am zweithäufigsten vom Controlling übernommenen Hauptprozess heraus.[42] Im Rahmen der vorliegenden Arbeit gilt es herauszufinden, inwieweit die Digitalisierung im Management Reporting der Unternehmen fortgeschritten ist und wie hierbei zu behandelnde Technologien und IT-Tools involviert sind. Neben der vordefinierten Abfrage des digitalen Reifegrades im Controlling und Management Reporting werden Prozesse des Management Reportings[43] auf die Nutzung von Technologien und IT-Tools überprüft. Eine Abfrage der Einschätzung der am stärksten von der Digitalisierung betroffenen Prozesse des Controllings[44] und des Management Reportings vervollständigen den Überblick.[45]

Nach oberhalb aufgeführter Begriffsabgrenzung des digitalen Reifegrads folgen zugehörige Abgrenzungen zum Controlling und Management Reporting.

2.2 Digitalisierung im Controlling

Folgend werden die Grundlagen des wertschöpfungsorientierten Controllings und der Einfluss der Digitalisierung auf das wertschöpfungsorientierte Controlling verdeutlicht.[46]

[41] Vgl. Heimel/Müller (2019), S. 390.

[42] Vgl. International Group of Controlling (2017); Ulrich/Rieg (2022), S. 25.

[43] Siehe für Ausführungen zu den Prozessen des Management Reportings Kapitel zwei (*Abschnitt 2.3.1*) der vorliegenden Arbeit.

[44] Siehe für Ausführungen zu den Prozessen des Controllings Kapitel eins (*Abschnitt 1.1*) der vorliegenden Arbeit.

[45] Fokus der Ergebnisauswertung liegt auf der den Bereich Management Reporting. Umfrageergebnisse bezüglich des Controllings im Allgemeinen sind im Anhang (im elektronischen Zusatzmaterial) der Arbeit zu finden.

[46] Vgl. für den Begriff wertschöpfungsorientiertes Controlling die Ausführungen in folgenden Abschnitten.

2.2.1 Grundlagen des wertschöpfungsorientierten Controllings

In den vorliegenden Abschnitten wird zunächst die wertschöpfungsorientierte Controlling-Konzeption nach *Becker*[47] hergeleitet. Im Laufe der Ausführungen erfolgt hierbei eine Begriffsabgrenzung des Controllings indem auf die wertschöpfungsorientierte Controlling-Konzeption hingewiesen sowie weitere etablierte Controlling-Konzeptionen genannt werden. Mit dem Bezug der Dissertation auf die wertschöpfungsorientierte Controlling-Konzeption wird der Begriff Wertschöpfung erläutert, anschließend wird auf die Balanced Value Map sowie die Controlling-Funktionen eingegangen.

2.2.1.1 Begriffsabgrenzung Controlling

Beim Versuch der Abgrenzung des Begriffs Controlling, kann dieser als Steuerungsinstrument mit einem Tätigkeitsbereich liegend in der Informationsversorgung, Planung, Koordination und Führungsunterstützung beschrieben werden.[48]

Zu beachten ist jedoch, dass der Begriff Controlling im deutschsprachigen und angloamerikanischen Raum unterschiedlich abgegrenzt wird. Controlling wird dabei in englischsprachigen Ländern als Management-Aufgabe angeführt, bei der Controller lediglich unterstützende Tätigkeiten ausführen (Controllership). Diese strenge Aufgabentrennung zwischen dem Management und dem Controller ist im deutschsprachigen Raum nicht gegeben.[49] Die Begriffsdeutung Controlling reicht dabei „[...] von der Leugnung der Eigenständigkeit des Controlling[s] als betriebswirtschaftlicher Disziplin bis zur Auffassung von Controlling als integrierter Führungsfunktion."[50] Folgende Grafik soll etablierte Abgrenzungen des Controllings anhand dessen Konzeptionsfokus und Funktionsumfang verdeutlichen[51] (Abbildung 2.2):

---

[47] Vgl. für Erläuterungen zur wertschöpfungsorientierten Controlling-Konzeption nach Becker auch Becker (1999); Becker/Baltzer (2010); Becker (2012); Becker/Baltzer/Ulrich (2014); Baltzer/Ulrich (2019).

[48] Vgl. den gesamten Absatz mit Kortendieck/Stepanek (2019), S. 2. Genannte Aufgabenbereiche wurden Stichpunktartig von ebd. aufgezählt. Vgl. auch Halfar/Moos/Schellberg (2020), S. 27 ff.

[49] Vgl. Becker/Baltzer (2010), S. 10.

[50] Ulrich (2011), S. 46. Ebd. bezieht sich auf: Schneider (1984), S. 325 [das Literaturverzeichnis der vorliegenden Arbeit enthält anstatt Schneider (1984) Schneider (1994)]; Schneider (1991), S. 765 u. S. 771; Weber (2001), S. 1785 ff.; Horváth (2006), S. 138 f.

[51] Vgl. Becker/Baltzer (2009), S. 27; Baltzer (2013), S. 50.

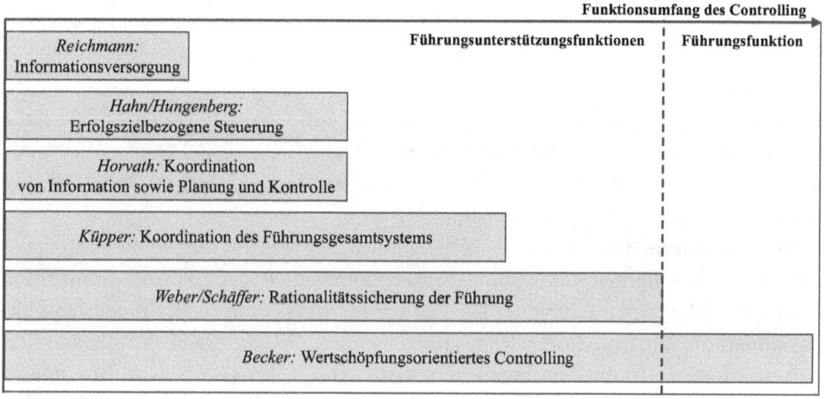

Abbildung 2.2 Angesehene Controlling-Konzeptionen. (In Anlehnung an Baltzer (2013), S. 50)[52]

„Gängige Controllingkonzeptionen sind unter anderem koordinationsorientierter, informationsorientierter, wertschöpfungsorientierter und rationalitätssicherungsorientierter Ausprägung."[53] Oder auch nach *Küpper et al.* ausgedrückt in „[...] **gewinn- bzw. ergebniszielorientierte, führungsprozessbezogene und koordinationsorientierte Auffassungen** [...]"[54] gliederbar.

Im Rahmen der vorliegenden Arbeit wird sich auf die wertschöpfungsorientierte Controlling-Konzeption nach *Becker*[55] bezogen, welche umfangreiche Gemeinsamkeiten gängiger Controlling-Konzeptionen darbietet.[56]

---

[52] Grafik mit Formatierungsanpassungen (und dreidimensionaler Bestandteil der Grafik wurde nicht übernommen) nachgestellt und Inhalte wörtlich übernommen aus Baltzer (2013), S. 50. Dieser bezieht sich auf die Ausführungen von Becker/Baltzer (2009), S. 27. Becker/Baltzer (2009) verwenden in ihren Ausführungen zu genannten Autoren insbesondere folgende Werke: Hahn/Hungenberg (2001); Reichmann (2006); Küpper (2008); Weber/Schäffer (2008); Horváth (2009); Becker (1999, 2009).

[53] Ulrich (2011), S. 45. Ebd bezieht sich auf: Becker/Lutz (2007), S. 46 f.; Horváth (2006); Küpper (2005); Reichmann (2006); Becker (2009); Weber/Schäffer (2008).

[54] Küpper et al. (2013), S. 19. Siehe für umfangreiche Ausführungen hierzu in „**Teil I**" ihres Werkes.

[55] Vgl. z. B. Becker/Baltzer (2010); Becker (2012).

[56] Vgl. Rech (2020), S. 49. Ebd. stellt Gemeinsamkeiten der Informationsfunktion der wertschöpfungsorientierten Controlling-Konzeption mit Arbeiten von Reichmann/Kißler/Baumöl (2017), S. 17 ff., der Abstimmungsfunktion der wertschöpfungsorientierten Controlling-Konzeption mit Arbeiten von Küpper et al. (2013), S. 33 ff. sowie Horváth/

Der Begriff wertschöpfungsorientiertes Controlling kann hierbei prägnant ausgedrückt als Controlling mit fokussierter Ausrichtung auf den Wertschöpfungszweck betitelt werden.[57]

Der Controlling-Begriff weist hierbei einerseits den Charakter einer Hilfsinstanz auf, die für das Management unterstützende Dienstleistung leistet.[58] Anderseits ist unter dem Controlling-Begriff eine zielorientierte Unternehmenssteuerung durch das Management zu verstehen.[59]

Unter anderem *Baltzer* weist auf die Zuordnung von Führungsunterstützungsfunktionen in gängigen Controlling-Konzeptionen hin: „[...] [D]em Controlling [kann] in allen [betrachteten] Konzeptionen stets eine oder mehrere Führungsunterstützungsfunktionen zugeordnet werden. Als zentraler Aufgabenträger wird somit der Controller angesehen, das heißt Controlling wird im angloamerikanischen Sinne als Controllership interpretiert."[60] Zum anderen ist dem Controlling nach den Ausführungen von *Becker* neben Führungsunterstützungsfunktionen auch eine Führungsfunktion zuzuordnen. Die wertschöpfungsorientierte Controlling-Konzeption beinhaltet beide der genannten Bestandteile. Als Führungsunterstützungsfunktionen werden hierbei die Informations- und Abstimmungsfunktion genannt. Als Führungsfunktion wird die Lokomotionsfunktion genannt.[61] Die folgenden Abschnitte dienen zur Erläuterung von eben diesen Controlling-Funktionen zur Erzielung der Unternehmenszwecke der Wertschöpfung.[62]

Gleich/Seiter (2015), S. 43 ff. und Parallelen der wertschöpfungsorientierten Controlling-Konzeption „[...] in punkto der Optimierung der Effektivität und Effizienz der Führung[]", Rech (2020), S. 49, mit Arbeiten von Weber/Schäffer (2016), S. 37 ff. heraus. Vgl. Rech (2020), S. 49. Siehe Erläuterungen der genannten Controlling-Funktionen in Kapitel zwei (*Abschnitt 2.2.1*) der vorliegenden Arbeit.

[57] Vgl. Becker (1999), S. 3.

[58] Vgl. Becker/Baltzer (2010), S. 34. Siehe Erläuterungen zur Informations- und Abstimmungsfunktion in Kapitel zwei (*Abschnitt 2.2.1*) der vorliegenden Arbeit.

[59] Vgl. Becker/Baltzer (2010), S. 34. Siehe Erläuterungen zur Lokomotionsfunktion in Kapitel zwei (*Abschnitt 2.2.1*) der vorliegenden Arbeit.

[60] Baltzer (2013), S. 49. Ebd bezieht sich auf: Küpper/Weber/Zünd (1990), S. 282; Schildbach (1992), S. 22 f.; Schweitzer/Friedl (1992), S. 141; Beckmann/Huch (2002), S. 145; Becker, A. (2003), S. 8; Friedl (2003), S. 1; Franz (2004), S. 279; Peemöller (2005), S. 36; Reichmann (2006), S. 13; Wittenberg (2006), S. 44; Preißler (2007), S. 16; Horváth (2009), S. 125. Autoren wurden in gleicher Reihenfolge wie bei Baltzer (2013), S. 49 aufgeführt.

[61] Vgl. Ebd.

[62] Vgl. Becker/Baltzer (2010), S. 12.

„Als wesentliche Unternehmenszwecke lassen sich die Entgelterzielung, die Deckung eigener und fremder Bedarfe sowie die Bedürfnisbefriedigung erkennen.“[63]

2.2.1.2 Begriffsabgrenzung Wertschöpfung

Die allgemeingültige Begriffsdefinition der Wertschöpfung, geprägt durch *Porter*, beschreibt eine positive Wertschöpfung als den im Unternehmen geschaffenen Wert, der die Herstellungskosten der Unternehmensprodukte übersteigt. Diese Definition muss in Anbetracht der fortschreitenden Digitalisierung und den hierdurch generierten modernen Datenerzeugungs-, Datensammlungs-, Datenverarbeitungs- und Datenauswertungsmöglichkeiten, durch eine informationsbasierte bzw. datenbasierte Definition erweitert werden, in der auch Daten als Produktionsfaktor oder auch in manchen Fällen als Endprodukt angesehen werden können.[64]

Auch *Becker* und *Fuchs* weisen auf die Information als in der Bedeutung stetig steigende Ressource des Unternehmens hin.[65] Grundlegend ist die Wertschöpfung eines Betriebes laut *Becker* „[...] eine Maßgröße, die das Ergebnis des betrieblichen Prozesses kennzeichnet, der zur Schaffung eines betrieblichen Wertes führt.“[66] Die Anspruchsgruppen profitieren vom geschaffenen Mehrwert.[67]

Dabei setzt „Wertschöpfung [...] wirtschaftliches Handeln im Sinne der optimalen Allokation knapper Güter voraus, das heißt das Handeln von Unternehmen muss zielgerichtet (effektiv) und ressourcensparsam (effizient) sein.“[68] Durch die Digitalisierung eröffnen sich dabei verschiedene Wertschöpfungspotentiale. Für die vorliegende Arbeit interessant ist die Möglichkeit der verbesserten Informationsbereitstellung zur Wertschöpfung, sowie die durch Technologien und IT-Tools

---

[63] Becker/Baltzer (2010), S. 12, im Original nicht kursiv und nicht mittig formatiert. Ebd. beziehen sich auf: Krüger (1981), S. 932.

[64] Vgl. Baumöl/Bockshecker (2019), S. 149 ff.; siehe laut ebd. für ursprüngliche Ausführungen zur Wertschöpfung und Wertkette Porter (1986); Porter (2014), S. 66 und zur Informationsbasierten Wertschöpfung Scheer/Loos (2002).

[65] Vgl. Becker/Fuchs (2004), S. 7; Becker/Kollacks/Urlich (2010), S. 226.

[66] Becker (1999), S. 6.

[67] Vgl. Ebd.; Becker/Burggraf/Martens (2019), S. 170 verweisen in diesem Kontext auf die unternehmerischen Zwecke der Wertschöpfung: Der Bedarfsdeckung der Kunden durch Unternehmenserzeugnisse, der Entgelderzielung der Unternehmen sowie der Bedürfnisbefriedigung, welche als Komponenten der Wertschöpfung genannt werden.

[68] Becker/Baltzer (2010), S. 13.

verbesserten Prozesse.[69] In der Informationsfunktion des Controllings, aufgezeigt im Rahmen der wertschöpfungsorientierten Controlling-Konzeption, findet sich eben diese Aufgabe der Versorgung mit entscheidungsrelevanten Daten bzw. Informationen wieder, unter welcher auf eine geeignete IT-Unterstützung hinzuweisen ist.[70] Zusätzlich stellt auch eine wirtschaftliche Nutzung dieser durch digitale Technologien erzeugten Daten eine Art dar Werte zu schaffen.[71]

2.2.1.3 Balanced Value Map und Controlling-Funktionen

Zum Fortbestehen einer Unternehmung ist es unbedingt erforderlich eine hinreichende, sowie fortwährende Wertschöpfung zu erzielen.[72]

> → „Die Wertschöpfung entsteht entlang der Wertschöpfungskette des Unternehmens, deren sachorientierte Gestaltung und Lenkung sowie personenbezogene Führung (i.e.S.) traditionelle Aufgaben der Unternehmensführung sind. Dabei orientiert sich die Unternehmensführung insbesondere an den drei Führungsgrößen Erfolgspotentiale, Erfolg und Liquidität."[73]

Eine Darstellung wichtiger Zusammenhänge dieser lässt sich anhand des Wertschöpfungskreislaufs nach *Becker* aufzeigen. Erste Ausführungen eines Wertschöpfungskreislaufs gehen auf *Gälweiler* zurück.[74] Die **„Balanced Value Map"** nach *Becker* lässt sich wie folgt darstellen (Abbildung 2.3):[75]

[69] Vgl. Scheer/Loos (2002), S. 30 ff.

[70] Vgl. Becker/Fuchs (2004), S. 11. Siehe für den Begriff IT-Unterstützung auch Kapitel zwei (*Abschnitt 2.5.3*) der vorliegenden Arbeit.

[71] Vgl. Baumöl/Bockshecker (2019), S. 151.

[72] Vgl. Becker/Baltzer (2010), S. 13 f.

[73] Ebd. Vgl. zur Wertschöpfungskette: Porter (1986), S. 59 ff.; Becker (1996), S. 88 ff.

[74] Vgl. Gälweiler (2005), S. 23 ff. Das „[...] Zusammenspiel im Sinne eines Wertschöpfungskreislaufs wurde erstmals von Gälweiler dargelegt (Gälweiler 1987) und von Becker zum generalisierten Geschäftsmodell der Balanced Value Map erweitert [...]." Baltzer/Ulrich (2019), S. 106.

[75] Vgl. Becker (2012), S. 45. Als ursprüngliche Quelle kann Becker, W. (2003) genannt werden.

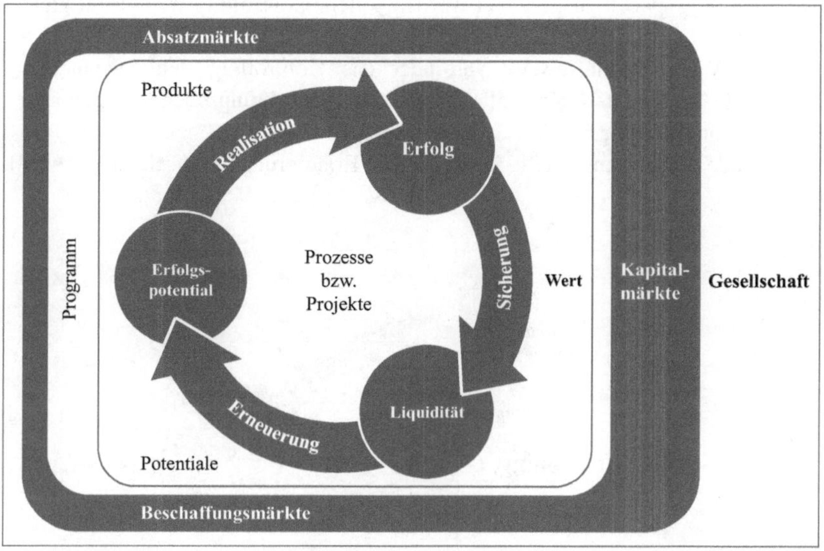

Abbildung 2.3 Balanced Value Map. (In Anlehnung an Becker/Baltzer (2010), S. 14; Baltzer/Ulrich (2019), S. 106)[76]

Wesentliche Beachtung ist dem Erfolgspotential zu schenken.[77] *„Eine Verwertung des Erfolgspotentials resultiert in der Realisation von Erfolg und letztendlich der Aufrechterhaltung der Liquidität. Liquidität ermöglicht die Schaffung neuer Erfolgspotentiale."*[78]

Die kontinuierliche Wertschöpfung setzt hierbei die Sicherstellung der kontinuierlichen Wiederholung des Wertschöpfungskreislaufs durch die Unternehmensführung voraus, welche durch das Controlling gewährleistet werden soll.[79] Das Controlling kann demzufolge unter anderem als Instrument der Unternehmensführung gesehen werden, durch welches unternehmerische Aktivitäten auf den

[76] Grafik mit Formatierungsanpassungen nachgestellt und Inhalte wörtlich übernommen aus Becker/Baltzer (2010), S. 14; Baltzer/Ulrich (2019), S. 106.

[77] Vgl. Ulrich (2011), S. 40. Vgl. auch Becker/Staffel/Ulrich (2009), S. 261.

[78] Ulrich (2011), S. 41, im Original nicht kursiv und nicht mittig formatiert. Aufgezeigt werden in Abbildung 10 zudem die Handlungsebenen (Prozesse & Projekte etc.), die gegenseitige Beeinflussung von Märkten und Betrieb, sowie die Darstellung des Gesamtzusammenhangs. Vgl. Ebd. Siehe für genauere Erläuterungen Ebd.; Becker (1996), S. 72 ff.

[79] Vgl. Baltzer/Ulrich (2019), S. 107.

Wertschöpfungszweck ausgerichtet werden sollen. Controlling wird dabei gleichgestellt mit traditionellen Instrumenten anerkannt.[80] Im Sinne der Ausrichtung auf den Wertschöpfungszweck verbindet das Controlling den Management-Prozess (Planungs- und Kontrollphasen), die Ausführungsebene, Organisation sowie Personalführung.[81]

Folgende Abbildung stellt eben diese Erläuterung grafisch dar (Abbildung 2.4):

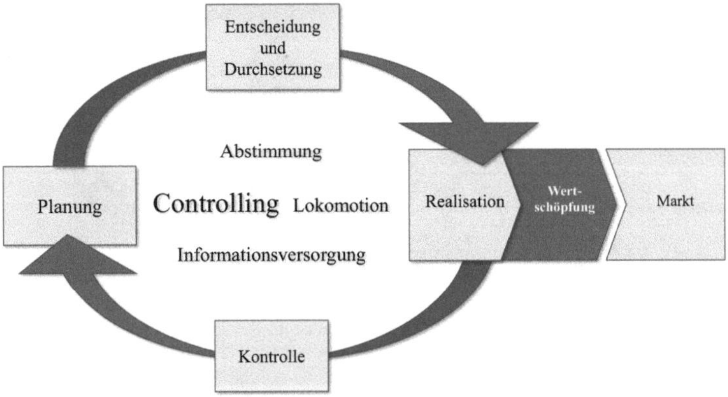

Abbildung 2.4 „Controlling als Bestandteil des Management-Prozesses". (In Anlehnung an Becker/Baltzer (2010), S. 16)[82]

Anhand der zentralen Funktionen des Controllings kann dabei der Prozess der Wertschöpfung wie folgt erläutert werden:

Mit dem Ziel der Effizienz- sowie Effektivitätsicherstellung lassen sich dem Controlling die originäre Lokomotionsfunktion (Managementfunktion), die derivative Informationsfunktion, sowie die derivative Abstimmungsfunktion (Führungsunterstützungsfunktionen) zuordnen, wobei die Lokomotionsfunktion das Antreiben und Weiterentwickeln des Wertschöpfungskreislaufs umfasst und die Erfüllung genannter derivativer Funktionen voraussetzt. Die Lokomotionsfunktion wird dabei im Unternehmen hauptsächlich durch die Erfüllung von

---

[80] Vgl. Becker/Holzmann (2016), S. 3

[81] Vgl. Baltzer/Ulrich (2019), S. 107.

[82] Grafik mit Formatierungsanpassungen nachgestellt und Inhalte wörtlich übernommen aus Becker/Baltzer (2010), S. 16.

„Controlling als Bestandteil des Management-Prozesses" Ebd.

Gestaltungs- sowie Lenkungsaufgaben umgesetzt.[83] Durch die Informationsfunktion soll hierzu in führenden sowie ausführenden Tätigkeitsbereichen eine Informationskongruenz sichergestellt werden.[84] „Dies erfolgt durch die Koordination von Informationsbedarf, Informationsangebot und Informationsnachfrage."[85] Zur ganzheitlichen Wertschöpfung der „[...] Aktivitäten der Wertschöpfungskette [...]"[86] ist zudem eine Abstimmung ausführender Aktivitäten (primäre Koordination) sowie aller Führungsaktivitäten (sekundäre Koordination) notwendig. Dies wird als Abstimmungsfunktion betitelt.[87]

In den folgenden Abschnitten wird eben dieser Wertschöpfungsprozess und die im Zuge der Digitalisierung eröffneten neuen wertschöpfenden Möglichkeiten im Controlling beleuchtet. Der Begriff Controlling kann hierbei fortan wie folgt abgegrenzt werden:

> → „**Controlling** stellt sich als eine integrierte Aufgabe der Unternehmensführung dar, die im Dienste der Optimierung von Effektivität und Effizienz das initialisierende Anstoßen sowie das Ausrichten des Handelns von Betrieben auf den Zweck der Wertschöpfung sicherzustellen hat. Diese originäre (Management-) Funktion des Controlling[s] wird als **Lokomotion**[sfunktion] bezeichnet."[88] „Die Wahrnehmung der originären Funktion der Lokomotion setzt insbesondere eine begleitende Erfüllung von derivativen (Führungsunterstützung[s]-) Funktionen des Controlling[s] voraus[,]"[89] genannt Informationsfunktion und Abstimmungsfunktion.[90]

2.2.2 Einfluss der Digitalisierung auf wertschöpfungsorientiertes Controlling

Veränderungen auf Grund der fortschreitenden Digitalisierung und somit Implementierungen digitaler Technologien werden grundlegend in allen Bereichen

---

83 Vgl. Becker/Baltzer (2010), S. 21; Becker/Baltzer/Ulrich (2014), S. 61; Becker/Nolte (2019), S. 77.; vgl. zur Informationsfunktion auch Reichmann (2006), S. 10 ff.

84 Vgl. Becker/Nolte (2019), S. 77.

85 Ebd.

86 Baltzer/Ulrich (2019), S. 108.

87 Vgl. Ebd.

88 Becker/Baltzer (2010), S. 21, im Original im Kästchen hervorgehoben. Vgl. auch Becker (1999), S. 3.

89 Becker/Baltzer (2010), S. 21, im Original im Kästchen hervorgehoben. Vgl. auch Becker (1999), S. 3.

90 Vgl. Becker/Baltzer (2010), S. 21.

des Controllings, jedoch mit unterschiedlicher Intensität, deutlich. Veränderungen spiegeln sich hierbei in den Prozessen, bestehenden IT-Systemen, der Organisation des Controllings und den Rollen der Mitarbeiter wider.[91] Zukünftig durch Veränderungen geprägt, können hierbei nach *Langmann* „[…] die Controlling-Prozesse operative Planung (Budgetierung), Forecast, Reporting und Kostenrechnung […]“[92] hervorgehoben werden. Aus organisatorischer Sicht, werden ein Kompetenz- und Stellenausbau im Bereich Data Science und zentrale Bündelungen von Controlling-Aktivitäten deutlich.[93] Controller werden dabei vermehrt weg von ihren traditionellen Aufgaben[94] in Koordinations- und Beratungsfunktionen eingebunden,[95] während Teile ihrer ursprünglichen Tätigkeiten durch IT-Systeme übernommen werden und Datenerhebungen, Aufbereitungen und Bewertungen zunehmend automatisiert stattfinden.[96]

Die für die vorliegende Arbeit verwendete Definition der Digitalisierung stellt zur Umsetzung wertschöpfungsorientierter Transformationen im Unternehmen die Nutzung moderner Informations- und Kommunikationstechnologien (IuK) heraus.[97] Folgende Ausführungen soll hierbei den Einfluss moderner IuK auf die Controlling-Funktionen deutlich machen:

Informationsfunktion: Durch die Nutzung moderner IuK stehen den Akteuren im Controlling große Datenmengen gegenüber. Durch die Informationsfunktion soll hierbei Informationskonkruenz geschaffen werden, indem Informationsbedarf, -angebot sowie -nachfrage miteinander abgestimmt werden.[98] Als Aufgabenbereiche können hierbei die Sichtung und Strukturierung wertschöpfungsorientierter Daten und Aufbereitung zu Kennzahlen, zur sinnvollen Nutzung in der Entscheidungsfindung, genannt werden. Entsprechend ist zur Erfüllung der Funktion eine Informationsbedarfsanalyse, die darauf angepasste Datenbeschaffung, -Aufbereitung und Informationsbereitstellung nötig.[99]

---

[91] Vgl. Langmann (2019), S. 10; Pargmann et al. (2023), S. 1 ff.

[92] Langmann (2019), S. 10. Ebd. bezieht sich an dieser Stelle auf die Ausführungen von Kirchberg/Müller (2016); FINANCE CFO PANEL (2017).

[93] Vgl. Langmann (2019), S. 10 u. 36 ff.

[94] Vgl. Heupel/Reinhardt (2019), S. 126. Siehe Erläuterungen zu traditionellen und modernen Aufgaben des Controllers in Kapitel drei der vorliegenden Arbeit.

[95] Vgl. Heupel/Reinhardt (2019), S. 126; Pargmann et al. (2023), S. 15.

[96] Vgl. Rasch/Koß (2015), S. 20.

[97] Vgl. Becker/Pflaum (2019), S. 9.; Becker (2019), S. 24. Siehe zudem Kapitel zwei (*Abschnitt 2.1*) der vorliegenden Arbeit.

[98] Vgl. Becker/Kollacks/Ulrich (2011), S. 225 f.

[99] Vgl. Baumöl/Bockshecker (2019), S. 160; Becker/Baltzer/Ulrich (2014), S. 78 ff.

Kontroll- Planungs-, sowie Steuerungsaufgaben können hierbei durch die Nutzung der durch die IuK ermöglichten großen Datenmengen optimiert werden.[100] Der Einsatz moderner IT-Tools sowie Automatisierungen bieten dabei dem Manager bereits die Möglichkeit sich sekundenschnell, eigenständig mit benötigten Analysen und Kennzahlen zu versorgen und somit seinen Informationsbedarf selbstständig und ungebunden an andere Akteure zu decken.[101] Neben weitgehenden Automatisierungen innerhalb der Informationsfunktion verbleibt[102] „[…] die Interpretation und Nutzung des generierten Wertschöpfungswissens."[103]

Abstimmungsfunktion: Zur gemeinsamen Zielausrichtung im Unternehmen muss auch das Handeln von Unternehmensakteuren aufeinander abgestimmt werden. Hierzu dient die Abstimmungsfunktion.[104] Die Abstimmungsfunktion hat hierbei zum einen das Ziel der primären Koordination auf den Wertschöpfungszweck, bei der ausführende Aktivitäten[105] miteinander koordiniert werden, sowie zum anderen das Ziel der sekundären Koordination auf den Wertschöpfungszweck, bei der die Führungsaktivitäten aufeinander abgestimmt werden.[106] „Aus institutionaler Sicht hat schließlich eine Abstimmung zwischen den einzelnen Führungsebenen […] sowie zwischen den einzelnen Stellen innerhalb jeder Führungsebene stattzufinden."[107] Moderne Technologien verändern hierbei die traditionellen Vorhergehensweisen der Ausführung dieser Funktion. Digitale Transformation im Unternehmen bringen neue Möglichkeiten der Abstimmung und veränderte Formen von Wertschöpfung[108] im Unternehmen mit sich. Hauptsächlich Internet of Things (IoT) und einhergehende IoT-Lösungen ermöglichen eine digitalere Abstimmungsfunktion.[109] Im Rahmen der Abstimmungsfunktion müssen fortan alte sowie neue Formen wertschöpfungsorientierter Aktivitäten

---

[100] Vgl. Baumöl/Bockshecker (2019), S. 160.

[101] Vgl. Weber/Strauß/Spittler (2012), S. 106; Alpar/Schulz (2016), S. 152 f.; Dash/Ansari (2022), S. 1.

[102] Vgl. Becker (2022), S. 20.

[103] Ebd.

[104] Vgl. Benz/Lange (2019), S. 285.

[105] Als ausführende Aktivitäten werden hierbei „[…] die Tätigkeiten der Wertschöpfungskette […]" bezeichnet. Becker/Baltzer (2010), S. 17.

[106] Vgl. Ebd.

[107] Ebd., S. 18.

[108] Siehe für den Begriff Wertschöpfung im Kontext der Digitalisierung Kapitel zwei (*Abschnitt 2.2.1.2*) der vorliegenden Arbeit.

[109] Vgl. Becker (2022), S. 20.

sowie etwaige Informations- und kommunikationstechnologische Insellösungen einzelner Unternehmensbereiche koordiniert werden.[110]

Bezüglich der digitalen Wertschöpfung können die Informations- und Abstimmungsfunktion in ihrer Rollenbetrachtung als „Value Operators" betitelt werden.[111]

Lokomotionsfunktion: Die Lokomotionsfunktion als Führungsfunktion im Controlling ist vom Management im Unternehmen auszuführen.[112] „Die Lokomotionsfunktion bezieht sich auf die permanente Ausrichtung des in der Balanced Value Map dargestellten Kreislaufs auf die Wertschöpfungszwecke. Das Controlling muss dafür Sorge tragen, die Effizienz und Effektivität der Unternehmensführung sicherzustellen."[113] Durch die Lokomotionsfunktion soll hierbei die Wertschöpfungsorientierung bei jeglichen Ausführungshandlungen sowie führungsbezogenen Überlegungen gewährleistet werden,[114] welches dementsprechend auch im Rahmen digitaler Transformationen im Unternehmen und einhergehender digitaler Wertschöpfung zutrifft.[115] Bezüglich der digitalen Wertschöpfung kann die Lokomotionsfunktion in ihrer Rollenbetrachtung als „Value Agent" bezeichnet werden.[116]

> → Des Weiteren setzt „[d]ie Wahrnehmung der originären Funktion der Lokomotion […] insbesondere eine begleitende Erfüllung von derivativen (Führungsunterstützung[s]-) Funktionen des Controlling[s] voraus. Hierzu zählen die **Sicherung wechselseitiger Abstimmung** (Integration, Koordination und Adaption) […] sowie die dementsprechende **Schaffung von Informationskongruenz** innerhalb von Führung und Ausführung."[117]

Demzufolge ist an dieser Stelle die Beeinflussung der originären Lokomotionsfunktion durch die oberhalb beschriebenen digitalen Veränderungen der beiden derivativen Funktionen (Informations- und Abstimmungsfunktion) und auch

---

110 Vgl. Baumöl/Bockshecker (2019), S. 161. Vgl. auch Becker et al. (2017), S. 298 f.

111 Vgl. Becker (2022), S. 20.

112 Vgl. Baltzer (2013), S. 47.

113 Ulrich (2011), S. 48, vgl. Becker/Baltzer (2010), S. 13 ff.

114 Vgl. Becker/Baltzer/Ulrich (2014), S. 57.

115 Vgl. Becker (2022), S. 20.

116 Vgl. Ebd.

117 Becker/Baltzer (2010), S. 21.

die Notwendigkeit der Zusammenarbeit zur Schaffung digitaler Wertschöpfung anzumerken.[118]

Das Zusammenwirken in Bezug auf die digitale Wertschöpfung kann durch folgende Grafik dargestellt werden. Auch hier sind Aufgabenfelder operativer und strategischer Natur entsprechend der Rollen „*Value Operators*" und „*Value Agent*" zu unterscheiden. Als Aufgabenschwerpunkte im Prozess zur digitalen Wertschöpfung können „die *Generierung einer geeigneten Digitalisierungsstrategie*", „*Gestaltung der digitalen Wertschöpfung*", „*Lenkung der digitalen Wertschöpfung*" und „*Reporting zur digitalen Wertschöpfung*" hervorgehoben werden (Abbildung 2.5).[119]

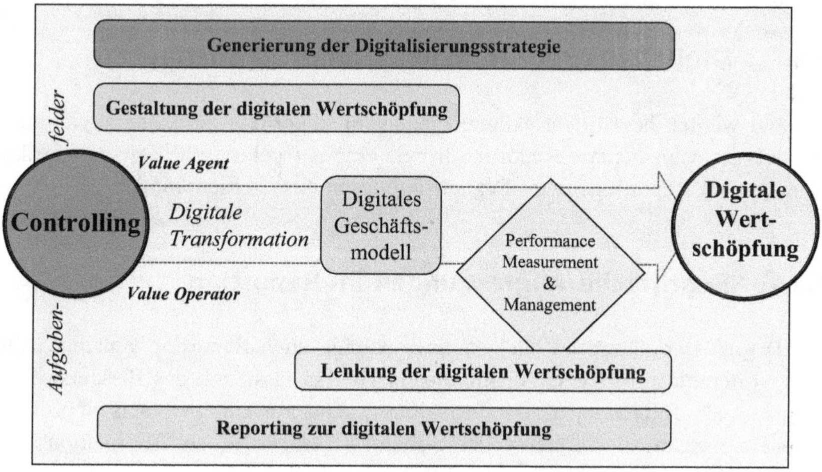

Abbildung 2.5 Prozess zur digitalen Wertschöpfung mit Darstellung zugehöriger Aufgabenfelder. (In Anlehnung an Becker (2022), S. 21)[120]

[118] Vgl. Becker (2022), S. 19 ff.

[119] Vgl. Ebd., S. 21 ff. Die direkten Zitate wurden aus ebd. S. 21 f. übernommen. Für nähere Ausführungen siehe ebd. S. 21 ff.

[120] Grafik mit Formatierungsanpassungen nachgestellt und Inhalte wörtlich übernommen aus Becker (2022), S. 21.

Im Rahmen der vorliegenden Arbeit wird sich weniger auf das „Controlling der digitalen Wertschöpfung“ und dessen Beziehungen zum „Konzept des wertschöpfungsorientierten Controllings“ oder Ausführungen zu digitalen Geschäftsmodellen bezogen,[121] sondern auf die digitalen Veränderungen speziell im Controlling-Prozess Management Reporting[122], welche im Rahmen verschiedener Technologien und IT-Tools oben beschriebene Controlling-Funktionen tangieren.[123] In der vorliegenden Arbeit werden die gängigen Technologien und IT-Tools Robotics Process Automation, Analytics, Künstliche Intelligenz, Self-Service Business Intelligence, Dashboarding und Mobile Reporting im Management Reporting betrachtet.[124] Hierfür ist es zunächst notwendig den Begriff Management Reporting abzugrenzen.

2.3 Digitalisierung im Management Reporting

Folgend werden begriffliche Abgrenzungen im Reporting, zu Technologien und IT-Tools im Management Reporting, sowie eine perspektivische Darstellung des Management Reportings unter Digitalisierungseinfluss vorgenommen.

2.3.1 Begriffliche Abgrenzungen im Reporting

Der Begriff Berichtswesen oder englischsprachig auch Reporting genannt, trifft in der Literatur auf diverse Ausführungen. Hierbei lässt sich das Berichtswesen einerseits als Teilbereich des Informationssystems im Unternehmen einordnen, andere Auslegungen definieren das Berichtswesen per se als Informationssystem.[125]

„IS [(Informationssysteme)] lassen sich verstehen als aufeinander abgestimmte Arrangements von personellen, organisatorischen und technischen Elementen, die […] dazu dienen, handelnde Personen mit zweckorientiertem Wissen für

[121] Vgl. Becker (2022), S. 17 ff. Die direkten Zitate wurden aus ebd. S. 17 übernommen, im Original ist „Controlling der digitalen Wertschöpfung“ als Überschrift fett formatiert.

[122] Vgl. zu den Controlling-Hauptprozessen International Group of Controlling (2017), S. 3.

[123] Siehe für nähere Ausführungen zum Einfluss der Technologien und IT-Tools auf genannte Controlling-Funktionen Kapitel zwei (*Abschnitt 2.3.3*) der vorliegenden Arbeit.

[124] Siehe für Erläuterungen zur Auswahl folgender Technologien und IT-Tools u. a. Kapitel drei der vorliegenden Arbeit.

[125] Vgl. Weide (2009), S. 9.

die Aufgabenerfüllung zu versorgen."[126] Informationssysteme werden „[…] zur Beschaffung, Speicherung, Verarbeitung und Übermittlung von Informationen […]"[127] eingesetzt. Die Definition des Berichtswesens im weiteren Sinne nach *Blohm* wird diesem Informationswesen gleichgesetzt. Unter dem Begriff Berichtswesen können dementsprechend „[…] die »betrieblichen« Einrichtungen, Vorschriften und Handlungen zur Erstellung, Verarbeitung, Weiterleitung und Auswertung von Informationen verstanden [werden]."[128] „[I]m engeren Sinne"[129] kann laut *Blohm* eine Abgrenzung zum Begriff Informationswesen erfolgen, indem unter dem Begriff „[…] Berichtswesen nur die betrieblichen Einrichtungen usw. verstanden werden, die der Unterrichtung mittels Berichten [zuzuordnen sind] […]."[130] Eine ähnliche Definition des Berichtswesen zeigen die Ausführungen von *Küpper et al.*, die das Berichtswesen als Zwischenglied zwischen Informationssystemen und dem Unternehmensmanagement beschreiben und unter diesem Begriff[131] „[…] alle Personen, Einrichtungen, Regelungen, Daten und Prozesse verstehen, mit denen Berichte erstellt und weitergegeben werden."[132]

Wesentlich enger gefasste Auffassungen grenzen dabei das Berichtswesen alleinig durch den Begriff Informationsübermittlung ab. Weisen die meisten literarischen Werke zwar eine engere Begriffsdefinition auf, stößt eine zu enge Abgrenzung wie die Gleichsetzung des Berichtswesens mit der Informationsübermittlung oftmals auf Kritik.[133] Gerne wird dementsprechend die Informationsübermittlung durch die Informationserzeugung ergänzt.[134] Göpfert beschreibt als „neuere Abgrenzung"[135] das Berichtswesen mit den Informationsprozessphasen Datenbeschaffung mit -verwaltung, Informationserzeugung, -übermittlung sowie

[126] Picot, A. (1990), S. 296.

[127] Küpper et al. (2013), S. 184.

[128] Blohm (1974), S. 15.

[129] Ebd.

[130] Ebd.

[131] Vgl. Küpper et al. (2013), S. 230.

[132] Ebd.

[133] Vgl. Göpfert (2002), Sp. 144. Siehe zur Gleichsetzung des Begriffs Berichtswesen mit dem Begriff Informationsübermittlung Horváth (2006), S. 583; Weber/Schäffer (2020), S. 233. Horváth (2006), S. 584 ergänzt in seinen Arbeiten die Begriffsdefinition des Berichtswesens als Informationsübermittlung, in Bezug auf die interne Berichterstattung und der zielorientierten Unterstützung des Managements, um die Reporterzeugung bzw. bei ihm genannt „**Erstellung**".

[134] Siehe beispielsweise Göpfert (2002), Sp 144; Horváth (2006), S. 584.

[135] Göpfert (2002), Sp 144.

-nutzung (Abbildung 2.6).[136] Eine technisches Lösungsformat bei der Berichte elektronisch erzeugt oder präsentiert werden lässt sich dabei im Allgemeinen als Berichtssystem betiteln.[137]

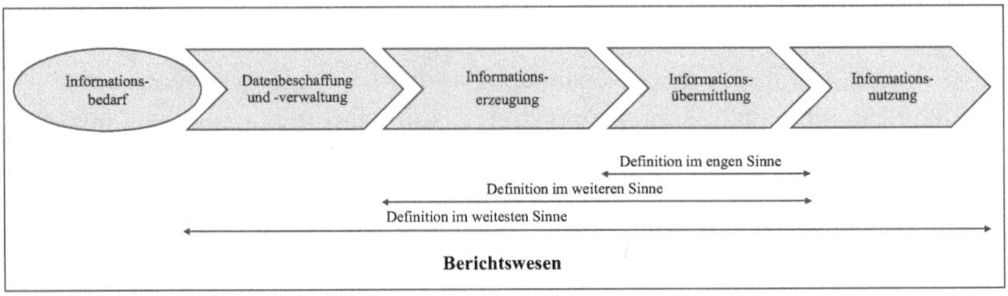

Abbildung 2.6 Definitionen des Berichtswesens. (In Anlehnung an Göpfert (2002), Sp. 145 f.; Taschner (2013), S. 39)[138]

Für eine übersichtliche Darstellung geeigneter Technologien und IT-Tools im Management Reporting, erscheint eine möglichst weite Definition des Berichtswesens als sinnvoll. Dementsprechend wird die Begriffsabgrenzung beschrieben in *Göpfert*, die Definition des „Berichtswesen[s] im weitesten Sinne“[139] bezogen auf die Informationsprozessphasen, angenommen.[140] Auch das Management Reporting[141] wird als Prozess mit Subprozessen fokussiert.

Begrifflich abgegrenzt kann das Management Reporting als Überbegriff der Bandbreite an Tätigkeiten von der Datenbeschaffung bis hin zur Informationsversorgung des Managements bezeichnet werden, dem ein Management-Reporting-Prozess zugrunde liegt.[142]

Der Management-Reporting-Prozess kann in folgende Subprozesse unterteilt werden (Abbildung 2.7):

136 Vgl. Ebd.

137 Vgl. Gluchowski, P. (2006), S. 208.

138 Grafik in Anlehnung an Göpfert (2002), Sp. 145 f.; Taschner (2013), S. 39. Inhalte wurden fast vollständig wörtlich übernommen.

139 Göpfert (2002), Sp. 145 f. und Abbildung 13 der vorliegenden Dissertation.

140 Vgl. Ebd., Sp. 144.

141 Siehe zu Erläuterungen des Begriffs Management Reporting Kapitel zwei (*Abschnitt 2.3*) der vorliegenden Arbeit.

142 Vgl. Göpfert (2002), Sp. 145 f.; Taschner (2013), S. 39 und zum Adressatenbereich Kapitel zwei (*Abschnitt 2.3.1.2*).

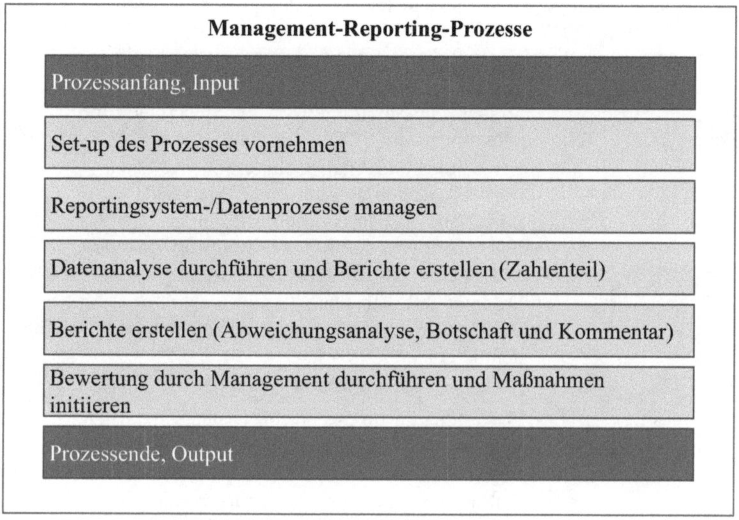

Abbildung 2.7 Management-Reporting-Prozess und Subprozesse. (In Anlehnung an die International Group of Controlling (2017), S. 45)[143]

Die *International Group of Controlling* beschreiben die einzelnen Subprozesse anhand folgend aufgeführter Aktivitäten, welche für die Dissertation wörtlich übernommen wurden (Tabelle 2.2):

[143] Grafik in Anlehnung an die International Group of Controlling (2017), S. 45. Genannte Subprozesse wurden wörtlich aus den Ausführungen von ebd. übernommen.

Tabelle 2.2 Erläuterung der Management-Reporting-Subprozesse. (Nach der International Group of Controlling (2017), S. 45 u. 76)[144]

Subprozesse	Aktivitäten
Set-up des Prozesses vornehmen	• Strategische Stoßrichtungen und Steuerungskonzept aufnehmen • Kennzahlen und Analysedimensionen ableiten • Reportingdesign, Berichtsempfänger- und Berichtsmappenstrukturen festlegen • Berichtsprozess definieren (Verantwortlichkeiten, Datenflüsse, Berichtstermine) • Datenmodell aufbauen • Berichtssystem (IT-System) und dessen Funktionalitäten definieren • Anpassungsbedarf laufend überprüfen
Reportingsystem-/ Datenprozesse managen	• IT-Architektur für „Reportingsysteme" managen • Systeme, Werkzeuge/Tools fürs Reporting betreuen • Strukturierten Datenprozess sicherstellen (Datensammlung, -haltung, -aufbereitung, -zugriff/-verteilung) • Datenstrukturen pflegen • Schnittstellen zu Vorsystemen pflegen • Support für Anwender im Umgang/Handling des Systems bereitstellen • Neue Strukturen im Reporting umsetzen • Fehler in Berichten/im Berichtssystem beseitigen • Neue Berichte erstellen
Datenanalyse durchführen und Berichte erstellen (Zahlenteil)	• Berichte entsprechend Reportingkalender erstellen • Daten sammeln (Daten aus Vorsystemen laden, Daten manuell einsammeln) • Plausibilisierung durchführen (Daten auf Korrektheit, Vollständigkeit prüfen, Fehler/Unstimmigkeiten klären) • Daten (automatisch/manuell) aufbereiten und Daten (in Form von Tabellen und Grafiken) aggregieren • Zahlenteil freigeben und verteilen

(Fortsetzung)

144 Der Inhalt der Tabelle wurde aus der International Group of Controlling (2017), S. 45 u. S. 76 wörtlich übernommen (wörtliche Abweichungen zwischen S. 45 und S. 76 sind zu beachten). Die Darstellung unterscheidet sich. Diese Erläuterungen werden für die spätere Onlineumfrage verwendet.

Tabelle 2.2 (Fortsetzung)

Subprozesse	Aktivitäten
Berichte erstellen (Abweichungsanalyse, Botschaft und Kommentar)	• Abweichungsanalyse durchführen (Gegenüberstellung der Ist-Periode zu Vergleichsbasen – Vorjahr, Plan, Forecast, Soll, Zielwerte – und Darstellung/Ermittlung der Veränderungen und Abweichungen) • Ursachenanalyse vornehmen (Abweichungen plausibilisieren und erklären) • Berichte kommentieren: Entdeckte Abweichungen und deren Ursachen in Berichten schriftlich erklären • Maßnahmenvorschläge für bestimmte Sachverhalte erarbeiten • Über Maßnahmenfortschritt informieren
Bewertung durch Management durchführen und Maßnahmen initiieren	• Berichtsinhalte vorstellen, wesentliche Inhalte und Maßnahmenvorschläge diskutieren (Berichtsbesprechung) • Nächste Schritte und Maßnahmen verabschieden (Entscheidungsfindung) • Maßnahmen hinsichtlich Aktionen, Zielen, Zeitdauer, Verantwortlichkeiten konkretisieren (Maßnahmeninitiierung) • Maßnahmenfortschritt verfolgen

Auf die Ausarbeitungen der *International Group of Controlling* zum Management-Reporting-Prozess wird sich im Rahmen der Online-Befragung der vorliegenden Arbeit bezogen. Durch die Betrachtung des vordefinierten Management-Reporting-Prozesses, soll ein einheitliches Verständnis in den Fragestellungen geschaffen werden. Auch die der Umfrage zugehörigen Auswertungen wurden in Bezug auf den Management-Reporting-Prozess vorgenommen.[145]

2.3.1.1 Berichtsarten

Nach dem „Planungs- und Kontrollprozeß“[146] in Bezug auf dessen Informationsverwendung ist die Unterteilung von Berichten in drei Formen (auch als Arten

[145] Vgl. bezüglich klarer Definitionen und daraus resultierendem inhaltlichen Verständnis Töpfer (2012), S. 5.

[146] Horváth (2006), S. 585, im Original fett formatiert.

oder Typen betitelt[147]) geläufig: Es werden Standardberichte, Abweichungsberichte sowie Bedarfsberichte unterschieden.[148]

„*Standardberichte* lassen sich dadurch charakterisieren, dass die wesentlichen Elemente des Berichts, wie etwa Inhalt, Form und Erscheinungstermin, »normiert«, d. h. vorher fixiert sind."[149] Standardberichte gehen nicht auf individuelle Wünsche des einzelnen Berichtsadressaten ein und stellen diesem keine kurzfristig benötigten gesonderten Informationen zur Verfügung. Als Standardberichte werden beispielsweise Bilanz- und Kostenstellenberichte geführt.[150] Durch moderne technologische Möglichkeiten können Standardberichte zukünftig möglichst automatisiert und mit geringem Aufwand erstellt werden.[151]

Abweichungsberichte werden „[...] durch die Über- beziehungsweise Unterschreitung bestimmter Schwellenwerte ausgelöst[]"[152] oder erfolgen aufgrund von „[...] Abweichungen zu Vergangenheits-, Soll-, Plan- oder anderen Vergleichsdaten [...]"[153] und werden demzufolge nicht wie Standardberichte nach zyklusabhängigen Terminen erstellt.[154]

Als traditionelles Pendant zu Standardberichten lassen sich *Bedarfsberichte* aufzeigen. Bei den sehr individuell gestaltbaren Bedarfsberichten bestand vor Einführung digitaler Neuerungen ein relativ hoher Arbeitsaufwand.[155] Die Erstellung

---

147 Vgl. Ebd.; Weber/Schäffer (2020), S. 234.

148 Vgl. Horváth (2006), S. 585. Siehe ebd. auch für weitere mögliche Unterscheidungsgesichtspunkte des Berichtswesens.

149 Weber/Schäffer (2020), S. 234, im Original durch Aufzählungszeichen hervorgehoben. Vgl. auch Horváth/David (2022), S. 153.

150 Vgl. Göpfert (2002), S. 148.

151 Vgl. Isensee (2017), S. 28.

152 Weber/Schaier/Strangfeld (2018), S. 15, im Original durch Aufzählungszeichen hervorgehoben.

153 Gluchowski (2006), S. 212.

154 Vgl. Ebd., S. 211 f.

155 Vgl. Joos-Sachse (2006), S. 54.
Digitale Technologien ermöglichen heute dem Anwender eine Verbesserung des Ad-hoc-Berichtswesens, bei dem die Anwender über bestimmte IT-Tools mittlerweile selbstständig auf gewünschte Daten zugreifen können. Vgl. Gluchowski (2006), S. 213.
Siehe für Erläuterungen zu möglichen IT-Tools, die eine selbstständige sowie zeitlich flexible Datenerhebung ermöglichen Kapitel zwei (*Abschnitt 2.3.2*) der vorliegenden Arbeit.

dieser Art von Berichten erfolgte *bisher* fallweise dann, wenn die im Unternehmen bereits bestehenden Berichte an Daten und Informationen als ungenügend erschienen.[156]

> *Die Nutzung von Technologien und IT-Tools lässt jedoch die Grenzen der Berichtsarten verblassen,[157] indem das Management befähigt wird, sich eigenständig, schnell und flexibel, je nach Bedarf und eigenen Wünschen, Informationen einzuholen und Berichte zu erstellen.[158]*

2.3.1.2 Adressatenbereich Management Reporting

Zur Beschreibung des Adressatenbereichs des Berichtswesens können Steakholder wie Konkurrenzunternehmen, Lieferanten, Kunden, Behörden, Berufsverbände etc. sowie Shareholder/Anteilseigner als Anspruchsgruppen des externen Berichtswesens genannt werden.[159] Als interne Anspruchsgruppen können Informationsnutzer bezeichnet werden, die mit internen Führungsaufgaben betraut sind, sowie Informationsnutzer, die ausführenden Tätigkeiten im Unternehmen nachgehen. Im betrieblichen Berichtswesen kann somit eine Abgrenzung zwischen dem externen und internen Berichtswesen vorgenommen werden.[160] *Fokussiert wird das Management Reporting als innerbetrieblicher Teilbereich, bei dem sich auf die Aufbereitung und Übermittlung steuerungsrelevanter Informationen fokussiert wird und somit der Schaffung von Wissen zur Entscheidungsfindung der Führungskräfte im Unternehmen dient.*[161]

---

[156] Vgl. Stoklossa (2009), S. 536.

[157] Vgl. Weber/Schaier/Strangfeld (2018), S. 15.

[158] Vgl. Weber/Strauß/Spittler (2012), S. 106; Weber/Schaier/Strangfeld (2018), S. 15; Stirzel/Yaldiran (2023), S. 549.
Im Rahmen des Umfragebogens der vorliegenden Arbeit werden Ad-hoc- und Abweichungsberichte unter dem Begriff Spezialbericht zusammengefasst.

[159] Vgl. Pastwa, (2010), S. 15. Externes Berichtswesen wird auch Financial Reporting genannt. Vgl. Weide (2009), S. 11.

[160] Vgl. Taschner (2013), S. 36.

[161] Vgl. Taschner (2019), S. 1

Dies kann wie folgt grafisch dargestellt werden (Abbildung 2.8):

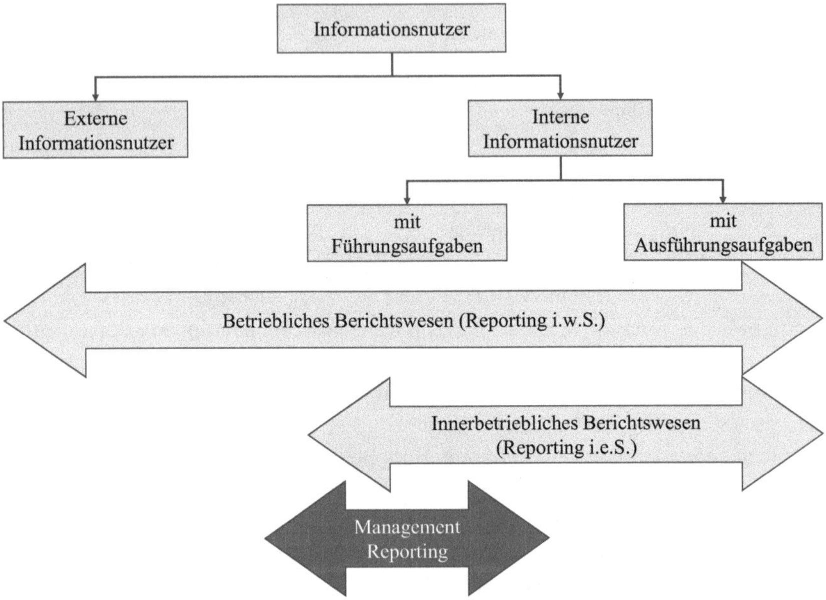

Abbildung 2.8 Abgrenzungen zum Management Reporting. (In Anlehnung an Taschner (2013), S. 36)[162]

Eine Darstellung des internen sowie externen Management Reporting kann zudem wie folgt aufgezeigt werden (Abbildung 2.9):

[162] Grafik mit Formatierungsanpassungen nachgestellt und Inhalte wörtlich übernommen aus Taschner (2013), S. 36.

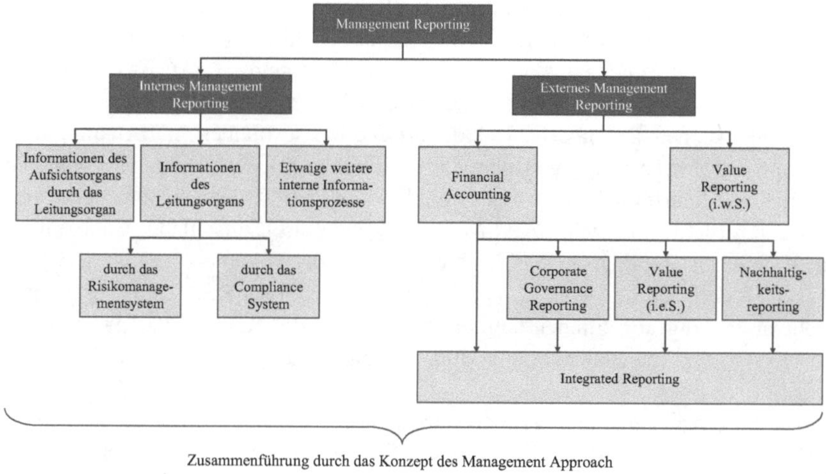

Abbildung 2.9 „Hamburger Modell zur Systematisierung des Management Reporting[s]“[163]. (In Anlehnung an Freidank/Hinze (2014), S. 454)

2.3.1.3 Abgrenzung angloamerikanischer und deutscher Reporting-Methodik

Im Rahmen dieser Arbeit ist es zudem notwendig eine Abgrenzung zwischen der angloamerikanischen und der deutschen Reporting-Methodik herauszustellen. Dies lässt sich anhand des Einkreis- und Zweikreissystems des Rechnungswesens aufzeigen.

Das Rechnungswesen im deutschsprachigen Raum kann in internes sowie auch externes Rechnungswesen unterteilt werden.[164] Während das externe Rechnungswesen externe Anspruchsgruppen adressiert und formellen Rahmenbedingungen unterliegt, zielt das interne Rechnungswesen unter Einbezug kalkulatorischer Werte darauf ab Entscheidungsträgern beim Entscheidungsprozess im Unternehmen fundierte Informationen zu liefern.[165] Dies wird als Zweikreissystem bezeichnet. Das Reporting in angloamerikanischen Ländern führt hingegen auf

[163] Freidank/Hinze (2014), S. 454. Im Original nicht fett formatiert, jedoch als Abbildungsbeschriftung hervorgehoben.

Grafik mit Formatierungsanpassungen nachgestellt und Inhalte wörtlich übernommen aus ebd.

[164] Vgl. Coenenberg et al. (2018), S. 7 f.

[165] Vgl. Günther/Schiemann (2005), S. 603.

das Einkreissystem zurück. Zwar ist auch hier das Rechnungswesen wie in Deutschland in Internes und Externes separiert, unter welchen Management Accounting und Financial Accounting zu verstehen sind, jedoch ist dem Financial Accounting starker Vorrang zuzuweisen. Zudem unterliegen beide Systeme der gemeinsamen Datenbasis. Kalkulatorische Werte bleiben hierbei unberücksichtigt und erscheinen gegebenenfalls maximal in Sonderrechnungen, wodurch schlankere Controlling-Strukturen ermöglicht werden.[166] Dementsprechend werden durch Plattformen wie SAP S/4HANA[167] auch in Deutschland Anpassungen im möglichen Rahmen an das Einkreissystem vorgenommen. Die Anwendung dieses Modells hat den Vorteil, dass internes und externes Rechnungswesen nicht mehr aufwendig abgeglichen werden müssen und die Komplexität der getrennten Systeme (Finanzbuchhaltung und Kostenrechnung) des Zweikreissystems wegfällt.[168]

Da die Finanzbuchhaltung jedoch strenger rechtlicher Formvorschriften unterliegt, welche nicht auf die Kosten- und Leistungsrechnung der Unternehmen zutreffen, ist es notwendig sich in Deutschland auch weiterhin des Zweikreissystems zu bedienen.[169] Auch das Berichtswesen ist auf die Werte des Zweikreissystems angewiesen. Das Einkreissystem erschwert oftmals durch ihre zusammengeführte Rechnungslegung unterjährige Betrachtungen des Unternehmens erheblich. Außerdem können Zahlen für Kontroll- und Planungszwecke nicht ausreichend erfasst werden, da in Einkreissystemen nur IST-Werte für Berechnungen gestellt werden.[170] Demzufolge soll sich die vorliegende Arbeit und auch im folgenden Abschnitt erfasste Technologie- und IT-Tool-Nutzung im Management Reporting auf das Zweikreissystem beziehen.

[166] Vgl. Zirkler (2022), S. 680 ff.

[167] Siehe für Ausführungen zu SAP S/4HANA in Bezug auf das Einkreissystem und dessen Unterscheidung zu SAP R/3 und dessen Bezug zum Zweikreissystem auch Schimank/Güler (2019), S. 303.

[168] Vgl. Eilers (2016), S. 187 f.

[169] Vgl. Mumm (2015), S. 84.

[170] Vgl. Benz (2011), S. 120.

2.3.2 Technologien und IT-Tools im Management Reporting

Bereits *Baier et al.* (BARC) fragten in ihrer jährlichen Studie (aktuell für 2023) anhand einer weltweiten Umfrage mit 1.823 teilnehmenden Probanden (Tool - Berater, -Anbieter, -Anwender)[171] deren Bedeutungs-Einschätzungen von unter anderem KI, Analytics, Self-Service und mobilen Anwendungen im Unternehmen ab, wobei Self-Service Analytics als wichtiger Trend hervorgehoben wurde.[172] Umso vielversprechender scheint die Analyse dieser mit Fokus auf das Management Reporting.

KI (Künstliche Intelligenz), RPA (Robotics Process Automation) und Analytics können speziell bei der Digitalisierung im Reporting als einflussstarke digitale Technologien gesehen werden. Im Reporting nicht zu vergessen sind, wie oben bereits erwähnt, die Möglichkeiten der Nutzung von Self-Service und mobilen Reporting.[173] Folgende Ausführungen gehen auf die Technologie- und IT-Tool-Nutzung im Reporting-Prozess ein.

2.3.2.1 Datenbeschaffung und -verwaltung

In Anbetracht zunehmender Datenquellen[174] ist zunächst das Data Warehouse vorzustellen, welches vereinfacht ausgedrückt ein einheitliches Datenlager darstellt, in welchem zuvor durch entsprechende Vorsysteme und Übertragungswerkzeuge nötige Daten erfasst wurden.[175] „The goal of data warehousing is to extract, transform and load data from different source systems into an integrated repository, the DW[H].“[176]

Im Rahmen der vorliegenden Arbeit wird sich zur Vorstellung des Data Warehouse bzw. des Enterprise Data Warehouse (unternehmensweites Data Warehouse) auf die “**layered scalable architecture**” (LSA) von SAP und somit auf das SAP Business Warehouse (SAP BW/die SAP BI[177]-Lösung), bezogen. Die

---

[171] Vgl. Baier et al. (2022), S. 60.

[172] Vgl. Ebd. S. 11.

[173] Vgl. Langmann (2019), S. 11 ff.; Nobach (2019), S. 253.

[174] Vgl. Nobach (2019), S. 254.

[175] Vgl. Becker/Kollacks/Ulrich (2011), S. 227 f. Siehe für Erläuterungen zu Vorsystemen und Übertragungswerkzeugen ebd. sowie Kapitel zwei (*Abschnitt 2.3.2*) der vorliegenden Arbeit.

[176] Antunes/Cardoso/Barateiro (2022), S. 2.

[177] Business Intelligence (BI).

LSA besteht aus der Enterprise-Data-Warehouse-Schicht, welche die Schichten Data-Aquisition-Schicht (Datenintegration), Quality-And-Harmonisation-Schicht (Datentransformation, -vereinheitlichung sowie -speicherung; Speicherung in DataStore-Objekten[178]), Data-Propagation-Schicht (Applikationsbedienung; Speicherung und Konsolidierung in DataStore-Objekten) und Corporate Memory (u. a. Rekonstruktionsquelle) vorweist, sowie der Architected-Data-Mart-Schicht, welche die Business-Transformation-Schicht (Business-Logik-Transformation der Daten), Reporting-Schicht (Data-Mart-Architekur[179], enthält Analyse-Query-Objekte), Virtualization-Schicht (MultiProvider[180]) und Operational-Data-Store-Schicht (Unterstützungsschicht der operativen Datenanalyse) enthält (Abbildung 2.10).[181]

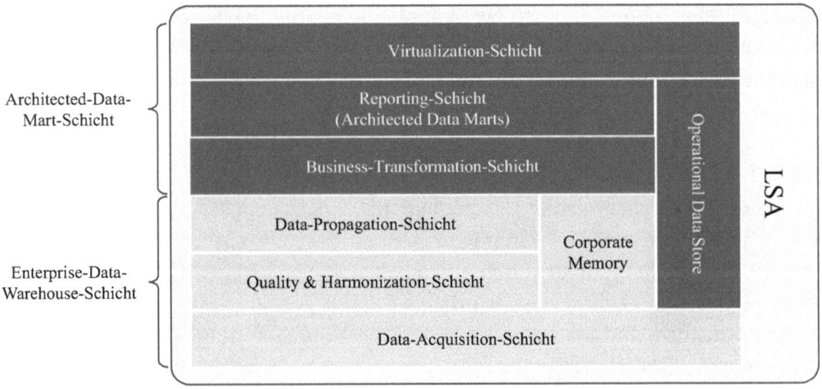

Abbildung 2.10 LSA. (In Anlehnung an das SAP Help Portal (Dokumentation))[182]

[178] Siehe für umfangreiche Erläuterungen zu DataStore-Objekten im SAP Help Portal (Dokumentation) den Themenbereich DataStore-Objekt.

[179] „In order to standardize data analysis and enable simplified usage patterns, data warehouses are normally organized as problem-driven, small units, called 'data marts'[] […]." Bonifati et al. (2001), S. 453.

[180] Siehe für umfangreiche Erläuterungen zu MultiProvider als zusammengeführte InforProvider im SAP Help Portal (Dokumentation) den Themenbereich MultiProvider.

[181] Vgl. für den Absatz im SAP Help Portal (Dokumentation) Erläuterungen zu Data Warehousing sowie hierunter Ausführungen zu LSA.

[182] Grafik mit Formatierungsanpassungen nachgestellt und Inhalte wörtlich übernommen aus ebd.

Von SAP wird bei der Nutzung vom BW-System zusammen mit einer SAP HANA-Datenbank auf LSA++ verwiesen. Anpassungen sind unter anderem in der Open-Operational-Data-Store-Schicht (Datenintegration, gesteigerte Flexibilität), EDW-Data-Propagation-Schicht (verbesserte DataStore-Objekte), Business-Transformation-Schicht (verbesserte DataStore-Objekte), Architected-Data-Mart-Schicht (verbesserte InfoCubes[183]) zu finden. Zudem enthält die LSA++ für Info-Provider[184] eine virtuelle Data-Mart-Schicht anstatt einer Virtualization-Schicht (Abbildung 2.11).[185]

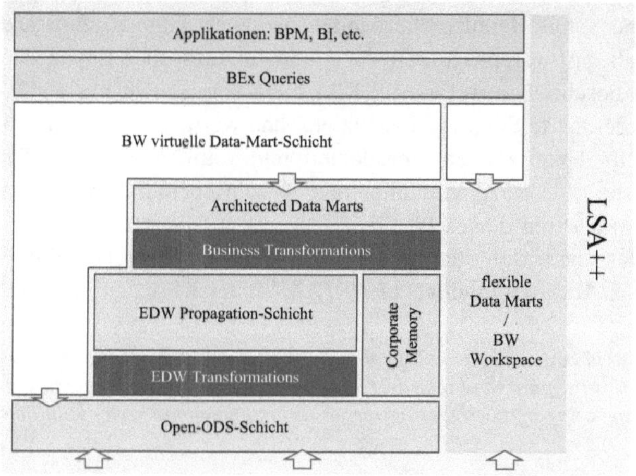

Abbildung 2.11 LSA++. (In Anlehnung an das SAP Help Portal (Dokumentation))[186]

Zur Datenbeschaffung und -verwaltung ist zudem anzumerken, dass sich Controllingsysteme derart weiterentwickelt haben, dass umfangreiche Analysen

[183] Siehe für umfangreiche Erläuterungen zu InfoCubes als InforProvider-Typ im SAP Help Portal (Dokumentation) den Themenbereich InfoCubes.

[184] Siehe für umfangreiche Erläuterungen zu Infoprovider als BI-Objekte-Oberbegriff im SAP Help Portal (Dokumentation) den Themenbereich InfoProvider.

[185] Vgl. für den Absatz im SAP Help Portal (Dokumentation) Erläuterungen zu Data Warehousing sowie hierunter Ausführungen zu LSA++.

[186] Grafik mit Formatierungsanpassungen nachgestellt und Inhalte wörtlich übernommen aus ebd.

sowie Auswertung auch in real-time, ohne Replizierung im Data Warehouse, auf Datenbankebene ausgeführt werden können.[187]

2.3.2.2 Prozessautomatisierung

Als wichtiger Ansatz zur Erfolgssteigerung ist das Thema Prozessautomatisierung im Management Reporting und hierunter RPA zu nennen.[188] Die erste Verwendung der Begriffsbezeichnung RPA ist auf den Anfang der 2000er Jahre zurückzuführen, wobei der Begriff im Laufe der Zeit unterschiedliche Definitionen erfuhr.[189] So wird dieser in der Literatur zum einen als Sammelbegriff für Werkzeuge verwendet, die es ermöglichen menschliche Tätigkeiten nachzuahmen und somit Benutzeroberflächen bedienen können, zum anderen kann RPA auch als Softwareprogramm zur Unterstützung oder Ersatz der menschlichen Arbeit beschrieben werden.[190] RPA kann somit nicht nur als Tool sondern auch als vordefinierte Software-Instanz gesehen werden, welche die Aktionen der Mitarbeiter im Unternehmen reproduziert und somit gewünschte Resultate zur Verfügung stellt.[191] RPA wird allgemein beschrieben für die Automatisierung von Routineprozessen eingesetzt.[192]

Als umfassende Definition kann nach dem *Institute For Robotic Process Automation & Artificial Intelligence (IRPAAI)* unter RPA

> *„[…] the application of technology that allows […] to configure computer software or a 'robot' to capture and interpret existing applications for processing a transaction, manipulating data, triggering responses and communicating with other digital systems.“*[193]

[187] Vgl. Langmann (2019), S. 16 und Ausführungen in Kapitel drei (*Abschnitt 3.1.2*).

[188] Vgl. Langmann (2019), S. 16 ff.

[189] Vgl. Fernandez/Aman (2018), S. 124.

[190] Vgl. Smeets/Erhard/Kaußler (2019), S. 7. Siehe für Erläuterungen der RPA Typen Desktop-RPA, RPA-Plattformen sowie auch IT-Softwareentwicklungstools ebd. S. 8 ff.

[191] Vgl. Moffitt/Rozario/Vasarhelyi (2018), S. 1.

[192] Vgl. Shidaganti et al. (2021), S. 1612.
An dieser Stelle ist der Begriff RPA vom Begriff BPA (Business Process Automatisation) abzugrenzen. Im Vergleich zu RPA, geht BPA im Rahmen der Geschäftsprozessverbesserung und -automatisierung über Routinetätigkeiten hinaus und bereitet tiefgreifendere Änderungen. Vgl. Ebd. S. 1612 f. Siehe für RPA: Smeets/Erhard R./Kaußler T. (2019), S. 8. „BPA recognizes the tasks administrating the organizational processes, abstracts the workflows and identifies the workflows which can be optimized and automated […].“ Shidaganti et al. (2021), S. 1613.

[193] IRPAAI (2019), im Original nicht kursiv und nicht mittig formatiert.

verstanden werden. Dieser Abgrenzung wird sich im Rahmen der vorliegenden Arbeit angeschlossen.

RPA kann Effizienzsteigerungen in Organisationen ermöglichen und bietet in Anbetracht der verschiedenartigen Informationssysteme in Unternehmen eine allgemein ansprechende Lösung zur konformen, überprüfbaren und sicheren Gestaltung der Unternehmensprozesse.[194] Durch den Einsatz von RPA besteht die Möglichkeit wenig wertschöpfende Tätigkeitsbereiche und das Risiko von menschlichen Fehlern zu eliminieren, sowie an Produktivität und Zeit zu gewinnen. Veränderungen kommen der Informationsbeschaffung sowie Datenerfassung zugute.[195] Dies führt zu erheblichen Optimierungen des Reportings im Unternehmen. Standardisierte Teilbereiche des Management Reportings können unkompliziert in RPA überführt werden und somit an Effizienz gewinnen.[196] Durch den Einsatz von RPA in Kombination mit KI und unter diesem Begriff fallend maschinelles Lernen, ist es zudem möglich den Entscheidungsprozess nochmals anhand von Steigerungen der Genauigkeit zu optimieren.[197]

2.3.2.3 Informationserzeugung

Zur Fragestellung möglicher Erfolgssteigerungen bei Analysen, Prognosen- und Vorhersagen durch Technologien und IT-Tools wird sich im Rahmen der vorliegenden Arbeit auf Analytics und KI fokussiert.[198]

2.3.2.3.1 Analytics

„In fact analytics is a pervasive term and is used in many different problem domains under different names – road traffic analytics, text analytics, spatial analytics, risk analytics, and graph analytics, for example.“[199] Data Analytics kann dabei als Computersystemanwendung zur Erleichterung der Entscheidungsfindung in Unternehmen, bei denen große Datenmengen vorliegen[200] bzw. als „[...]

---

194 Vgl. Hofmann/Samp/Urbach (2020), S. 101 f.; Becker/Ulrich/Güler (2022), S. 379 f.

195 Vgl. Kumar (2020), S. 1248. Den Forschungen von Lausberg/Hoffmann (2019) zufolge bietet RPA hohe Potentiale in den Controlling-Bereichen Reporting, Kennzahlen sowie Kontrolle. Ebd. S. 60.

Vgl. auch Becker/Ulrich/Güler (2022), S. 379 f.

196 Vgl. Langmann/Turi (2020), S. 27.

197 Vgl. Harrast (2020), S. 210.

198 Vgl. Lanquillon/Mallow (2015), S. 55 ff.; Baars (2016), S. 175 f.; Schön (2022), S. 470 ff.

199 Gudivada (2017), S. 31.

200 Vgl. Runkler (2015), S. 2; Pabinger/Mayr (2022), S. 58.

the science of integrating heterogeneous data from diverse sources, drawing inferences, and making predictions to enable innovation, gain competitive business advantage, and help strategic decision-making[]“[201] definiert werden.

Kurz und prägnant formuliert ist dementsprechend unter Analytics im Allgemeinen eine Computersystemanwendung zur Datenanalyse umfangreicher Datenmengen zu verstehen. Im Rahmen der vorliegenden Arbeit ist der Einfluss auf die Entscheidungsfindung hervorzuheben.[202]

Handelt es sich zudem um umstrukturierte Daten und Echtzeitauswertungen, wird dies als Big Data Analytics bezeichnet.[203] Big Data[204] Analytics dient zur Aufbereitung und Analyse großer, komplexer Datensätze, zur Mustererkennung und Erlangung verborgener Werte und relevanten Informationen. Zur Herausarbeitung dienen diverse Technologien sowie Techniken.[205]

In der Literatur wird anstatt des Begriff Analytics oftmals die Bezeichnung BA (Business Analytics) in Bezug entscheidungsunterstützender Aufgabenstellungen und Aktivitäten im Unternehmen,[206] sowie BI[207] im Kontext strukturierter und interner Datenmengen des Unternehmens genannt.[208] Das Analysespektrum dieser kann wie folgt dargestellt werden (Abbildung 2.12):

---

[201] Gudivada (2017), S. 31.

[202] Vgl. Runkler (2015), S. 2; Gudivada (2017), S. 31 Pabinger/Mayr (2022), S. 58.

[203] Vgl. Holland (2019), S. 284.

[204] Für Begriffserläuterungen zu Big Data siehe Ausführungen nach Gartner bezogen auf das Jahr 2001 zu den „drei Vs“ Variety (Datenvielfalt), Volume (Datenvolumen) und Velocity (Datengeschwindigkeit) in beispielsweise Zakir/Seymour/Berg (2015), S. 82; Gadatsch (2016), S. 63. Für Erweiterungsmöglichkeiten der „drei Vs“ vgl. beispielsweise Tsai et al. (2015), S. 2; Gadatsch (2016), S. 63; Verma et al. (2016), S. 42. Der Begriff „drei Vs“ wurde zitiert aus Gadatsch (2016), S. 63.

„Die Fähigkeit, [...] sehr große[], vielfältige[] und komplexe[] Datenmengen mithilfe spezieller Anwendungen in Echtzeit auszuwerten, wird häufig als Big Data bezeichnet [...].“ Nobach (2019), S. 248. Siehe Big Data Analytical Techniques wie Text Analytics, Audio Analytics, Video Analytics, Social Media Analytics und Predictive Analytics in Gandomi/Haider (2015).

[205] Vgl. Verma et al. (2016), S. 42.

[206] Vgl. Holsapple/Lee-Post/Pakath (2014), S. 131; BA wird hier als „[...] operating on data, with an aim of supporting business activities (e.g., decision making)[]“ bezeichnet. Ebd.

[207] Siehe Ausführung zu BI im Kapitel zwei (*Abschnitt 2.3.2.4.1*).

[208] Vgl. Lanquillon/Mallow (2015), S. 56.

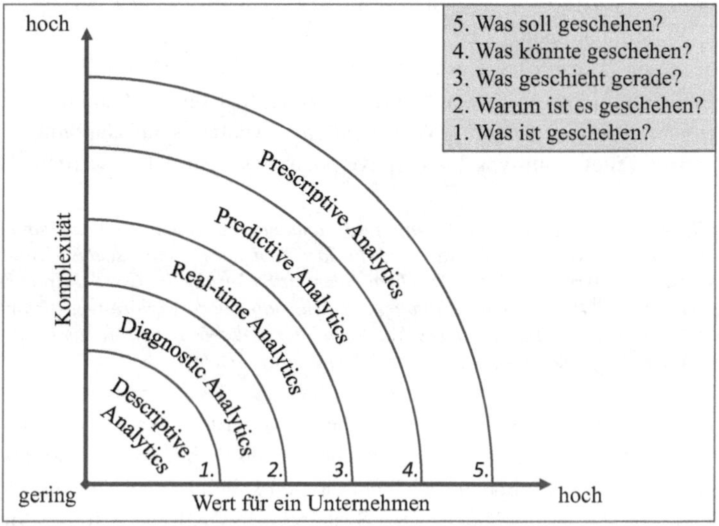

Abbildung 2.12 Analysespektrum. (In Anlehnung an Lanquillon/Mallow (2015), S. 56)[209]

Descriptive Analytics, in welchem vergangenheitsbezogenen Daten analysiert werden und Diagnostic Analytics, welche sich auf gegenwärtige Fragestellungen beziehen,[210] werden im Controlling sowie im Reporting als Standard angesehen. Diese können durch zukunftsbezogene Fragestellungen der Predictive und Prescriptive Analytics ergänzt werden.[211] Real-time Analytics ermöglichen hierbei Analysen, die benötigte Daten mit ihrer Verfügbarkeit in Echtzeit verarbeiten.[212] Zur Beantwortung prognoseorientierter Fragestellungen werden Tools

---

[209] Grafik in Anlehnung an ebd. Inhalte wurden wörtlich übernommen.

[210] Vgl. Balali et al. (2020), S. 107 f.

[211] Vgl. Kajüter/Schaumann/Schirmacher (2019), S. 141 f.; Descriptive Analytics, Predictive Analytics sowie Prescriptive Analytics werden in ihrer Gesamtheit auch als Advanced Analytics bezeichnet. Vgl. Bolt (2015), S. 674. Wobei in anderen literarischen Ausarbeitungen deskriptive Analysen der BI und prädiktive sowie präskriptive Analysen der Advanced Analytics zugeordnet werden und BA als Überbegriff für diese gilt. Vgl. Pabinger/Mayr (2022), S. 61 f. Big Data Analytics kann in diesem Zusammenhang als Begriff bezeichnet werden „[…] where advanced analytic techniques operate on big data.“ Russom (2011), S. 8.

[212] Vgl. Mohamed/Al-jaroodi (2014), S. 309; Yadranjiaghdam/Pool/Tabrizi (2016), S. 404.

wie maschinelles Lernen,[213] Data Mining,[214] statistische Verfahren,[215] Heuristiken,[216] Simulationen[217] etc. eingesetzt. Unter dem Einsatz von Predictive Analytics kann demzufolge ein Wertbeitrag erschaffen werden, indem über vergangenheitsorientierte Analysen descritiver Analytics hinaus handlungsleitende Aussagen geschaffen werden.[218] Wird Predictive Analytics auf Handlungsbewertungen ausgeweitet, kann von Prescriptive Analytics gesprochen werden.[219]

Der Begriff BA „[…] kann [demzufolge] als Sammlung unterschiedlicher Methoden und Technologien verstanden werden, welche dazu dienen, Erkenntnisse aus verfügbaren Daten für unternehmerische Entscheidungen zur Steuerung der Geschäftsprozesse zu gewinnen.“[220] BA stellt eine technologisch ausgebaute Form explorativer BI dar.[221] Big Data Analytics ergänzt dieses Vorgehen durch die Möglichkeit der Analyse unstrukturierter Daten, welche in Echtzeit benötigt werden.[222]

Bezugnehmend auf KI ist als zusätzliche Erweiterung der Grafik Cognitive Analytics zu nennen, welche über logische Analysen hinaus auf intellektuelle Aktivitäten abzielen. Methoden und Technologien sollen hierbei künstliches Denken, Erinnern etc. ermöglichen. Die Systemart beschäftigt sich mit riesigen

---

[213] Siehe Definition im Kapitel zwei (*Abschnitt 2.3.2.3.2*) zu KI der vorliegenden Arbeit.

[214] Data Mining kann nach Fayyad/Piatetsky-Shapiro/Smyth (1996), S. 39 als „[…] the application of specific algorithms for extracting patterns from data[]“ definiert werden. Ebd. Data Mining wird dementsprechend dazu eingesetzt aus Datenmengen Wissen, bzw. allgemeingültige Aussagen zu generieren. Vgl. Runkler (2015), S. 2.

[215] „Die **mathematische Statistik** beschäftigt sich mit der *Ermittlung quantitativer Informationen* über eine Grundgesamtheit von Elementen bzw. über ein zufallsbehaftetes Merkmal X dieser Elemente (Zufallsvariable) *anhand von Stichproben.*“ Beucher (2007), S. 171.

[216] Für den Begriff heuristisch kann keine einheitliche Definition gefunden werden. Vgl. Streim (1975), S. 143 f. Siehe für eine Übersicht literarisch wertvoller Begriffsabgrenzungen zum Forschungsgegenstand Heuristiken in ebd.

[217] Simulationen werden eingesetzt, um Erkenntnisse zu gewinnen, welches anhand von Nachbildungen möglicher realer Geschehnisse anstatt eines realen Experiments erfolgt. Vgl. hierzu Szczerbicka et al. (2004), S. 271.

[218] Vgl. Baars (2016), S. 174 f.

[219] Vgl. Ebd., S. 175.

[220] Chamoni/Gluchowski (2017), S. 9, im Original nicht kursiv und nicht mittig formatiert.

[221] Vgl. Schön (2022), S. 562. „Erweitert man den traditionellen Business-Intelligence-Ansatz (Traditionelle BI) mit einer klassischen DWH-Architektur so ergeben sich im Zusammenhang mit Big Data Erweiterungsmöglichkeiten zu einem explorativem Business-Intelligence-Ansatz[] […].“ Ebd., S. 559.

[222] Vgl. Holland (2019), S. 284 u. 289.

Datenmengen, in angemessener Zeit und kann als Big-Data-Analytics-Systemart beschrieben werden.[223]

Um die Informationsflut für BI- und BA- Anwender nutzbar zu machen spielt die richtige Visualisierung der Daten eine wesentliche Rolle, wobei Visual Business Analytics und als entsprechende Anwenderplattform der Einsatz von Dashboards Abhilfe schaffen.[224]

Die Teilthemen von Visual Business Analytics stellen[225] „[…] Information Design (ID), Visual Business Intelligence (VBI) und Visual Analytics (VA)[]"[226] dar. Unter dem Begriff Information Design ist im Allgemeinen die „[…] intelligente Visualisierung von Daten in grafischer oder interaktiver Form[]"[227] zu verstehen. Information Design ermöglicht es dabei auf individuelle Wahrnehmungen der Informationsempfänger einzugehen und dessen Bedürfnisse in der Informationsgestaltung zu berücksichtigen.[228] Als VBI wird in der Literatur „[…] the application of InfoVis[229] in the domain of BI to represent and analyze business data visually[]"[230] bezeichnet. „Visual Analytics is the science of analytical reasoning supported by interactive visual interfaces […]."[231] Oder anders ausgedrückt: „Visual analytics combines automated analysis with interactive visualisations […]."[232] Als fundamentale Wissenschaftsbereiche der VA können im Wesentlichen folgende genannt werden:[233] „[…] [T]he science of analytic reasoning; visual representations and interaction techniques; data representations and transformations; and presentation, production and dissemination."[234]

Im späteren Abschnitt wird der oben genannte Begriff Dashboard als Anwenderplattform erläutert.

---

[223] Vgl. Kamat (2017), S. 107.

[224] Vgl. Kohlhammer/Proff/Wiener (2016), S. 305.

[225] Vgl. Ebd. S. 204.

[226] Ebd., S. 304.

[227] Diefenthaler (2008), S. 202.

[228] Vgl. Ebd.

[229] Abkürzung für Information Visualisation.

[230] Aigner (2013), S. 299.

[231] Keim/Mansmann/Thomas (2009), S. 5.

[232] Keim et al. (2010), S. 7.

[233] Vgl. Thomas/Kielman (2009), S. 309.

[234] Ebd.

2.3.2.3.2 Künstliche Intelligenz

> „[...] [T]he science of making machines do things that would require intelligence if done by men.“[235]

KI, oder auch AI (engl. Artificial Intelligence) genannt, gründet vorwiegend in den Überlegungen der in „1956[236] am Dartmouth College in Hanover (New Hampshire)“ durchgeführten Konferenz „Summer Research Project on Artificial Intelligence“ und erfuhr im Laufe der Jahre enorme Weiterentwicklungen, sowie eine zunehmende Integration in das Unternehmensumfeld.[237]

KI kann im Allgemeinen als „[...] science of enabling computers and machines to learn, reason and make judgements[]“[238] beschrieben werden. Dies stellt den Versuch dar, komplexe Problemstellungen anhand maschineller Ansätze zu lösen.[239] KI kann in starke (engl. strong) KI, bei der Maschinen konstruiert werden sollen, welche gleichermaßen schlussfolgern, denken und Intelligenz vorweisen können wie Menschen[240] und schwache (engl. weak) KI, bei der Maschinen erschaffen werden, welche durch die Unterstützung diverser Software und Systeme intelligentes Handeln nachahmen, unterteilt werden.[241] Zur Erzielung von Intelligenz wie beispielsweise Lern-, Sprach-, Entscheidungsfähigkeit

[235] Minsky (1988), S. V.

[236] Zu erwähnen ist neben der Konferenz 1956 der **„Proposal for the Dartmouth Summer Research Project on Artificial Intelligence“** von 1955. McCarthy et. al. (2006). Anstatt McCarthy et al. (1955) ist im Literaturverzeichnis der vorliegenden Arbeit die Proposal-Wiedergabe im AI Magazine 2006 (im Literaturverzeichnis McCarthy et. al. (2006) genannt) hinterlegt.

[237] Vgl. Buxmann/Schmidt (2019), S. 3 f. Organisator der Konferenz war John McCarthy. Als bekannte Teilnehmer wurden Marvin Minsky, Claude Shannon, Alan Newell, Herbert Simon und als führende Denker „Trenchard More, John McCarthy, Marvin Minsky, Oliver Selfridge und Ray Solomonoff“ von ebd. genannt. Buxmann/Schmidt (2019), S. 4 f. stellen in ihren Ausführungen zur historischen Herleitung der KI vor allem Meilensteine wie die natürliche Sprachkommunikation zwischen Menschen und Computern, die Entwicklung von Expertensystemen seit 1980, die Verteilte KI als Basis der Agententechnologie, sowie die Robotik Fortschritte seit 1990 heraus.

[238] Tzafestas/Verbruggen (1995), S. 1.

[239] Vgl. Samuel (1962), S. 11.

[240] Vgl. Zelewski (1991), S. 338; Bibel (2011), S. 300.

[241] Vgl. Bibel (2011), S. 300.

werden beispielsweise IT, Statistik, Machine und Deep Learning sowie Robotik eingesetzt.[242]

Bisherige Entwicklungen zeigen Fortschritte schwacher KI, während starke KI nicht vorgewiesen werden konnte.[243] In der vorliegenden Arbeit soll bezüglich KI vor allem auf Machine Learning und Deep Learning hingewiesen werden, da spezifische Lösungen zur Schaffung intelligenten Verhaltens oftmals auf eben diesen sowie hierunter auch neuronalen Netzen fundieren.[244] Maschinelles Lernen (engl. machine learning) ermöglicht effektives Lernen der Maschine, welche literarisch gerne mit der menschlichen Intelligenz verglichen wird. Hierzu werden anhand von Algorithmen Muster in Datenmengen erkannt, Lernmodelle erstellt und dabei die Möglichkeit der fortlaufenden Verbesserung gegeben, welche Computern erlauben Entscheidungen zu treffen oder Empfehlungen zu erarbeiten.[245] Deep Learning ist als Teilgebiet unter maschinelles Lernen einzuordnen. Neuronale Netze werden zur Erleichterung der Musterbestimmung, wenn bei dieser eine große Menge an Datenobjekten involviert sind, eingesetzt.[246]

Machine Learning und Deep Learning können anhand folgender Grafik nachgestellt nach *Ortiz* und *Schalkowski* zeitlich und definitorisch abgegrenzt und in den Bereich der schwachen KI eingeordnet werden. Hervorzuheben ist hierbei der deutliche Entwicklungsschritt der KI seit 2010 (Abbildung 2.13):[247]

[242] Vgl. Schön (2022), S. 470.

[243] Vgl. Schütze/Schlieter (2019), S. 1091; Ortiz/Schalkowski (2021), S. 198.

[244] Vgl. Schön (2022), S. 472 ff.

[245] Vgl. Reitmaier (2015), S. 1; Helm et al. (2020), S. 69. Vgl. zum Thema Etablierung von machine learning Becker/Ulrich/Güler (2022), S. 377 f. Vgl. zu verschiedenen Arten von machine learning auch Schön (2022), S. 476.

[246] Vgl. Schön (2022), S. 477 f.

[247] Vgl. Ortiz/Schalkowski (2021), S. 198.

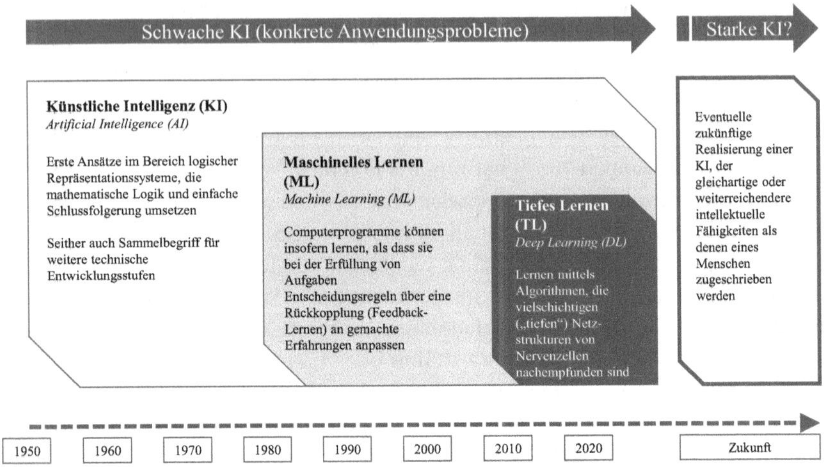

Abbildung 2.13 KI-Entwicklung und Abgrenzung zwischen schwacher und starker KI. (In Anlehnung an Ortiz/Schalkowski (2021), S. 198)[248]

Die Nutzung von KI ermöglicht im Controlling eine Optimierung der Informationsstrukturierungen, Kontextauswertungen sowie Schaffung neuer Erkenntnisse. *Hiermit einhergehend weist KI Verbesserungspotentiale der Informationsfunktion auf.* Controller werden durch den Einsatz von KI entlastet und können sich demzufolge optimalerweise neuartigen, wertschöpfenden Tätigkeiten widmen, in welchen die Akteure die Integration von KI in eigenen Aufgabenbereichen vorantreiben sowie Wege finden diese während der Zusammenarbeit mit oberen Führungsebenen sinnvoll als Wettbewerbsvorteil zu nutzen.[249] Im Rahmen dieser Arbeit können speziell Kombinationen der KI mit Automatisierungen bzw. RPA und beim Einsatz dieser eine mögliche Kostensenkung, Genauigkeits- sowie Effizienzsteigerung hervorgehoben werden.[250]

2.3.2.4 Informationsübermittlung und -nutzung

Betrachtet wird zum einen Self-Service Business Intelligenz. Folgende Erläuterungen machen dabei offensichtlich, dass diese eigentlich eine Schnittstelle

---

[248] Grafik mit Formatierungsanpassungen nachgestellt und Inhalte wörtlich übernommen aus ebd.

[249] Vgl. Satzger/Enders/Reimer (2017), S. 28.

[250] Vgl. Shekhar (2019), S. 16; Zillmann (2019), S. 4; Schulze/Nuhn (2020), S. 10.

zwischen der Informationserzeugung und Informationsübermittlung und – nutzung darstellt.[251] Zum anderen wird auf Dashboarding und mobiles Reporting eingegangen.

2.3.2.4.1 Self-Service Business Intelligence

Self-Service Applikationen sollen zudem den Nutzern ermöglichen selbstständig auf benötigte Daten im Unternehmen zuzugreifen und diese zu analysieren. Managern wird somit die Möglichkeit eröffnet agil und eigenständig an Steuerungsinformationen zu gelangen und diese für ihren Entscheidungsprozess zu nutzen.[252] Durch die Möglichkeit bereits einfache Analysen selbst durchzuführen und sich ihren Informationsbedarf eigenständig zu decken, erfährt der Manager eine gewisse Unabhängigkeit gegenüber IT-Experten, anderen Abteilungen und dem Controlling im Allgemeinen.[253] Die Einführung von SSBI als endanwenderfreundliche Lösung erzielt hierbei einerseits zeitnah Erfolge die das Controlling im Unternehmen optimieren und treibt andererseits weitere digitale Transformationen voran.[254]

BI (Business Intelligence) unterliegt hierbei in der Literatur unterschiedlichen Definitionen, die von der Absicht zur Erreichung bestimmter Erfolge, Betrachtungen des Ablaufs von BI und dessen strukturellen Aufbau, bis hin zu Abgrenzungen des Begriffs BI als allgemeinen Überbegriff[255] diverser Analyse- und Auswertungsansätze führen.[256] In Bezug auf das Management Reporting soll in der vorliegenden Arbeit folgende Definition angewendet werden:

BI kann als „*[…] term which includes the strategies, processes, applications, data, products, technologies and technical architectures used to support the collection, analysis, presentation and dissemination of business information[]*“[257] oder auch als „[…] set of technical tools and techniques that provide users with historical data for analysis and reporting, assisting management in making important decisions and improving the efficiency of business processes[]“[258] verstanden werden.

---

[251] Vgl. zudem Alpar/Schulz (2016), S. 151 ff.

[252] Vgl. Weber/Wiegmann (2018), S. 25.

[253] Vgl. Wiegmann/Schäffer/Weber (2016), S. 36; Schuff et al. (2018), S. 275.

[254] Vgl. Koß (2016), S. 38.

[255] Vgl. Dedić/Stanier (2016), S. 226.

[256] Vgl. Schulze/Dittmar (2006), S. 72. Siehe für nähere Beschreibungen im Rahmen Analytics Kapitel zwei (*Abschnitt 2.3.2.3.1*) der vorliegenden Arbeit.

[257] Dedić/Stanier (2016), S. 226, im Original nicht kursiv formatiert.

[258] Choi/Panjaitan/Apriliasari (2022), S. 118.

Bei SSBI kann dabei von *„[...] facilities within the BI environment that enable BI users to become more self-reliant and less dependent on the IT organization[ ]“*[259] gesprochen werden.

> *SSBI wird entsprechend als Ansatz gesehen, welcher Endanwendern die Möglichkeit der eingenständigen Datenanalyse sowie Reporting-Tool-Nutzung einräumt.*[260]

SSBI-Systeme bieten hierzu neuartige Funktionen, welche die Ausführungen in Bereichen der BI optimieren sollen. Anwendern ist es hierbei möglich über die Nutzung und Kreation von Informationen hinaus neue Informationsressourcen zu erschaffen. Erfolgen kann dies indem neue Datenquellen und entsprechende Ergebnisse mit Unternehmensdaten temporär zusammengeführt werden.[261] Abhängig von Kompetenzen, Aufgabengebieten und Rollenzuteilungen ist somit für eine bedarfsgerechte Informationszufuhr über automatische Reportingsysteme gesorgt und anpassbar.[262] *Die Einbindung von SSBI in das Management Reporting kann dabei zu einer Optimierung der Informationsfunktion führen und somit zu einer Verbesserung bei der Schaffung von Informationskongruenz.*[263] Anforderungen für eine optimale Umsetzung von SSBI spiegeln sich dabei unter anderem im strategischen Vorgehen, Ausrichtungen der Reporting-Prozesse und Führungsrollen, sowie im Aufbau einer sinnvoll gestalteten technischen Umgebung wider.[264]

2.3.2.4.2 Dashboarding

> Der großen Datenflut gegenüberstehend benötigen Manager zuverlässige und relevante Daten und Informationen für ihre Entscheidungsfindung, welche in angemessener Form dargestellt und einfach zu generieren sind. Hierbei soll Dashboarding Abhilfe schaffen.[265]

---

[259] Imhoff/White (2011), S. 5, im Original nicht kursiv formatiert, jedoch als Definition mit Texteinzug und formal hervorgehoben.

[260] Vgl. Schuff et al. (2018), S. 275.

[261] Vgl. Alpar/Schulz (2016), S. 151 ff.

[262] Vgl. Kajüter/Schaumann/Schirmacher (2019), S. 144 f.

[263] Vgl. Becker/Kollacks/Ulrich (2011), S. 226.

[264] Vgl. Keller/Seidler (2018), S. 43.

[265] Vgl. Pappas/Whitman (2011), S. 249.

Dashboarding kann als Art der Informationsvisualisation in Unternehmen bezeichnet werden, welche den Entscheidungsfindungsprozess durch die Bereitstellung vielfältiger und zielgerichter Informationen optimiert.[266] Im Allgemeinen lässt sich als Dashboard „[...] a data driven decision support system, which provides information in a particular format to the decision maker[]“[267] betiteln.

In der Literatur wird eine häufige Begriffsabgrenzung nach *Few* ersichtlich. Hiernach wird der Begriff Dashboard als "[...] a visual display of the most important information needed to achieve one or more objectives; consolidated and arranged on a single screen so the information can be monitored at a glance[]"[268] definiert. Mit dem Begriff Dashboards werden demnach Analyseanwendungen betitelt, welche die thematisch relevanten, wichtigsten Daten und Informationen derart auf einer einzelnen Bildschirmseite visuell darstellen, dass diese augenblicklich und vollumfänglich betrachtet werden können.[269] Hierbei sollen unter anderem auch real-time Daten in verständlicher Form Informationsempfängern zugänglich gemacht werden.[270] Technologieentwicklungen machen es zudem möglich Dashboards auf mobilen Endgeräten optimal zu nutzen.[271]

2.3.2.4.3 Mobile Reporting

Die Nutzung mobiler Endgeräte wie Smartphones zum Zugriff auf Geschäftsinformationen ist im Berufsleben nicht mehr wegzudenken.[272]Anlässlich des wachsenden Mobilitätsbedarfs in der Praxis kann von einer steigenden Bedeutung mobiler Reporting-Anwendungen sowie in diesem Kontext auch mobiler BI Lösungen ausgegangen werden.[273]

---

[266] Vgl. Shields/Shelleman (2020), S. 109. Siehe für Ausführungen zu Self-Service Dashboards Schmitz/Schüssler/Schneider (2022), S. 974 f.

[267] Yigitbasioglu/Velcu (2012), S. 42; vgl. in diesem Kontext auch Erläuterungen zur Anwenderbeeinflussung in der Entscheidungsfindung nach O'Donnell/David (2000). Auch Yigitbasioglu/Velcu (2012), S. 43 beziehen sich auf O'Donnell/David (2000).

[268] Few (2006), S. 26, im Original Text farblich orange hervorgehoben, kursiv und fett formatiert. Vgl. auch Smith (2013), S. 22 worin zusätzlich die Entwicklung der Definition Dashboard beschrieben wird. Der Begriff als Kommunikationstool wird auf „executive information systems“ 1980 zurückgeführt. Vgl. Ebd.

[269] Vgl. Few (2005), S. 1; Bensberg (2008), S. 74.

[270] Vgl. Tokola et al. (2016), S. 620; Schönherr/Million (2022), S. 735.

[271] Vgl. Nunkesser/Thorn (2020) S. 279.

[272] Vgl. Airinei/Homocianu (2010), S. 5.

[273] Vgl. Schön (2022), S. 594. Im Rahmen der vorliegenden Arbeit wird wie im Kapitel zwei (*Abschnitt 2.3.2.3.1*) beschrieben unter BI auch explorative BI verstanden.

„Unter dem Begriff ‚**mobiles Reporting**' wird die zeit- und standort**un**abhängige Informationsversorgung und -nutzung aller steuerungs- und entscheidungsrelevanter Informationen der Entscheidungsträger eines Unternehmens verstanden, [...]"[274] bei der unter Nutzung entsprechender Endgeräte mobile und stationäre Versionen abgestimmt sein sollten.[275]

Prägnant ausgedrückt kann unter mobilem Reporting der Informationszugriff über Tablets, Smartphones und andere mobile Endgeräte verstanden werden.[276]

Mobile BI wird in der Literatur wie folgt definiert: „Mobile BI is the means by which pervasive BI will be delivered."[277] Oder auch „[t]he capability that enables the mobile workforce to gain business insights through information analysis using applications optimized for mobile devices[,]"[278] „[....] [it] is a system that has been conceived to assist, accelerate and to enhance the managerial decision-making processes."[279]

Zusammengefasst lässt sich somit mobile BI als die Anwendung von BI zur Entscheidungsunterstützung in Unternehmen, über mobile Endgeräte bezeichnen,[280]

welches die Möglichkeit bietet standortungebunden auf komplexe Datensätze nahezu in Echtzeit zuzugreifen.[281] Die Datenübertragung von Controller zu Manager im Management Reporting kann demnach losgelöst von zeitlichen oder ortsabhängigen Restriktionen erfolgen und somit den Reporting-Prozess stark optimieren.[282]

2.3.2.5 Grafische Betrachtung der Technologien und zugehörigen IT-Tools im Management Reporting

Die beschriebenen Technologien und IT-Tools im Management Reporting lassen sich wie folgt grafisch darstellen (Abbildung 2.14):

---

[274] Schön (2022), S. 595, im Original im farbigen Kästchen hervorgehoben.

[275] Vgl. Ebd.

[276] Vgl. Nobach (2019), S. 260.

[277] Brodzinski et al. (2013), S. 64. Siehe zu Entwicklungen Mobiler BI auch ebd. S. 55 ff.

[278] Verkooij/Spruit (2013), S. 23, im Original mit Texteinzug und kursiv formatiert.

[279] Buchana/Naicker (2014), S. 1003, im Original mit Texteinzug (wegen Abstract) und kursiv formatiert.

[280] Zusammenfassung der oberhalb ausgeführten Zitate.

[281] Vgl. Brockmann et al. (2012), S. 862 f.

[282] Vgl. Simbeck/Wirsam/Doskova (2019), S. 73; Schön (2022), S. 602.

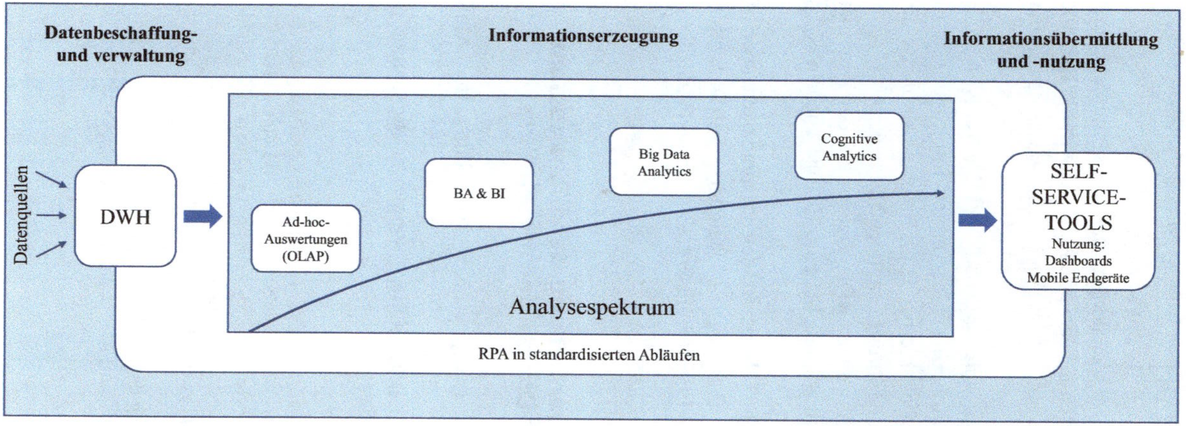

Abbildung 2.14 Technologien und IT-Tools im Management Reporting. (Analysespektrum orientiert an Ereth/Kemper (2016), S. 459; Gudivada (2017), S. 46)[283]

[283] Nach den Erkenntnissen aus Kapitel zwei (*Abschnitt 2.3.2*), vgl. das dargestellte Analysespektrum mit Ereth/Kemper (2016), S. 459; Gudivada (2017), S. 46.

Datenbeschaffung und -verwaltung: Interne und externe Daten werden anhand passender Vorsysteme exportiert und anschließend normalerweise automatisiert durch entsprechende Werkzeuge in ein DWH erfasst.[284]

Informationserzeugung: Die gespeicherten Daten lassen sich anhand verschiedenartiger analytischer Systeme auswerten. In der Grafik sind diese nach aufsteigendem Analysespektrum sortiert.[285] Auch Self-Service spielt hierbei eine große Rolle.[286]

Informationsübermittlung und -nutzung: Self-Service-Tools befähigen den Berichtsempfänger dazu sich autonom mit benötigten Informationen zu versorgen.[287] Mobile Endgeräte schaffen hierbei Effizienzverbesserungen auf Grund steigender Flexibilität bei der Ausführung leitender Tätigkeiten.[288]

In der Grafik aufgezeigt wird zudem RPA, welche bei der Automatisierung von Routineprozessen zu nennen ist und für gute Erfolge auch in Kombination mit KI genannt werden kann.[289]

Genannte Technologien- und IT-Tools werden im untenstehenden Abschnitt einer Perspektivenbetrachtung unterzogen. Geeignete Softwareanbieter und Cloud-Lösungen sind Inhalt der Ergebnispräsentation des aktuellen Forschungsstands in Kapitel drei.

2.3.3 Perspektivische Darstellung des Management Reportings unter Digitalisierungseinfluss

Folgend wird anhand einer perspektivischen Darstellung des Management Reportings der Einfluss beschriebener Technologien und IT-Tools deutlich gemacht. Hierzu soll eine „[...] **inhaltliche, formale, zeitliche** und **personale**

---

[284] Vgl. Becker/Kollacks/Ulrich (2011), S. 227 f. Als mögliche Vorsysteme werden in ebd. für interne Datenquellen Enterprise-Resource-Planning Systeme (ERP)-Systeme und **„Produktionsplanungs- und -steuerungs(PPS)-Systeme“** genannt, als Beispiel externer Quellen wird auf Datenbanken verwiesen. Verstanden werden unter Übertragungswerkzeuge „Extraktions-, Transformations- und Ladewerkzeuge“. Vgl. Ebd. S. 227 f. Siehe für genannte direkte Zitate ebd.

Siehe für eine Begriffsabgrenzung des DWH Kapitel zwei (*Abschnitt 2.3.2.1*).

[285] Siehe für Ausführungen zu Ad-hoc-Auswertungen Ereth/Kemper (2016), S. 459.

[286] Vgl. Alpar/Schulz (2016), S. 151 ff.

[287] Vgl. Weber/Wiegmann (2018), S. 25.

[288] Vgl. Bensberg (2008), S. 72 f.

[289] Vgl. Harrast (2020), S. 210; Shidaganti et al. (2021), S. 1612.

[…]"[290] Betrachtung erfolgen, welche in der Praxis auf den Reporting-Zweck (**funktionale** Betrachtung) anzupassen sind.[291] Zur Erfüllung des Reporting-Zwecks kann sich auf die Ausführungen von *Blohm* bezogen werden, welcher den betrieblichen Informationsaustausch anhand der folgenden Fragestellungen und dessen Wechselbeziehungen darstellt (Abbildung 2.15):[292]

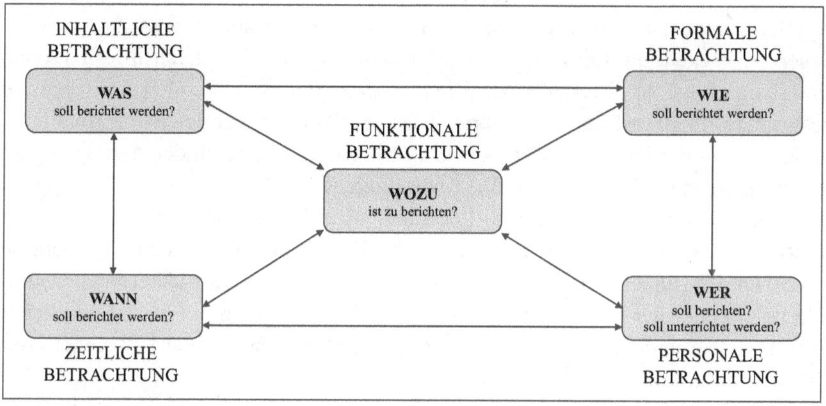

Abbildung 2.15 Wechselbeziehungen der Gestaltungsfragen im Reporting. (In Anlehnung an Blohm (1974), S. 13 f.)[293]

2.3.3.1 Inhaltliche Betrachtung

Zur inhaltlichen Betrachtung des Reportings werden in der Literatur folgende Merkmale herangezogen:[294]

[290] Koch (1994), S. 60, Berichtsmerkmale.

[291] Vgl. Ebd., S. 63 ff.

[292] Vgl. Blohm (1974), S. 13 f.

[293] Grafik in Anlehnung an ebd., S. 14; wörtlich zitierte, formal veränderte Fragestellungen nach ebd. S. 13; vgl. für die Berichtsmerkmale Koch (1994), S. 59 ff.

[294] Vergleiche die inhaltlichen Merkmale des Reportings mit Blohm (1974), S. S. 14; Koch (1994), S. 59 ff.; Küpper et al. (2013), S. 236 f.

Informationsgegenstand: Als Informationsgegenstand werden[295] „[d]ie in einem Bericht erfassten Tatbestände […] bezeichnet.“[296] Der Informationsgegenstand kann im Management Reporting anhand faktischer, explanatorischer, normativer und prognotischer Aussagen erläutert werden.[297]

Aussageart: „Das Merkmal **Informationsgegenstand** bezieht sich auf die Sachverhalte der Realität, die in den betreffenden Informationen abgebildet werden.“[298] Die hierbei getroffenen Aussagen sind, in Fragestellungen von Entwicklungstrends, durch Vergleichsinformationen zu ergänzen, was zu verschiedenen Aussagearten führt. Berichtsinformationen und Vergleichsinformationen sind demzufolge zu differenzieren. Die hierbei zu unterscheidenden Aussagearten bestimmen die jeweilige Berichtsart.[299] Das Stellen von Vergleichsinformationen im Reporting wird als besonders wichtig erachtet, da hierdurch der Aussagegehalt der zu übermittelnden Informationen gesteigert wird.[300]

Anzahl: Unter dem Reporting-Merkmal Anzahl ist die dem Management Reporting zur Verfügung stehende Zahl der Daten und somit auch Big Data zu verstehen. Im Zuge stetiger technologischer Entwicklungen im Unternehmensumfeld ist ein enormer Datenmengenanstieg ersichtlich, wodurch die Zahl möglicher Informationsempfänger steigt und gleichzeitig die Überschaubarkeit generierter Daten abnimmt.[301]

Genauigkeit: Die Genauigkeit der zu übermittelnden Informationen ist vom Auswertungszweck abhängig.[302] Beispielsweise „[…] vorläufige[] Zahlen oder

---

[295] Vgl. Weber/Schaier/Strangfeld (2018), S. 19.

[296] Ebd. Als besonders nützliches Instrument für Informations- und Kennzahldifferenzierungen des Reporting-Tatbestands wird in den Ausführungen von ebd. auf die Balanced Scorecard verwiesen.

Als Informationsgegenstände können klassisch finanzielle Kennzahlen, nicht-finanzielle Informationen, Plan- und Sollzahlen, sowie Jahresendwertprognosen genannt werden. Vgl. Weide (2009), S. 17.

[297] Vgl. Weide (2009), S. 16; Weber/Schäffer (2020), S. 236.

[298] Koch (1994)S. 61.

[299] Vgl. Ebd.

[300] Vgl. Ebd.; Küpper et al. (2013), S. 237.

[301] Vgl. Küpper et al. (2013), S. 237 für Ausführungen zum Reporting-Merkmal Anzahl, der erhöhten Zahl an Informationsempfängern und der abnehmenden Überschaubarkeit der generierten Daten; Kajüter/Schaumann/Schirmacher (2019), S. 138 für Ausführungen zu Big Data und steigenden Datenmengen durch technologische Entwicklungen.

[302] Vgl. Koch (1994), S. 63.

Abschätzungen[]“[303] können hierbei als ungenaue Informationen bezeichnet werden.[304]

Verdichtung: Unter dem Merkmal Verdichtung wird eine Zusammenfassung gesammelter Einzeldaten verstanden, dessen Ausprägungen vom „[...] Informationsempfänger[] und dem Informationsziel[]“[305] abhängig sind.[306] Durch die Verdichtung der Datenflut ist ein Redundanzabbau im Reporting möglich.[307]

Durch den Einsatz von Self-Service werden Manager in Zukunft eigenständig in der Lage sein sich auf den Tatbestand abgestimmt mit Berichtssowie Vergleichsinformationen zu versorgen und anhand einer bedarfsgerechten Informationsauswahl Informationen übersichtlich und nachvollziehbar zusammenzuführen.[308] Analytic-Systeme bieten hierbei Informationsempfängern die Möglichkeit eigenständig Aussagen faktischer, explanatorischer, normativer und prognotischer Natur zu erzeugen,[309] wobei sich Kognitiv Analytics als erweiterte Form der Big Data Analytics zusätzlich auf intellektuelle Aktivitäten ausweitet.[310] Im Kontext zu KI gewinnt zudem maschinelles Lernen steigend an Bedeutung, welche im Reporting vorzugsweise für Prognosewerte eingesetzt werden können. Wie einige Studien belegen, sind bei Prognosen mithilfe von KI oftmals bessere Vorhersagen zu erwarten, als dies der alleinige Einsatz menschlicher Intelligenz ermöglichen würde.[311]

Auch RPA wird zukünftige Arbeitsvorgänge im Reporting verändern. Standardisierte Prozesse des Management Reportings können unkompliziert in RPA überführt werden, somit an Effizienz gewinnen[312] und als Grundlage komplexerer Erweiterungen wie der KI dienen.[313]

---

303 Gluchowski (2006), S. 211.

304 Vgl. Ebd.

305 Küpper et al. (2013), S. 238.

306 Vgl. den vollständigen Satz mit Ebd.

307 Vgl. Horváth (2006), S. 333.

308 Vgl. Ausführungen zu Self-Service-Business-Intelligence in Kapitel zwei (*Abschnitt 2.3.2.4.1*) der vorliegenden Arbeit. Vgl. auch Schmitz/Schüssler/Schneider (2022), S. 974 f.

309 Vgl. Ausführungen zu Analytics in Kapitel zwei (*Abschnitt 2.3.2.3.1*) der vorliegenden Arbeit; vgl. die aufgezählten Aussagearten mit Weber/Schäffer (2020), S. 236.

310 Vgl. Kamat (2017), S. 107.

311 Vgl. Friedl (2019), S. 36.

312 Vgl. Langmann/Turi (2020), S. 27; Gleich et al. (2022), S. 127 ff.; vgl. Ausführungen zu RPA in Kapitel zwei (*Abschnitt 2.3.2.2*) der vorliegenden Arbeit.

313 Vgl. Harrast (2020), S. 210.

2.3.3.2 Formale Betrachtung

Die formale Betrachtung geht auf die Frage nach dem „wie“ im Reporting informiert werden soll ein.[314] Nach *Blohm* ist der Report formal derart anzupassen, dass dieser mit dessen Bedeutung sowie Inhalt übereinstimmt, wesentliche Angaben sind hierbei hervorzuheben, zudem ist es notwendig die Wirtschaftlichkeit der Reporting-Methodik[315] sicherzustellen und die einzelnen Reporting-Prozessschritte aufeinander abzustimmen.[316] Bei der Report-Erstellung sind geeignete *Umfangsbegrenzungen,* wie Abgrenzungen auf relevante Informationen, welche jedoch in der Detailbetrachtung den Informationsbedarf des Empfängers ausreichend decken, umzusetzen. Zudem ist auf die *Übersichtlichkeit* der bereitgestellten Informationen, sowie geeignete *Darstellungsformen* und hierunter die Entscheidung zwischen mündlichen, schriftlichen und grafischen Darstellungsweisen des Reports zu achten. Hierbei kann der Einbezug des Berichtsempfängers während der Reporterstellung empfohlen werden, um eine erhöhte Akzeptanz des Berichts und dessen formale Ausgestaltung zu erreichen.[317]

> „Partizipation der Empfänger an der Berichterstellung steigert die Berichtsakzeptanz.“[318]

Die beschriebenen Technologien und IT-Tools ermöglichen dem Benutzer nicht nur an der Berichtserstellung teilzuhaben, er kann außerdem befähigt werden entsprechend seiner Aufgabenstellungen auf individuell benötigte Informationen eigenständig zuzugreifen, Informationen zu generieren und Informationsressourcen zu erschaffen.[319] Um die Informationsflut für die IT-Anwender nutzbar zu machen spielt die richtige *Visualisierung* der Daten eine wesentliche Rolle, wobei wie bereits in den Definitionen beschrieben besonders auf Visual Business Analytics und als entsprechende Anwenderplattform Dashboards eingegangen werden

---

[314] Vgl. Blohm (1974), S. 13 f.

[315] Zum Abgleich der Wirtschaftlichkeit der Reporting-Methodik kann nach Blohm (1974), S. 47 beispielsweise die Überprüfung auf interne oder externe Alternativen der Datenverarbeitung genannt werden.

[316] Vgl. Blohm (1974), S. 47.

[317] Vgl. Göpfert (2002), Sp. 152 ff.

[318] Ebd., S. 154, im Original nicht mittig formatiert, jedoch durch Aufzählungszeichen hervorgehoben.

[319] Vgl. Alpar/Schulz (2016), S. 152 f. Informationsressourcen werden hierbei wie folgt beschrieben: „[...] [B]usiness users can be given the opportunity to autonomously harness new data sources for analysis that are not preprocessed by IT. They create new information resources by (temporarily) combining these data with corporate data.“ Ebd., S. 153.

kann.[320] Informationsempfänger profitieren durch eine „intelligente Visualisierung“[321], auch anhand grafischer Darstellungen von Datenanalysen und der Möglichkeit des interaktiven Agierens.[322] Dashboards ermöglichen es hierbei themenbezogen die wichtigsten Daten und Informationen auf einer einzelnen Bildschirmseite visuell darzustellen und somit einen schnellen Überblick zu erhalten.[323] Unsicherheiten zum optimalen Berichtsumfang könnten hierdurch gelindert werden.[324]

Letztlich ist auf das *Übermittlungsmedium* einzugehen.[325] Klassisch können Berichte „[...] mündlich, schriftlich und per Bildschirm übermittelt werden.“[326] Als Übermittlungsmedium der Reports erlangen im Rahmen der Digitalisierung mobile Endgeräte steigend an Bedeutung.[327] Dem Berichtsempfänger wird hierdurch „[...] räumliche und zeitliche Flexibilität im Entscheidungsprozess geboten.“[328]

2.3.3.3 Zeitliche Betrachtung

> „Informationen können veralten. Aus dieser Tatsache ergibt sich das Problem, den erforderlichen **Aktualitätsgrad** und damit den zugehörigen Erhebungszyklus von Informationen zu bestimmen.“[329]

Traditionell war mit der Aktualität und den hiermit verbundenen reduzierten Erhebungsabständen benötigter Daten ein enormer Aufwand verbunden. Auch Veränderungen des Informationsbedarfs ließen sich oftmals nur durch erhebliche Mehrarbeit decken.[330] Die beschriebenen Technologien und IT-Tools ermöglichen jedoch einen Wandel weg von dieser sehr anspruchsvollen und starren Berichterstattung hin zu einem schnellen, zielgerichteten und individuellen Management

[320] Vgl. Kohlhammer/Proff/Wiener (2016), S. 305.

[321] Diefenthaler (2008), S. 202.

[322] Vgl. Ebd.; Aigner (2013), S. 299.

[323] Vgl. Few (2005), S. 1; Bensberg (2008), S. 74.

[324] Vgl. in diesem Kontext Weber/Schaier/Strangfeld (2018), S. 20 und ihre Ausführungen zum Berichtsumfang und dessen Spannungsfelder.

[325] Vgl. Küpper et al. (2013), S. 238.

[326] Ebd.

[327] Vgl. Schön (2022), S. 602.

[328] Ebd. Ebd. bezieht sich auf Bensberg (2008), 72 ff.

[329] Horváth (2006), S. 333, im Original nicht mittig formatiert.

[330] Vgl. Diller (1975), S. 47 ff.; Horváth (2006), S. 333 f.

Reporting.[331] Anhand von Self-Service-Tools können Führungskräfte heutzutage jederzeit auf Real-time Kennzahlen und andere gewünschte Informationssätze zugreifen. Bedarfsgerecht ist beispielsweise eine wöchentliche oder monatliche Bereitstellung von Forecasts, Detailberichten, Performance Reviews etc. möglich.[332]

Flash-Reports ermöglichen im Management Reporting eine zügige Information über die wichtigsten Sachverhalte bei berichtsauslösenden Begebenheiten und Zeitpunkten. Dies könnte z. B. die zeitnahe Übermittlung der wichtigsten Informationen nach Monatsende, vor Eintreffen des ausführlichen Monatsberichts, sein. Darüber hinaus zielen Fast Close Ansätze darauf ab zeitnah nach Eintritt des Ereignisses einen vollständigen Report vorzuweisen, welches bisher anhand des traditionellen Reporting-Prozesses mit einem hohen Aufwand verbunden war.[333] Die beschriebenen Automatisierungen und Verknüpfungen der KI schaffen auch hierbei Abhilfe. Betreffende Technologien ermöglichen es beispielsweise „[d]urch die Verwendung von automatischer Textgenerierung *(Natural Language Generation)* […] ein Excel-Spreadsheet in ein fertiges Reporting inklusive Text zu verwandeln."[334] Anhand der Textqualität ist hierbei der Einsatz einer Maschine nicht zu bemerken.[335] Auch die Problematik der zeitgerechten Nutzung bereitgestellter Informationen lässt sich durch die schnelle, eigenständige und automatisierte Verfügbarkeit benötigter Informationen lösen. Die gewünschten Daten können wie in *Abschnitt 2.3.2.4* erläutert direkt zum Zeitpunkt der Verwendung erhoben werden und besitzen demnach einen hohen Aktualitätsstandard.[336]

2.3.3.4 Personale Betrachtung

Mit der Fragestellung nach dem „wer" wird sich auf die im Reporting-Prozess beteiligten Stellen, bzw. Personen und hierbei auf den Informationssender und -empfänger bezogen.[337] Sender sowie Empfänger können grundsätzlich aus einer

---

331 Vgl. Sidler/Gerussi (2020), S. 251; Schmitz/Schüssler/Schneider (2022), S. 974 f.

332 Vgl. Sidler/Gerussi (2020), S. 257 ff.

333 Vgl. Taschner (2013), S. 220 f.

334 Keimer/Zorn (2020), S. 19; vgl. auch Schmitz/Schüssler/Schneider (2022), S. 973 ff.

335 Vgl. Keimer/Zorn (2020), S. 19.

336 Vgl. Weber/Strauß/Spittler (2012), S. 106, sowie das vorliegende Kapitel zwei (Abschnitt *2.3.2.4*) der Arbeit. Zur rechtzeitigen Nutzung der Informationen Taschner (2019), S. 6.

337 Vgl. Blohm (1974), S. 13 f.

sowie mehreren Personen bestehen.[338] „Das Management Reporting fungiert im Rahmen des *bottom-up-Reporting* als Instrument der Informationsübermittlung zwischen verschiedenen hierarchischen Ebenen im Unternehmen.“[339] Hierbei ist das Management Reporting im Bereich Controlling zu verorten.[340] Hierbei kann es sinnvoll sein auch andere Abteilungen und somit weitere Aufgabenträger im Management Reporting mit einzubinden.[341] Besonderer Fokus kann im Rahmen der vorliegenden Thematik auf Aufgabenträger der IT gelegt werden. In Kapitel fünf wird sich dementsprechend unter anderem mit dem Rollenwandel der Controller im Management Reporting sowie dessen Schnittstellen mit anderen Aufgabenträgern beschäftigt.

2.3.3.5 Funktionale Betrachtung

Der Berichtszweck kann im Allgemeinen in folgende Aufgabenbereiche eingeordnet werden:

Dokumentation: Erstens soll durch das Berichtswesen eine strukturierte Dokumentation der Unternehmensgeschehnisse erfolgen, wobei zusätzlich zur freiwilligen Eigenberichterstattung unbedingt die verpflichtende Berichterstattung und Dokumentationspflicht (siehe Jahresabschluss) zu nennen ist.[342] Bezüglich der freiwilligen Berichterstattung dient, neben der Bereitstellung von Basiswissen bezüglich der Unternehmensgeschehnisse beispielsweise für das Management Reporting,[343] die Dokumentation als Präventionsmaßnahme sowie Beweisfunktion vor externen Anspruchsgruppen.[344]

→ „Eine […] Verpflichtung zur Dokumentation von Berichten resultiert aus den entsprechenden Vorschriften des Handels-, Aktien-, Steuer- und Umweltrechts.“[345] „Neben dem Handelsgesetzbuch als Bilanzierungsstandard im deutschen Raum haben in

[338] Vgl. Weide (2009), S. 23.

[339] Ebd. Als bottom-up-Reporting kann der Report von unten-nach-oben beispielsweise an die nächsthöhere Instanz bezeichnet werden. Vgl. Ebd. Auch eine funktionale Abgrenzung des Adressatenbereichs kann zweckorientiert sinnvoll sein. Weber/Schäffer (2020), S. 239.

[340] Vgl. Weide (2009), S. 23.

[341] Vgl. Weber/Schäffer (2016), S. 249.

[342] Vgl. Pastwa (2010), S. 16 f.

[343] Vgl. Weber/Schaier/Strangfeld (2018), S. 17.

[344] Vgl. Kirsch/Steinhauer (2003), S. 418. Die Betrachtungsweise externer Anspruchsgruppen ist auf Grund der zu behandelnden Thematik der vorliegenden Arbeit zu vernachlässigen. Siehe für den Begriff externe Anspruchsgruppen Kapitel zwei (*Abschnitt 2.3.1*) der vorliegenden Arbeit.

[345] Pastwa (2010), S. 16.

den vergangenen Jahren insbesondere die International Accounting Standard / International Financial Reporting Standards (IAS/IFRS) als internationaler Rechnungslegungsstandard an Bedeutung gewonnen."[346]

Entscheidungsunterstützung sowie dessen Planung:

Informationsalternativen könnten die Entscheidungsfindung im Unternehmen tangieren. Ein durch den Einsatz von Technologien und IT-Tool-Nutzung veränderter Entscheidungsprozess ist zu beachten.[347]

Im Rahmen der vorliegenden Arbeit ist zweitens die Berichterstattung zur Entscheidungsunterstützung sowie entsprechender Planung hervorzuheben. Dem Management Reporting ist hierbei eine Steuerungsrelevanz im Unternehmen zuzuschreiben, da auf Basis der empfangenen Berichte Aktionen zur Unternehmenssteuerung begründet werden. Die zur Verfügung gestellten Informationen des Reports bestimmen hierbei das Entscheidungsverhalten des Empfängers.[348] Die beschriebenen Möglichkeiten der verbesserten Datengenerierung, -verarbeitung und -darstellung im Management Reporting machen hierbei den Einfluss genannter Technologien und IT-Tools auf den Entscheidungsprozess im Unternehmen offensichtlich.[349]

Als Beispiele der Berichtserstattung zur Entscheidungsunterstützung und vorangegangener Planung können hierbei unter anderem „Prognoseinformation, Vergleiche zwischen Alternativen, Hochrechnungen aus der Vergangenheit und Benchmarks zu Konkurrenzaktivitäten […]"[350] genannt werden.

Kontrolle:

Unternehmenssteuernde Maßnahmen verlangen eine anschließende Erfolgskontrolle.[351]

---

[346] Ebd. Als Bestandteile des Jahresabschlusses nach IFRS werden in ebd. S. 17 die Bilanz, Gewinn- und Verlustrechnung, Kapitalflussrechnung, Eigenkapitalveränderungsrechnung und der Anhang genannt. Vgl. für ausführliche Ausführungen Pellens et al. (2021).

[347] Vgl. O'Donnell/David (2000), S. 178.

[348] Vgl. Taschner (2013), S. 57 f.

[349] Vgl. Kapitel zwei (*Abschnitt 2.3.2*) der vorliegenden Arbeit. Vgl. auch die tabellarische Aufstellung, Teil eins bis Teil acht, von Schön (2022), S. 499 ff. zum Thema „Zuordnung Planungs- und Reporting-Aufgaben von Mensch bis KI". Ebd., S. 499.

[350] Taschner (2013), S. 46, im Original durch Aufzählungszeichen hervorgehoben.

[351] Vgl. Gluchowski (2006), S. 210.

Als weiterer wesentlicher Berichtszweck im Management Reporting ist drittens die Kontrolle der getroffenen Entscheidungen aufzuführen. Auch durch Berichte ausgelöste Bearbeitungsvorgänge sind hierbei von Bedeutung.[352] Zudem findet im Rahmen der Kontrolle der Vergleich von Plan-, Ist- und Sollwerten in der Praxis Anwendung.[353] Dabei ermöglichen beschriebene Technologien und IT-Tools fortschreitende Automatisierungen von beispielsweise Forecast-Entwicklungen sowie Standardabweichungsanalysen und generelle Optimierungen des Plan-Soll-Ist-Vergleichs im Unternehmen.[354]

Aufgezeigte Perspektiven führen Veränderungen im Management Reporting auf. Es wird deutlich, dass im Management Reporting nach einem sinnvollen Technologie- und IT-Tool-Einsatz verlangt wird. Im Rahmen der vorliegenden Arbeit soll hierbei herausgefunden werden, inwieweit der Controller und weitere Akteure weiterhin im Management Reporting fungieren. Hierdurch sollen im Management Reporting einzunehmende Rollen der Controller betrachtet und vom sinnvollen Technologie- und IT-Tool-Einsatz abgegrenzt werden. Folgend wird entsprechend auf die Rollentheorie[355] eingegangen.

2.4 Rollentheoretische Grundlagen

Die folgenden Abschnitte beinhalten Ausführungen zum Fundament der vorliegenden Arbeit – den rollentheoretischen Grundlagen. Dementsprechend erfolgen Abgrenzungen zum Begriff Rolle, sowie Ausführungen zur Rollentheorie[356] und Rollenkonflikten.

---

[352] Vgl. Ebd. Vgl. für auslösende Ereignisse die Ausführungen in Kapitel zwei (*Abschnitt 2.3.1.1*) Abweichungsberichte, sowie in Kapitel zwei (*Abschnitt 2.3.3.3*) Flash-Reports und Fast Close Ansätze der vorliegenden Arbeit.

[353] Vgl. Hirsch/Paefgen/Schaier (2008), S. 329.

[354] Vgl. Nobach (2019), S. 253.

[355] Siehe zur Rollentheorie Katz/Kahn (1978).

[356] Siehe zur Rollentheorie ebd.

2.4.1 Abgrenzung des Begriffs Rolle

In Bezug auf den Homo Sociologicus finden sich Erläuterungsansätze des Begriffs Rolle vor allem in der Soziologie sowie Philosophie wieder.[357] Die Begriffsbezeichnung Rolle geht dabei ursprünglich auf *Linton* zurück.[358] Dieser erläutert in seinen Studien die Verbundenheit der Rolle und des gesellschaftlichen Status, wobei die Begriffsabgrenzung des Status zugehörige Pflichten und zugleich Rechte beinhaltet. Der spätere Sprachgebrauch verschob jedoch diese Definition und definierte fortan den Begriff Rolle mit eben dieser Sammlung an Pflichten sowie Rechten.[359] *Parsons* beschreibt den Begriff Rolle später als „[...] dynamische[n] Aspekt der Teilnahme der Individuen an Interaktionsbeziehungen und [als] Bindeglied zwischen System und Verhalten [...].“[360] Laut *Merton* erstellt sich die Rolle „[...] aus Erwartungen verschiedener Rollensender an einen Statusinhaber (Rollenset)“[361] oder anders ausgedrückt nach *Dahrendorf* kann die Rolle als ein an den Rollenempfänger, bzw. dessen Verhalten gerichtetes Erwartungsbündel betrachtet werden.[362]

Für die Betrachtung der Konfliktpotenziale des Rollenwandels, welche im späteren Verlauf der Arbeit erfolgt, sind zudem die Begriffe Identität und Rolle voneinander zu unterscheiden. Als Identität können dabei die einer Rolle zugedachten Selbstdefinitionen, eigene Erwartungen und Vorstellungen definiert werden, während die Rolle die externe Verhaltenserwartungen gegenüber der eingenommenen Position darstellt (Abbildung 2.16).[363]

---

[357] Vgl. Dahrendorf (2006), S. 8 ff. Siehe in ebd. eine Betrachtung verschiedener Ansätze zur Definition des Begriffs der sozialen Rolle. „Der Mensch als ‚homo sociologicus‘ [...] [beschreibt dabei] die hohe Bedeutung von sozialer Gemeinschaft für die menschliche Existenz [...].“ Kneidinger (2013), S. 26.

[358] Vgl. Linton (1936); Röhl (1987), S. 310.

[359] Vgl. Turner (2001), S. 233.

[360] Brandt (2016), S. 67, im Original durch Aufzählungszeichen und im Kästchen hervorgehoben; vgl. Parsons (1951).

[361] Brandt (2016), S. 67, im Original durch Aufzählungszeichen und im Kästchen hervorgehoben; vgl. Merton (1957), S. 110 f.

[362] Vgl. Dahrendorf (2006), S. 37; vgl. auch Brandt (2016), S. 67.

[363] Vgl. Wolf et al. (2020), S. 312.

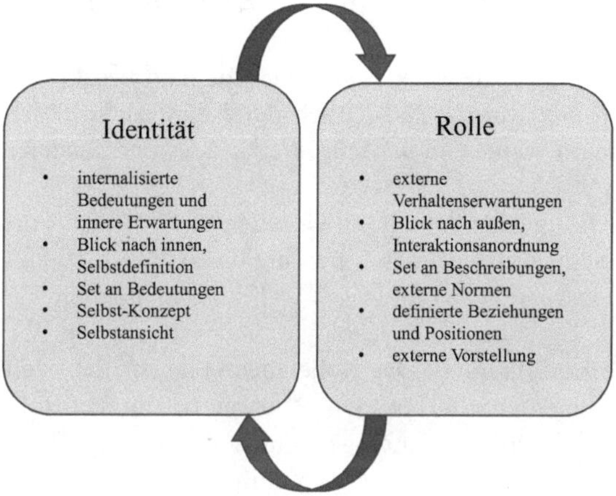

Abbildung 2.16 Identität und Rolle. (In Anlehnung an Wolf et al. (2020), S. 315)[364]

Als Theorien bezüglich der Identität kann auf die Identity Theory sowie die Social Identity Theory und Forschungen hierzu aufmerksam gemacht werden.[365]

In der vorliegenden Arbeit wird sich auf die Bedeutung der Rolle im Unternehmen, speziell im Controlling fokussiert.

Prinzipiell kann als Rolle in der Betriebswirtschaftslehre ein Erwartungs-Set, gerichtet an einen Mitarbeiter, bezeichnet werden.[366] Verhaltenserwartungs-Sets und entsprechende Vorstellungen in der beruflichen Umgebung bestimmen wesentliche Verantwortungs- und Aufgabenfelder.[367] „Ein Unternehmen kann […] als ein sich aus komplementären Rollen bestehendes System verstanden werden. Die verschiedenen Rollen stehen immer in Bezug zueinander."[368] Anforderungen einer Rolle sind jedoch oftmals mit Widersprüchlichkeiten und uneindeutigen Erwartungen verbunden. Zudem können Stelleninhaber im Unternehmen Träger verschiedener Rollen sein.[369] Um in diesem Kontext eine theoretisch fundierte Basis der Dissertation zu schaffen, dient die Rollentheorie.

[364] Grafik mit Formatierungsanpassungen nachgestellt und Inhalte stichpunktartig und übersetzt übernommen aus ebd., S. 315.

[365] Vgl. Stets/Burke (2000); Rieg (2018), S. 190.

[366] Vgl. Goretzki/Weber (2010), S. 164.

[367] Vgl. Reiber (2013), S. 10.

[368] Goretzki/Weber (2010), S. 164.

[369] Vgl. Reiber (2013), S. 10 f.

2.4.2 Rollentheorie als theoretische Grundlage

Die Ursprünge der Rollentheorie liegen wie oberhalb beschrieben in den Sozialwissenschaften und wurden maßgeblich durch die Werke der Forscher *Mead*, *Linton* sowie durch weitere literarische Werke wie unter anderem *Parsons* und *Merton* geprägt.[370]

In den darauffolgenden Jahren entwickelten sich diverse Forschungsansätze zur Rollentheorie, welche oftmals „Beschreibungssätze" darstellten und einen „Systematisierungscharakter" vorwiesen – Ein sehr etablierter Ansatz stammt jedoch aus der Organisationspsychologie und ist auf die Werke von *Katz* und *Kahn* zurückzuführen.[371] Die Rollentheorie nach ebd. stellt heraus, dass Individuen im Unternehmen für eine Position bestimmte Rollen einnehmen, welche geprägt von Rollenerwartungen ihrerseits und des Rollensenders sind. Hierdurch wird maßgeblich ihr Verhalten in der Organisation beeinflusst.[372] *Katz* und *Kahn* entwickelten zudem ein Rollenmodell zur Beschreibung des Rollenprozesses, welches heutzutage beispielsweise als wesentliche Grundlage betriebswirtschaftlicher, rollentheoretischer Fragestellungen verwendet wird.[373]

Das Rollenmodell stellt die Kommunikation von Rollenerwartungen des Rollensenders an den Rollenempfänger dar. Das Verhalten des Rollenempfängers soll hierdurch gelenkt werden. Persönlichkeitsfaktoren vom Rollenempfänger beeinflussen hierbei die Interpretation der übermittelten Rollenerwartung. Einflussfaktor auf das Empfängerverhalten ist zudem die interpersonale Beziehung der Rollenakteure. Weitere Einflüsse auf den Rollenprozess haben außerdem Organisationsfaktoren und hierunter *der Einsatz technologischer Entwicklungen im Unternehmen*.[374] Dies kann in Bezug auf die vorliegende Arbeit wie folgt dargestellt werden (Abbildung 2.17):

---

[370] Vgl. Heuring/Petzold (2005) S. 12; Sesen (2015), S. 139; Brandt (2016), S. 67. Siehe Mead (1934); Linton (1936); Parsons (1951); Merton (1957); Siehe für eine Aufzählung weiterer literarischer Werke zur Rollentheorie Heuring/Petzold (2005) S. 12 ff.

[371] Vgl. Brandt (2016), S. 72. Siehe für eine terminologische Aufführung der Forschungsansätze zur Rollentheorie vergangener Jahre ebd. S. 65 ff., für das Rollenmodell Katz/Kahn (1978).

Siehe für die Begriffe „Beschreibungssätze" und „Systematisierungscharakter" Brandt (2016), S. 72 und in ebd. genannte betreffende Autoren hierzu.

[372] Vgl. Katz/Kahn (1978), S. 190 ff.

[373] Vgl. Goretzki/Weber (2010), S. 164 f.

[374] Vgl. Ebd.

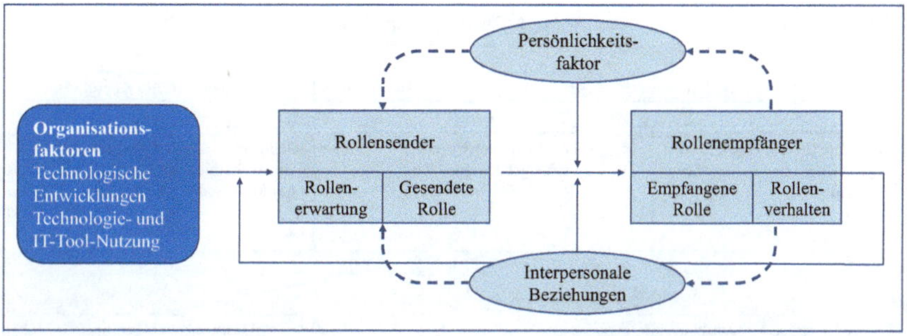

Abbildung 2.17 Rollentheoretisches Modell unter Einfluss technologischer Entwicklungen. (In Anlehnung an Katz/Kahn (1978), S. 196; David (2005), S. 80; Goretzki/Weber (2010), S. 164)[375]

Anhand des Rollenmodells kann die Rollenerwartung und -wahrnehmung des Senders und Empfängers, das Verhalten der Rollenakteure sowie der digitale Einfluss auf den Rollenprozess analysiert werden.[376] Von zentraler Bedeutung ist im Rahmen der Rollentheorie zudem die Betrachtung von Rollenkonflikten.[377] *Dementsprechend dient die Rollentheorie als theoretische Basis zur Beantwortung gestellter Forschungsfragen der vorliegenden Arbeit.*

Rollenkonflikte können prinzipiell in Inter-Rollenkonflikte, Intra-Rollenkonflikte und Personen-Rolle-konflikte unterschieden werden. Wobei die Bezeichnung Intra-Rollenkonflikt in der Literatur als Überbegriff für Intersender-Konflikte und Intrasender-Konflikte verwendet wird.[378] Folgende Grafik soll einen Überblick der genannten Rollenkonflikte darstellen (Abbildung 2.18):

---

[375] In Anlehnung an Katz/Kahn (1978), S. 196; David (2005), S. 80; Goretzki/Weber (2010), S. 164. Inhalte fast vollständig wörtlich übernommen aus Goretzki/Weber (2010), S. 164.

[376] Vgl. David (2005), S. 79 ff.; Goretzki/Weber (2010), S. 165.

[377] Vgl. Wiswede (1977), S. 115.

[378] Vgl. Ebd. S. 117; Heuring/Petzold (2005) S. 29.

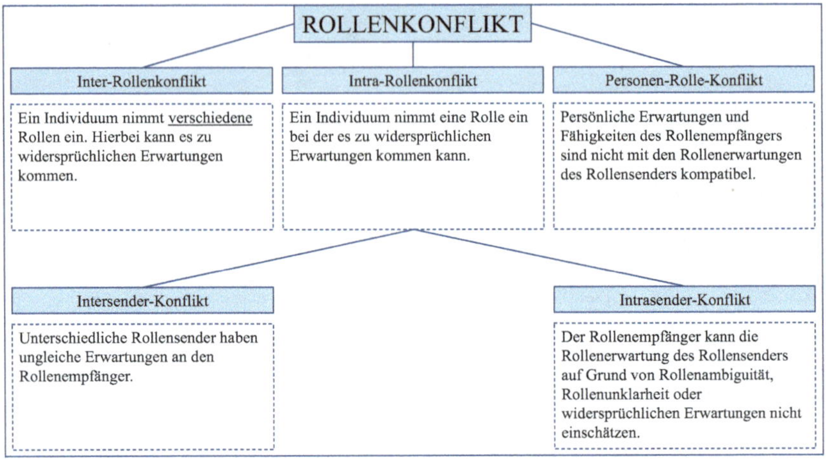

Abbildung 2.18 Überblick Rollenkonflikte. (In Anlehnung an Wiswede (1977), S. 117)[379]

Im Rahmen der vorliegenden Arbeit werden die Rollen im Management-Reporting-Prozess anhand einer Online-Umfrage verschiedenen Betrachtungsweisen unterzogen. Die Beurteilung bezieht sich auf mögliche Rollenkonflikte zwischen dem Controller als Rollenempfänger und dem Manager als Rollensender.

1. Der Controller soll hierzu seine tatsächlich eingenommenen Rollen, seine gewünschte/erwartete Rolleneinnahme, sowie seine Einschätzung der vom Management erwarteten Rolleneinnahme des Controllers angeben.
2. Der Manager soll hierzu einerseits die eingenommenen Rollen des Controllers einschätzen, andererseits seine Erwartungen der vom Controller einzunehmenden Rollen angeben.[380]

[379] Grafik in Anlehnung an Wiswede (1977), S. 117; vgl. inhaltliche Ausführungen mit ebd. S. 115 ff.; Heuring/Petzold (2005) S. 29 f.; Goretzki/Weber (2010), S. 165.

[380] Die Befragungsschwerpunkte der Aufzählungspunkte eins und zwei sind angelehnt an Rieg/Ulrich/Finckh (2022).

Als Resultat können tatsächlich eingenommene, erwartete sowie wahrgenommene Rollen im Management-Reporting-Prozess gegenübergestellt und Rollenkonflikte identifiziert werden.[381]

Neben rollentheoretischen Grundlagen ist zur Beantwortung der Forschungsfragen zudem eine sinnvolle Erfolgsmessung herauszuarbeiten. Eben dies erfolgt in folgendem Abschnitt.

2.5 Erfolgsmessung

Bei der Erfolgsmessung wird sich zur Leistungsbemessung des Management Reportings auf den Begriff Performance fokussiert. „Performance is a notion […] used to assess the quality of individual and collective efforts […].“[382]

Zur Erläuterung der Vorgehensweise der Erfolgsmessung dieser Arbeit, werden in den folgenden Abschnitten finanzielle/nicht-finanzielle Erfolgsmessungen sowie objektive/subjektive Erfolgsmaße behandelt. Durch die Inbezugnahme internationaler Studien werden hierbei die Themenschwerpunkte zeitgemäßer Forschungen zum Thema Erfolgsmessung von Unternehmen und im Management Accounting aufgezeigt.

2.5.1 Finanzielle/nicht-finanzielle Erfolgsmessung

> „[…] [T]he level of performance a business attains is a function of the efficiency and effectiveness of the actions it undertakes[] […].“[383]

Erfolgsmessungen beziehen sich im Kontext ökonomischer Fragestellungen gerne auf die Zieldimensionen Effektivität (Zielerreichungsgrad) und/oder Effizienz (ressourcensparsam).[384] Der Erfolg oder auch engl. Performance kann dabei als zweidimensionales Konstrukt beschrieben werden, welches neben finanziellen auch aus nicht-finanziellen Leistungen besteht.[385] Als allgemeine finanzielle Messgrößen der Unternehmensperformance werden beispielsweise das Umsatz-

[381] Vgl. Ebd.

[382] Micheli/Mari (2014), S. 147. Ebd. bezieht sich auf Corvellec (1997).

[383] Neely/Gregory/Platts (2005), S. 1229, im Original nicht mittig formatiert.

[384] Vgl. Bachmann (2007), S. 90.

[385] Vgl. Chenhall (2003); Cadez/Guilding (2008), S. 17; Kludacz-Alessandri (2020), S. 228.

oder Gewinnwachstum, der Chashflow, die Eigenkapitalrendite, der Marktanteil, Vermögensrendite etc. herangezogen. Hierdurch kann sich der Kosten, Ressourcen und Rentabilitätsbewertung angenommen werden.[386] Eine nicht-finanzielle Leistungsbemessung erfolgt beispielsweise anhand von Indikatoren wie die Kundenzufriedenheit, Qualität der Leistung, innovative Performance, neue Produktangebote, Mitarbeiterzufriedenheit usw.[387] Im Kontext finanzieller und nicht-finanzieller Perspektiven lässt sich unter anderem auf die BSC (Balanced Scorecard) verweisen.[388]

Das Grundgerüst der BSC kann wie folgt dargestellt werden (Abbildung 2.19):[389]

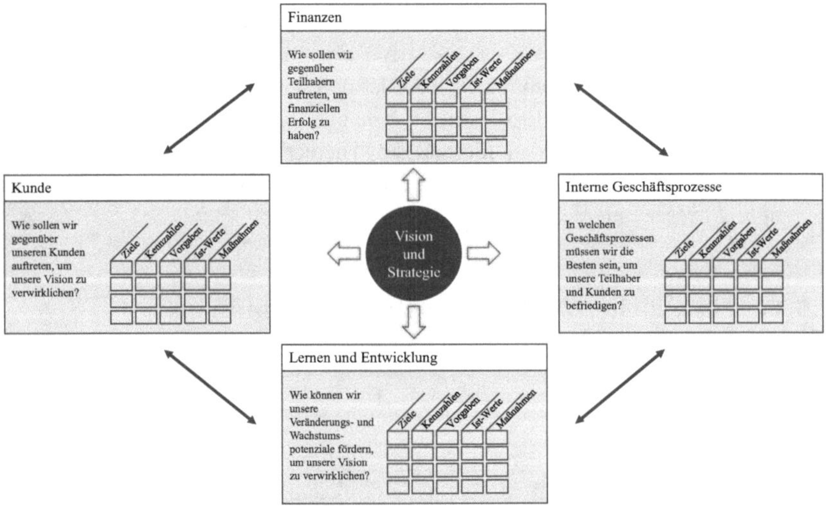

Abbildung 2.19 Grundgerüst Balanced Scorecard. (In Anlehnung an Baum/Coenenberg/Günther (2013), S. 417)[390]

[386] Vgl. Alamri (2019), S. 222; Kludacz-Alessandri (2020), S. 228.

[387] Vgl. Alamri (2019), S. 222; Kludacz-Alessandri (2020), S. 228 f.

[388] Vgl. Phornlaphatrachakorn/Na-Kalasindhu (2020), S. 310; Mio/Costantini/Panfilo (2022), S. 368.

[389] Vgl. Kaplan/Norton (1996), S. 76; Baum/Coenenberg/Günther (2013), S. 417.

[390] Grafik mit Formatierungsanpassungen nachgestellt und Inhalte wörtlich übernommen aus Baum/Coenenberg/Günther (2013), S. 417. Vgl. zur Grafik auch Kaplan/Norton (1996), S. 76.

Die BSC als „[e]ines der wohl bekanntesten Performance-Measurement-Systeme […]“[391], soll dazu beitragen über ein Unternehmen als Ganzes, oder heruntergebrochen auf die jeweilig zu betrachteten Interessensbereiche, einen ganzheitlichen Überblick zu erlangen.[392] Die BSC als Kennzahlensystem ist auf den Beginn der 90er Jahre zurückzuführen[393] und stammt von *Kaplan* und *Norton*.[394] Die BSC wurde zudem in den Folgejahren bezüglich strategischer Aspekte (wie in der obenstehenden Grafik dargestellt) weiterentwickelt und ist gegliedert in vier Bereiche: Die Finanz-, Prozess-, Kunden-, Lern- und Entwicklungsperspektive. Diese lassen sich entsprechend des zu bearbeitenden Kontexts anpassen.[395] Die BSC „[…] ermöglicht es [hierbei], einzelne Ziele, Projekte und Maßnahmen an den strategischen Unternehmenszielen zu orientieren und im Rahmen der strategischen Kontrolle Fortschritte […] messbar zu machen.“[396]

Die BSC wird dementsprechend neben beispielsweise KPI (Key Performance Indicators)[397] und Benchmarking[398] bei der Erreichung festgelegter Ziele, auch im Rahmen von Management-Control-Systemen[399], eingesetzt. Im Kontext des Management Accounting-Erfolgs fokussierten sich zudem Studien auf die Kostenmanagementpraktiken ABC (Activity Based Costing)/ABM (Activity Based

[391] Sill (2008), S. 43.

[392] Vgl. Kaplan/Norton (1992); Kaplan/Norton (2006); Becker/Baltzer/Ulrich (2014), S. 150; Lueg/Vu (2015), S. 307 f.

[393] Vgl. Baltzer (2013), S. 166; Mio/Costantini/Panfilo (2022), S. 368.

[394] Siehe Kaplan/Norton (1992), S. 72 für eine grafische Darstellung der BSC „[…] zunächst als ausgewogenes.

Kennzahlensystem […]“ Baltzer (2013), S. 166.

[395] Vgl. Kaplan/Norton (1992); Kaplan/Norton (2006); Lueg/Vu (2015), S. 307 f. Siehe in ebd. auch Erläuterungen zu den strategischen Verknüpfungen der BSC.

Kaplan/Norton bezeichnen in Ihrem Werk 1992, S.72 die Perspektiven wie folgt: „Financial Perspective“, „Customer Perspecive“, „Internal Business Perspective“, „Innovation and Learning Perspective“. Direkte Zitate.

[396] Becker/Baltzer/Urlich (2014), S. 150.

[397] KPI können als quantifizierbare Messgrößen zur Erfolgsmessung kritischer Faktoren beschrieben werden. KPI können auch im Rahmen einer BSC verwendet werden. Vgl. Gries/Restrepo (2011), S. 531. Vgl. beispielsweise die Case Study von Sari et al. (2022), S. 60.

[398] Für den Begriff Benchmarking existieren diverse Definitionen. Gerne wird hierbei auf Camp (1989) verwiesen. Vgl. Anand/Kodali (2008), S. 258. Eine der Definitionen nach Camp (1989) lautet wie folgt: „*Benchmarking is the search for industry best practices that lead to superior performance.*“ Camp (1989), S. 12, im Original mit Texteinzug formatiert.

[399] MCS können anhand diverser Begrifflichkeiten beschrieben werden. Vgl. Siska (2015), S. 142. Siska (2015) nimmt sich diesem Thema in Bezug auf das Performance Measurement an. Dementsprechend soll an dieser Stelle auf ebd. Arbeit verwiesen werden.

Management). Durch Einsatz von ABC/ABM können unter anderem die Effizienz sowie Effektivität der Ressourcennutzung bewertet werden.[400] Bereits *Cinquini* und *Mitchell* untersuchten die Erfolgsmessung anhand von ABC/ABM und stellten heraus, dass die **Erfolgsbeurteilung im Management Accounting** durch ein Profil von Nachweisen als sinnvoll erscheint.[401] Als ABC/ABM-Erfolgsnachweise wurden von eben diesen Meinungen der Teilnehmer zum Erfolg, Bedingungen für den Erfolg, finanzieller Nutzen der Information, Vorhandensein der Information, Erreichen der Ziele, Verbesserung der bestehenden Information und Nutzung und Auswirkung der Information, aufgezählt. Nach *Cinquini* und *Mitchell* zeigen die jeweiligen Nachweise einzeln betrachtet Schwächen bei der Erfolgsbewertung auf. Ausschließlich die Kostenperspektive kann nicht nur als Indiz auf einen Erfolg, sondern als eine direkte Erfolgsmessung angesehen werden. Da in der Praxis eine vollumfänglichen Kosten-Nutzenbestimmung kaum durchzuführen ist, ist es jedoch sinnvoll in Kombination auch nicht-finanzielle Nachweise einzubeziehen.[402]

> „Non-financial indicators are considered to be more forward-looking, better able to predict future performance, more adequate to measure intangible assets and less subject to manipulation than financial metrics.“[403]

Die Notwendigkeit der Verwendung finanzieller sowie nicht-finanzieller Aspekte könnte auf die vorliegende Arbeit übertragen werden, wobei bei einer Betrachtung des Sachverhalts im Management Reporting eher oberhalb beschriebene nicht-finanzielle Indikatoren als sinnvoll erscheinen.[404] Eine Betrachtung von Finanzkennzahlen heruntergebrochen auf das Management Reporting erscheint als nicht besonders aussagekräftig, da die Betrachtung der Technologie- und IT-Tool-Nutzung auf den Erfolg nicht von finanziellen Möglichkeiten größerer Unternehmen verzerrt werden soll.[405] Das EBITDA und der Umsatz als finanzielle Kennzahlen und die Erfassung der Mitarbeiterzahl, wie in Kapitel zwei (*Abschnitt 2.5.4*) dargelegt, ermöglichen jedoch die Darstellung der Unternehmenscharakterisierung der Onlineumfrage.

---

[400] Vgl. Nuhu/Baird/Bala Appuhamilage (2017), S. 111 f. Siehe in ebd. S. 114 ff. die Aufführung weiterer Kostenmanagementpraktiken.

[401] Vgl. Cinquini/Mitchell (2005), S. 63.

[402] Vgl. Ebd. 74 f. Die Aufzählung der Nachweise von Ebd. S. 74 wurde wörtlich übersetzt.

[403] Dossi/Patelli (2010), S. 501.

[404] Vgl. die Ausführungen des vorliegenden Kapitels zwei (*Abschnitt 2.5.1*).

[405] Vgl. die Ausführungen des Kapitels zwei (Abschnitt 2.5.3.) und Lausberg/Hoffmann (2019), S. 54.

Eine Betrachtung aus verschiedenen Perspektiven heraus wird im Rahmen der vorliegenden Arbeit als wichtig angesehen, somit soll sich unter Anpassungen auf die BSC bezogen werden. In Kapitel zwei (*Abschnitt 2.5.3*) erfasste Themenlisten zur Onlineabfrage lassen sich dabei als nicht-finanzielle Erfolgsmessung eingruppieren.

Ein detaillierter Management-Reporting-Vergleich ähnlicher Unternehmen könnte zudem in weiterführenden Studien beispielsweise anhand von KPIs oder speziell bezüglich der Ressourcennutzung anhand einer Analyse der ABC/ ABM Ergebnisse der Unternehmen erfolgen. Dieses Vorgehen zeigt sich jedoch thematisch zu ausschweifend und auf Grund der gewünschten großen Stichprobenanzahl der vorliegenden Dissertation als zu umfangreich.

„Studies in performance measurement have often focused on procedures and tools that could improve the efficiency and the effectiveness of organizations [...].“[406] Die Betrachtung von Werkzeugen, Instrumenten und auch Techniken bei der Erfolgsmessung kann als gängig angesehen werden.[407] Das Vorgehen ist auch im Rahmen der vorliegenden Arbeit vorzufinden.[408]

Auf Grund der dargestellten uneinheitlichen Definition des Erfolgs kann ein gewisser Grad an Freiheit bei der Bewertung dessen erfolgen. Die Erfolgsmessung soll dementsprechend auf die jeweilige Zielsetzung der Forschung angepasst und erlaubt werden unter anderem eine direkte Befragung der Probanden nach deren Erfolgswahrnehmung vorzunehmen.[409]

---

[406] Micheli/Mari (2014), S. 148.

[407] Vgl. Ebd. Sowie obenstehende Ausführungen des vorliegenden Kapitels der Arbeit.
Vgl. auch Sill (2008), S. 203: Ebd. beschäftigte sich in Ihren Ausführungen mit englischsprachiger Literatur zum Thema Controlling. Bereits sie stellte hierbei fest, dass internationale Studien ihren Fokus der Bewertung im Management Accounting auf Techniken, Instrumente sowie Werkzeuge legen, was bis heute unverändert zu sein scheint. Zudem stellte sie einen Mangel deutscher Studien im Bereich der Controllerbereichs-Erfolgs-Forschung fest. Sill (2008) stellte in Ihrer Arbeit neben Mängel bisheriger Forschungen zum Themenbereich, Lösungen zur Eliminierung dieser vor, welche sich zur Abfrage im Rahmen dieser Arbeit zusätzlich zum Themenschwerpunkt Management Reporting als zu umfangreich gestalten.

[408] Vgl. Kapitel zwei (*Abschnitt 2.5.3*) der vorliegenden Arbeit.

[409] Vgl. Shields (1995); Nuhu/Baird/Bala Appuhamilage (2017), S. 111 f.

2.5.2 Objektive/subjektive Erfolgsmaße

Methodisch betrachtet können Erfolgsbewertungen objektive sowie subjektive Maße enthalten. Diese werden wie folgt unterschieden:[410] Objektive Maße „[...] beinhalten wert- und mengenmäßige Indikatoren oder empirisch verifizierbare Fakten [...].“[411] Subjektive Maße „[...] betreffen Einschätzungen, Präferenzen, Wertungen oder nicht zählbares Verhalten. Hierzu gehören bspw. die Bewertung der Wettbewerbsfähigkeit oder individuelle Leistungseinschätzungen.“[412]

Anhand der subjektiven Messansätze lässt sich dementsprechend ergänzend zu objektiven Maßen eine individuelle Erfolgsbeurteilung der Probanden abfragen.[413] Dies basiert „[...] auf der Erhebung des subjektiv wahrgenommenen Zielerreichungsgrades der zu Grunde gelegten Erfolgskriterien[]“[414] und kann beispielsweise anhand einer Ranking-Skala als numerische Größe bzw. Größen anschaulich gemacht werden.[415] Im Rahmen der vorliegenden Arbeit wird sich dementsprechend an objektiven sowie subjektiven Erfolgsmaßen bedient. Neben objektiven Kennzahlen des Unternehmens müssen subjektive Einschätzungen der Controller und Manager erfolgen, da sich dies beispielsweise zur Bestimmung etwaiger Rollenkonflikte als unerlässlich darstellt.[416] Eine ausschließlich an objektiven Maßgrößen ausgerichtete Bewertung würde die beschriebene Möglichkeit individueller Wertungen und Einschätzungen der zu befragenden Probanden sowie Bewertungen für die keine wert- bzw. mengenmäßigen Größen existieren ausschließen.

2.5.3 Messung des Management-Reporting-Erfolgs

Bezüglich der Erfolgsmessung nach den Dimensionen Effizienz sowie Effektivität mit Grundlage der wertschöpfungsorientierten Controlling-Konzeption erarbeitete

---

410 Vgl. Bachmann (2007), S. 90.

411 Ebd. S. 90.

412 Ebd. S. 90 f.

413 Vgl. Ebd.

414 Steinhoff (2008), S. 6.

415 Vgl. Ebd.

416 Vgl. in Kapitel zwei (*Abschnitt 2.4*) der vorliegenden Arbeit Rollenkonflikte.

bereits *Baltzer* eine Ansatzübersicht zur Beurteilung des Erfolgs im Controlling bzw. von Controlling-Instrumenten[417] gegliedert anhand verschiedener Betrachtungsperspektiven. Hierzu erfolgte in seinen Forschungen eine strukturelle Nutzung des Performance-Measurement-Systems von der global etablierten Balanced Scorecard (BSC),[418] welche in den Bezeichnungen der Perspektiven umbenannt wurde. Als Betrachtungsperspektiven stellte *Baltzer* zur Bemessung der Effektivität abnehmerorientierte Ansätze vor. Zur Bemessung der Effizienz werden jeweils kosten-, ressourcen- und prozessorientierte Ansätze aufgeführt. Da es in der vorliegenden Arbeit nicht um die Einarbeitung verschiedener Ansätze geht, wird der Begriff **Perspektiven** der BSC beibehalten, somit ergibt sich eine Kosten-, eine Ressourcen-, eine Prozess- sowie eine Abnehmerperspektive.[419]

Im Rahmen dieser Dissertation die Ausführungen von *Baltzer* zu fokussieren, erfolgt aus folgenden drei Gründen:

- Erstens beschäftigte sich auch *Baltzer* in seinem Werk mit Erfolgsbeurteilungen im Controlling-Bereich und macht die Bedeutsamkeit von Betrachtungen des Controlling-Bereichs anhand verschiedener Perspektiven deutlich. Hierbei werden Probleme von Erfolgsbeurteilungen wie beispielsweise der Schwierigkeit von Zurechnung von Erlösen auf den Controlling-Bereich etc. behandelt und anhand von Anpassungen Perspektiven erstellt, die im Controlling-Bereich sinnvoll abgefragt werden können.[420] Für das im Controlling-Bereich liegende Management Reporting erscheinen die Ausführungen daher optimal handhabbar. Wobei nicht wie in *Baltzer* auf verschiedenen Perspektiven zugeordnete Ansätze der Erfolgsbewertung eingegangen wird, sondern die Beschreibungen innerhalb der einzelnen Perspektiven dazu genutzt werden begriffliche Abgrenzungen für eine schnelle und einfache Probandenbefragung zu definieren.
- Zweitens verwendet auch *Baltzer* die wertschöpfungsorientierte Controlling-Konzeption als Grundlage seiner Ausführungen.[421]

---

[417] „Der Terminus Instrument wird […] teils als Oberbegriff, teils als Synonym für die Begriffe Methode, Verfahren, Technik, Modell, System, Tool und Applikation gebraucht." Baltzer (2013), S. 63.

[418] Vgl. Ebd. S. 165 ff.

[419] Vgl. Ebd. S. 168 u. S. 173 f. Vgl. Ebd. S. 167 f. für Erläuterungen zur Perspektivenumformulierung von Finanz- zur Kosten-, von Lernen/Entwicklung zur Ressourcen- und von Kunden- zur Abnehmerperspektive.

[420] Vgl. Ebd. S. 163 ff.

[421] Vgl. Baltzer (2013).

- Drittens: *Baltzer* geht in seinen Forschungen zudem auf die IT-Unterstützung für Controlling-Instrumente ein.[422] Es werden beispielsweise „[…] Controlling-relevante Anwendungsprogramme als **Controlling-Werkzeuge** […] [bezeichnet und erhalten] den Status eines eigenständigen Elements innerhalb von Controlling-Konzeptionen […].“[423] Controlling-Werkzeugen werden hierbei eine Enabler-Funktion (sinnvoller Einsatz von Instrumenten), Limiter-Funktion (Umkehrung genannter Enabler-Funktion) und Driver-Funktion (Anregung der Entwicklung von neuen Instrumenten) zugesprochen.[424] Anders ausgedrückt bedeutet dies, dass die IT dazu dient Controlling-Instrumente wie beispielsweise Abweichungsanalysen, Berichtswesen, Investitionsrechnungen etc. zu unterstützen.[425] Wie in den vorherigen Kapiteln erläutert, kann Management Reporting auch ohne diese Technologien und IT-Tools erfolgen, diese dienen jedoch der Vereinfachung und Optimierung.[426] Dementsprechend werden auch im Rahmen der vorliegenden Arbeit behandelte Technologien und zugehörige IT-Tools als Controlling-Werkzeuge angesehen.[427] Die Arbeit von *Baltzer* erweist sich hierbei als ein optimales Denkgerüst.

Die Ausführungen von *Baltzer* werden im Rahmen der vorliegenden Arbeit zur Beschreibung bzw. Definition der verschiedenen Themen verwendet. Für den Fragebogen wird sich am Themenkatalog von ebd. bedient. Für die vorliegende Umfrage wird sich dabei hauptsächlich auf die Ressourcenperspektive (immateriell), die Prozess- und Abnehmerperspektive fokussiert. Die Kostenperspektive ist im Zusammenhang der zu behandelnden Thematik nicht besonders aussagekräftig, da durchaus davon ausgegangen werden kann, dass Unternehmen die finanziell besser aufgestellt sind, voraussichtlich auch mehr in Reporting sowie Technologien und IT-Tools investieren als Unternehmen, welche finanziell

[422] Vgl. Ebd. S. 76.

[423] Ebd. S. 76.

[424] Vgl. Ebd.; Vgl. auch Hess (2002), S. 50 f. In Befragungen (N = 95) wurden Controlling-Werkzeuge zudem von manchen Probanden auch als wichtiges Controlling-Instrument betitelt. Vgl. Baltzer (2013), S. 128 f.

[425] Vgl. Hess (2002), S. 51; Baltzer (2013), S. 76; vgl. zur Aufzählung von Controlling-Instrumenten ebd. S. 128 f.

[426] Vgl. Ebd., S. 75. „Durch die reine IT-Umsetzung entstehen jedoch keine neuen Controlling-Instrumente, da die zu Grunde liegende Methodik der Datentransformation nicht verändert wird.“ Ebd. S. 75.

[427] Vgl. Baltzer (2022), S. 92.

einen schlechteren Standpunkt einnehmen.[428] Dementsprechend kann diese im folgenden Vorgehen vernachlässigt werden.

Die Probanden werden im Rahmen der Umfrage gebeten den Management-Reporting-Erfolg unter Einsatz von Technologien und IT-Tools anhand aufgeführter Themenbereiche durch Nutzung einer Skala von 1 = schlechteste Note (Starke Verschlechterung) bis 5 = beste Note (Starke Verbesserung) zu bewerten. Genauere Beschreibungen der Onlineumfrage sind dem Kapitel fünf zu entnehmen. Angelehnt an Baltzer lassen sich die Themenbereiche wie folgt beschreiben:[429]

1. Unter der **Ressourcenperspektive**[430] (finanziell, materiell, immateriell, organisatorisch)[431] wird sich im Rahmen der vorliegenden Arbeit thematisch passend auf moderne Qualifikation/Fähigkeiten/Kompetenzen der Aufgabenträger im Management Reporting (immateriell) bezogen.[432]
2. Anhand der **Prozessperspektive**[433] wird die Prozessqualität[434] beurteilt. Hierunter werden im Rahmen der vorliegenden Arbeit die Maßgrößen Zeitersparnis, Arbeitsentlastung, Transparenz, Klarheit der IT-Nutzung und Rollentätigkeit sowie Kommunikation verstanden.[435]

---

428 Beispielsweise Lausberg/Hoffmann (2019), S. 54 zeigen anhand ihrer Interviewauswertung bei größeren Unternehmen häufiger Digitalisierungsstrategien und auch ein Extra-Digitalisierungsbudget auf als bei Kleineren.

429 Vgl. folgende Aufzählung mit den Ausführungen zur Erfolgsmessung von Baltzer (2013).

430 Im Rahmen der Ressourcenperspektive wird sich an die Definitionen bezogen auf den „Resource-based View“, erläutert in Baltzer (2013), S. 195 ff., vorliegend jedoch im Kontext auf das Management Reporting, angelehnt.

431 Es können „[...] materielle, immaterielle, finanzielle sowie organisationale Ressourcen unterschieden[]“ werden. Ebd., S. 196. Vgl. David (2005) zum Thema Ressourcen und Controllerbereich.

432 Vgl. Baltzer (2013), S. 196 ff. Vgl. Ebd. auch für Erläuterungen zu strukturellen, prozessualen sowie kulturellen Abstimmungen.

433 Im Rahmen der Definition der Prozessperspektive wird sich -unter Veränderungen- an den „**Fragenkatalog zur Bestimmung der Prozessqualität**“ Baltzer (2013), S. 210 angelehnt.

434 Unter Prozess wird im Rahmen der Arbeit der Management-Reporting-Prozess verstanden. Baltzer (2013), S. 208 bezieht sich auf Ausführungen in Meyer/Mattmüller (1987), S. 190 zu *Donabedian* bezüglich der Qualitätsbestimmung von Dienstleistungen.

435 Vgl. Baltzer (2013), S. 210.

3. Die **Abnehmerperspektive**[436] bezieht sich im Rahmen der vorliegenden Arbeit auf die Maßgrößen Ergebnisqualität, Informationsverwendung, Zufriedenheit und Nutzeneffekt.[437] Hierbei erfolgt eine detailliertere Abfrage der einzelnen Maßgrößen: Als Ergebnisqualität wird die Informationsgüte[438] anhand von Aussagen zum Umfang, passende Informationsmenge, Darstellungsform/Verständlichkeit, Realitätsnähe/Objektivität, Genauigkeit/Fehlerfreiheit, Plausibilität, Widerspruchsfreiheit und Aktualität überprüft.[439] Bei der Informationsverwendung wird sich auf die Verwendung von Informationen zur Entscheidungsfindung und Problemlösung, Entscheidungssicherheit, Handlungskontrolle und Erkennen von Zielabweichungen, Schaffen von Verständnis und das Herausstellen von Zusammenhängen, Durchsetzung von Positionen/Meinung, Begründung und Demonstration getroffener Entscheidungen, fokussiert.[440] Die Zufriedenheit wird anhand von Bewertungen zur Idealvorstellung und Erwartungserfüllung der Informationsempfänger ermittelt.[441] Letztlich werden die Probanden gebeten separat den Nutzeneffekt der Technologien und IT-Tools zu bewerten.[442]

[436] Die Abnehmerperspektive wird begrifflich direkt mit den in Baltzer (2013), S. 212 ff. genannten Ansätzen definiert.

Nach Ebd. S. 211 ist diese Perspektive auf die Rolle des Informationsempfängers zu beziehen, welchen Baltzer mit dem Begriff interne Kunden betitelt.

[437] Vgl. Baltzer (2013), S. 212.

[438] Vgl. Homburg et al. (1998), S. 28; Baltzer (2013), S. 212.

[439] Vgl. Bauer (2003), S. 119; Fragenkatalog in Baltzer (2013), S. 216. Bauer verweist auf folgende Kriterien: „[...] *Objektivität, Relevanz, Richtigkeit, Aktualität, Genauigkeit, Konsistenz, Plausibilität* und die Art und Weise der *verständlichen Aufbereitung*." Bauer (2003), S. 119, im Original durch Aufzählungszeichen hervorgehoben. Ebd. bezieht sich hierbei auf die Ausführungen von Weißenberger (1997), S. 35.

[440] Vgl. Fragenkatalog in Baltzer (2013), S. 220. In seiner Ausarbeitung wurde auf die Ausführungen von Steiners (2005) eingegangen. „*Steiners* unterscheidet zunächst zwischen einer Informationsverwendung zum Lernen und zur Durchsetzung und dann jeweils zwischen einer unmittelbaren Verwendung ex ante, einer unmittelbaren Verwendung ex post sowie einer mittelbaren Verwendung." Baltzer (2013), S. 218.

[441] Vgl. Fragenkatalog in Ebd. S. 224.

[442] Vgl. Ebd. 228. Vgl. in ebd. eine exemplarische Nutzeneffektkette.

2.5.4 Kennzahlen

Im Rahmen der allgemeinen Unternehmensangaben sollen unter anderem die Finanzkennzahlen EBITDA und Umsatz abgefragt werden. Zudem wird die Mitarbeiterzahl im Unternehmen einbezogen.

1. Zum einen wird die „operative Gewinngröße" EBITDA der Unternehmen betrachtet. Die Kennzahl ermöglicht die Fokussierung gezielt auf die in einem Unternehmen erbrachte operative Ertragskraft.[443]

    → „Das EBITDA, Akronym für ‚earnings before interest, taxes, depreciation and amortization', zeigt das sogenannte Bruttoergebnis vor den Strukturkosten aus Investitionen und Finanzierung. Hier werden weder die Finanzierungskosten noch die regulären oder außerordentlichen Abschreibungen auf materielle Vermögensgegenstände […] oder immaterielle Vermögensgegenstände abgezogen."[444]

    Eine unterschiedliche Abschreibungspolitik der Unternehmen kann hierdurch beim Vergleich dieser ausgeglichen werden.[445] Auf Grund möglicher weiterer Verzerrungen durch hierbei mögliche unterschiedliche Vorgehensweisen wird sich im Rahmen der vorliegenden Arbeit nicht auf das bereinigte EBITDA bezogen.[446]
2. Zum anderen wird die Größe des Unternehmens dargestellt. Hierzu werden die gängigen Maßgrößen Umsatz[447] und Mitarbeiterzahlen verwendet.[448]

Genauere Aufführungen zum Umfragebogen sind in Kapitel fünf sowie im Anhang enthalten.

---

443 Vgl. Binder/Högsdal (2017), S. 58 f.; vgl. auch Moro-Visconti (2022), S. 199.

444 Binder/Högsdal (2017), S. 59, vgl. auch Moro-Visconti (2022), S. 199.

445 Vgl. Heising (2002), S. 33. Zu erwähnen sind jedoch beim EBITDA mögliche Verzerrungen durch mögliche unterschiedliche Komponenten der Berechnung. Vgl. hierzu beispielsweise die Ausführungen von Lachnit/Müller (2017), S. 209.

446 Vgl. für Ausführungen zu möglichen Verzerrungen und schlechter Vergleichbarkeit durch unterschiedliche Vorgehensweisen der Unternehmen anhand des EBITDA unter Bereinigung von Sondereinflüssen: Lachnit/Müller (2017), S. 214.

447 „Mit *Umsatz* wird die *wertmäßige Verkaufsleistung*[] […]" bezeichnet. Betriebswirtschaftlichen Ausschuß des Verbandes der Chemischen Industrie e. V. (1965), S. 23.

448 Bemessung der Größenklasse anhand von Umsatzangaben und Mitarbeiterzahlen siehe die „Quantitative Mittelstandsdefinition des EKAM". Becker/Ulrich/Botzkowski (2016), S. 6. Vgl. auch Becker/Ulrich (2011), S. 29.

2.6 Zwischenergebnis: Anmerkungen zur weiteren Forschung

Folgendes Kapitel dient der Zusammenfassung theoretischer Grundlangen und der Verknüpfung dieser mit den empirischen Arbeiten der vorliegenden Forschung.

2.6.1 Überblick finaler Abgrenzungen

1. *Digitalisierung im Controlling*

Bezogen auf die wertschöpfungsorientierte Controlling-Konzeption nach *Becker*[449] erfolgten im Grundlagenteil der vorliegenden Arbeit entsprechende Begriffsabgrenzungen der Wertschöpfung im Kontext der IT-Unterstützung. Es folgten Erläuterungen zur Balanced Value Map[450], dem „**Controlling als Bestandteil des Management-Prozesses**"[451] und den Controlling-Funktionen (Informations-, Abstimmungs- und Lokomotionsfunktion)[452].

> *Der Begriff wertschöpfungsorientiertes Controlling kann hierbei prägnant ausgedrückt als Controlling mit fokussierter Ausrichtung auf den Wertschöpfungszweck betitelt werden.*[453]

In diesem Zusammenhang wurde auf die Digitalisierungsdefinition vom „Bamberger ‚Kompetenzzentrum für Geschäftsmodelle in der digitalen Welt'"[454] eingegangen: „Digitalisierung ist die strategisch orientierte Transformation von Prozessen, Produkten, Dienstleistungen bis hin zur Transformation von kompletten Geschäftsmodellen unter Nutzung moderner Informations- und Kommunikationstechnologien (IuK) mit dem Ziel, nachhaltige Wertschöpfung effektiv und effizient zu gewährleisten."[455]

---

[449] Vgl. z. B. Becker (1999); Becker/Baltzer (2010); Becker (2012).

[450] Vgl. Becker, W. (2003); Becker (2012), S. 45 und Kapitel zwei (*Abschnitt 2.2.1*) der vorliegenden Arbeit.

[451] Becker/Baltzer (2010), S. 16 und siehe Kapitel zwei (*Abschnitt 2.2.1*) der vorliegenden Arbeit.

[452] Vgl. Becker (1999), S. 3; Becker/Baltzer (2010), S. 21 und Kapitel zwei (*Abschnitt 2.2.1 und Abschnitt 2.2.2*) der vorliegenden Arbeit.

[453] Vgl. Becker (1999), S. 3.

[454] Becker/Pflaum (2019), S. 9; Becker (2019), S. 24.

[455] Becker/Pflaum (2019), S. 9, im Original im farbigen Kästchen hervorgehoben.

Unter Einbezug weiterer Begriffsabgrenzungen und der prozessorientierten Betrachtung kann die Digitalisierung als übergeordneter Begriff bezeichnet werden, dessen Kerninhalt die digitale Transformation von Prozessen, anhand der sinnvollen Integration von Technologien- und IT-Tools, welche einem Wertschöpfungszweck dienen, beschrieben werden.[456]

Das Kapitel beinhaltet zudem eine Ausführung zum Einfluss der Digitalisierung auf die Controlling-Funktionen.

2. *Digitalisierung im Management Reporting*

Auf Grundlage vorheriger Ausführungen konnte das Management Reporting betrachtet werden. Das Berichtswesen im Allgemeinen wurde hierbei einer weitläufigen Definition unterlegt.[457] Bezugnehmend hierauf und in Anbetracht des Adressatenbereichs stellt sich die Definition des Management Reportings wie folgt dar:

Begrifflich abgegrenzt kann das Management Reporting als Überbegriff der Bandbreite an Tätigkeiten von der Datenbeschaffung bis hin zur Informationsversorgung des Managements bezeichnet werden, dem ein Management-Reporting-Prozess zugrunde liegt.[458]

Das Management Reporting wird auf prozessualer Ebene nach den Ausführungen der *International Group of Controlling*[459] betrachtet. Im Rahmen der Abgrenzungen im Reporting erfolgten Erläuterungen zu den Berichtsarten (Standardberichte, Abweichungsberichte, Bedarfsberichte)[460], dem Adressatenbereich,[461]

---

[456] Zusammengefasste Definition von vorherig aufgeführten Autoren aus Kapitel zwei (*Abschnitt 2.1*).

[457] Vgl. Göpfert (2002), Sp. 144 ff. und Kapitel zwei (*Abschnitt 2.3.1*) der vorliegenden Arbeit.

[458] Vgl. Göpfert (2002), Sp. 145 f.; Taschner (2013), S. 39 und zum Adressatenbereich Kapitel zwei (*Abschnitt 2.3.1.2*).

[459] Vgl. International Group of Controlling (2017), S. 45 u. S. 76.

[460] Siehe für Erläuterungen der Berichtsarten Weber/Schäffer (2020), S. 234 f. und Kapitel zwei (*Abschnitt 2.3.1.1*) der vorliegenden Arbeit.

[461] Siehe für Erläuterungen zum Adressatenbereich Kapitel zwei (*Abschnitt 2.3.1.2*) der vorliegenden Arbeit.

das Management Reporting kann hierbei als Teilbereich des internen Berichtswesens bezeichnet werden, bei dem sich auf die Aufbereitung sowie Übermittlung steuerungsrelevanter Informationen fokussiert wird und somit der Schaffung von Basiswissen zur Entscheidungsfindung der Führungskräfte im Unternehmen dient[462],

sowie dem Einkreis- und Zweikreissystem im Rechnungswesen, wobei sich der deutschen Reporting-Methodik (Zweikreissystem) angeschlossen wird.[463]

Der Digitalisierungseinfluss wird in Bezug auf den Management-Reporting-Prozess, in der vorliegenden Arbeit, anhand der gängigen Technologien und IT-Tools Robotics Process Automation, Analytics, Künstliche Intelligenz, Self-Service Business Intelligence, Dashboarding und Mobile Reporting dargestellt.[464] Den Begriffsabgrenzungen und einer grafischen Darstellung folgte eine perspektivische („[…] **funktionale, inhaltliche, formale, zeitliche** und **personale** […]“[465]) Betrachtung des Management Reportings unter Digitalisierungseinfluss.[466]

2.6.2 Verknüpfung theoretischer Grundlagen und Empirie

Bezüglich des Forschungsziels „Erlangung von Kenntnissen zum Thema Erfolgssteigerung des Management Reportings unter Einsatz von Technologien und IT-Tools, durch prozess- & rollenspezifische Analysen“ wurden zur Beantwortung der Forschungsfragen folgende theoretische Grundlagen geschaffen:

- Die Definitionen und Betrachtungen des Management Reporting unter Digitalisierungseinfluss.
- Rollentheoretische Grundlagen sowie die Wirkung von Technologien- und IT-Tools im Rollenmodell.[467]
- Grundlagen zur Erfolgsmessung[468] im Management Reporting.

---

[462] Vgl. Taschner (2019), S. 1

[463] Vgl. für Erläuterungen zum Einkreis- und Zweikreissystem des Rechnungswesens Zirkler (2022), S. 680 ff. und Kapitel zwei (*Abschnitt 2.3.1.3*) der vorliegenden Arbeit.

[464] Siehe für Erläuterungen zur Auswahl der IT-Tools u. a. Kapitel drei der vorliegenden Arbeit.

[465] Koch (1994), S. 60, Berichtsmerkmale.

[466] Siehe für Ausführungen zum Management Reporting unter Digitalisierungseinfluss Kapitel zwei (*Abschnitt 2.3*) der vorliegenden Arbeit.

[467] Vgl. Katz/Kahn (1978), S. 196; David (2005), S. 80; Goretzki/Weber (2010), S. 164 f. und Kapitel zwei (*Abschnitt 2.4*) der vorliegenden Arbeit.

[468] Siehe für Ausführungen zur Erfolgsmessung Kapitel zwei (*Abschnitt 2.5*) der vorliegenden Arbeit.

Folgende hierdurch theoretisch getroffene Annahmen aus dem Grundlagenteil der vorliegenden Arbeit sollen anhand der Literaturanalyse zunächst ausgebaut und anschließend empirisch überprüft werden:

- Der Einfluss der Technologie- und IT-Tool-Nutzung auf Rollen und Rollenkonflikte.
- Der Einfluss der Technologie- und IT-Tool-Nutzung im Management-Reporting-Prozess auf den Erfolg.

2.6.3 Anmerkungen vor empirischen Ausarbeitungen

Im Zuge der Digitalisierungsdefinition und Erläuterungen zur industriellen Revolution[469] wurde auf die Zuordnung eines **digitalen Reifegrades**[470] der Unternehmen hingewiesen. Dieser soll bezogen auf das Controlling sowie Management Reporting im Rahmen der Primärdatenerhebung abgefragt werden.

Wie oberhalb angemerkt, wird sich zur näheren Betrachtung des Management Reportings auf die prozessuale Ebene fokussiert. Die Management-Reporting-Subprozess-Darstellung der *International Group of Controlling*[471] bietet die Möglichkeit der detaillierten Abfrage von Technologien, IT-Tools und Aufgaben im Management Reporting und wird somit zur Primärdatenerhebung herangezogen.

Im Rahmen rollentheoretischer Grundlagen wurden mögliche Konfliktbeziehungen aufgezeigt. Bestandteil der vorliegenden Arbeit sind Beurteilungen möglicher Rollenkonflikte zwischen dem Controller als Rollenempfänger und dem Manager als Rollensender. Als Resultat der Primärdatenerhebung sollen tatsächlich eingenommene, erwartete sowie wahrgenommene Rollen im Management-Reporting-Prozess gegenübergestellt und Rollenkonflikte identifiziert werden.

Die Betrachtung internationaler Studien zur Erfolgsmessung macht deutlich, dass neben finanziellen und objektiven Erfolgsmaßen auch nicht-finanzielle

---

[469] Vgl. zur industriellen Revolution Kagermann/Wahlster/Helbig (2013), S. 17; Becker/Pflaum (2019), S. 6; Günther/Prell/Reiff-Stephan (2022), S. 2 und Kapitel zwei (*Abschnitt 2.1.1*) der vorliegenden Arbeit.

[470] Vgl. zum digitalen Reifegrad/Digitalisierungsgrad Kapitel zwei (*Abschnitt 2.1.2*) der vorliegenden Arbeit.

[471] Vgl. International Group of Controlling (2017).

und subjektive Bewertungen oftmals als sinnvoll erscheinen.[472] Zudem kann die Betrachtung von Werkzeugen, Instrumenten sowie auch Techniken bei der Erfolgsmessung als gängig angesehen werden.[473] Hervorgehoben werden kann in diesem Sinne unter anderem die BSC.[474] Angelehnt an diese und bezüglich der Erfolgsmessung nach den Dimensionen Effizienz sowie Effektivität mit Grundlage der wertschöpfungsorientierten Controlling-Konzeption erarbeitete bereits *Baltzer* eine Ansatzübersicht zur Beurteilung des Erfolgs im Controlling bzw. von Controlling-Instrumenten.[475] Die Ausführungen von *Baltzer* werden im Rahmen der vorliegenden Arbeit zur Beschreibung bzw. Definition der verschiedenen Themen verwendet. Für den Onlinefragebogen der vorliegenden Arbeit wird sich am Themenkatalog von ebd. bedient. Hierdurch ergeben sich in Bezug auf den Einsatz von Technologien und IT-Tools im Management Reporting folgende Abfragethemen (nicht-finanzieller und subjektiver Natur)[476] welche eine Einschätzung des Erfolgs ermöglichen sollen:[477]

- Qualifikation/Fähigkeiten/Kompetenzen des Controllers
- Qualifikation/Fähigkeiten/Kompetenzen des Managements
- Rollenklarheit des Controllers
- Rollenklarheit des Managements
- Zeitersparnis
- Arbeitsentlastung
- Transparenz
- Klarheit der IT-Nutzung
- Kommunikation
- Ergebnisqualität (angemessener Umfang, passende Informationsmenge)

[472] Siehe für Erläuterungen zu finanziellen/nicht-finanziellen und objektiven/subjektiven Erfolgsmaßen Kapitel zwei (*Abschnitt 2.5*) der vorliegenden Arbeit.

[473] Vgl. Micheli/Mari (2014), S. 148; Sill (2008), S. 203 und Kapitel zwei (*Abschnitt 2.5.3*) der vorliegenden Arbeit.

[474] Siehe für Ausführungen zur BSC Kapitel zwei (*Abschnitt 2.5.1*) der vorliegenden Arbeit.

[475] Vgl. Baltzer (2013), S. 165 ff.

[476] Vgl. Kapitel zwei (*Abschnitt 2.5.1* und *Abschnitt 2.5.2*).

[477] Siehe für die Bemessung des Management-Reporting-Erfolgs und Ausführungen zu Baltzer (2013) und dessen Themenkatalog Kapitel zwei (*Abschnitt 2.5.3*) der vorliegenden Arbeit.

Im Rahmen der allgemeinen Unternehmensangaben sollen unter anderem die Finanzkennzahl EBITDA sowie die marktorientieren Kennzahlen Umsatz und Mitarbeiterzahl abgefragt werden. Siehe für Erläuterungen zu genannten Kennzahlen Kapitel zwei (*Abschnitt 2.5.4*) der vorliegenden Arbeit.

- Ergebnisqualität (Darstellungsform/Verständlichkeit)
- Ergebnisqualität (Realitätsnähe/Objektivität)
- Ergebnisqualität (Genauigkeit/Fehlerfreiheit)
- Ergebnisqualität (Plausibilität, Widerspruchsfreiheit)
- Ergebnisqualität (Aktualität)
- Informationsverwendung (Verwendung von Informationen zur Entscheidungsfindung und Problemlösung, Entscheidungssicherheit)
- Informationsverwendung (Handlungskontrolle und Erkennen von Zielabweichungen)
- Informationsverwendung (Schaffen von Verständnis und das Herausstellen von Zusammenhängen)
- Informationsverwendung (Durchsetzung von Positionen/Meinung)
- Informationsverwendung (Begründung und Demonstration getroffener Entscheidungen)
- Zufriedenheit mit dem Management Reporting unter Digitalisierungseinfluss (Idealvorstellung und Erwartungserfüllung)
- Nutzeneffekt der IT-Tools

Durch den Grundlagenteil der vorliegenden Arbeit konnten Fundierungen und Rahmenbedingungen für den Umfragebogen geschaffen werden. Im folgenden Kapitel wird der aktuelle Forschungsstand aufgezeigt. Hierdurch soll ermöglicht werden, die erarbeiteten Rahmenbedingungen sinnvoll anhand des Forschungsbedarfs einzusetzen.

3 Aktueller Forschungsstand

Das Kapitel „Aktueller Forschungsstand“ beinhaltet neben systematischen Literaturanalysen, Abschnitte zu aktuellen Büchern und Zeitschriften sowie Beiträgen aus der Unternehmenspraxis für einen ganzheitlichen Überblick zum vorliegenden Themenkomplex. Es folgt ein Zwischenergebnis als zusammengefasste Darstellung des Forschungsbedarfs und der Forschungsrelevanz.

3.1 Systematische Literaturanalyse

Als Schwerpunkt des Kapitels erfolgt zunächst die Darstellung der systematischen Literaturanalysen „Digitalisierung“ und „Rollen“. Der Abschnitt unterteilt sich in die Darstellung der Vorgehensweise der systematischen Analysen, der Ergebnispräsentation und der Ergebniszusammenfassung.

3.1.1 Systematische Literaturanalysen Vorgehensweisen

Die in der vorliegenden Arbeit gewählte Vorgehensweise der systematischen Literaturanalyse erfolgte anhand eines Filterungsprozesses, bei dem wissenschaftliche Arbeiten schematisch selektiert werden.[1] Die systematische Literaturanalyse ist

[1] Vorgehen nach Randolph (2009), S. 4 ff.; Fink (2014), S. 3 ff.; Becker/Ulrich/Stradtmann (2018), S. 77 ff. Hilfestellungen zum Aufbau systematischer Literaturanalysen leisten zudem die Ausführungen von Tranfield/Denyer/Smart (2003), Clark et al. (2021); Kuckertz/Block (2021); Kunisch et al. (2022).

Ergänzende Information Die elektronische Version dieses Kapitels enthält Zusatzmaterial, auf das über folgenden Link zugegriffen werden kann https://doi.org/10.1007/978-3-658-51476-1_3.

V. Frank, *Erfolg des Management Reportings*, Unternehmensführung & Controlling, https://doi.org/10.1007/978-3-658-51476-1_3

hierbei auf die in Kapitel eins (*Abschnitt 1.2.1*) gestellten Forschungsfragen ausgerichtet.[2] Das Themenfeld betrifft einerseits Fragestellungen zur Digitalisierung im Management Reporting und andererseits rollenspezifische Fragestellungen. Eine Aufteilung auf zwei systematische Literaturanalysen zur Beschreibung des Filterungsprozesses erschien der Übersicht halber als sinnvoll. Dementsprechend wird SLA 1 im Folgenden als SLA „Digitalisierung" benannt und SLA 2 als SLA „Rollen" bezeichnet. Die Trennung der SLAs wird jedoch in der Ergebnispräsentation aufgehoben. *Die Datenerhebung erfolgte im Februar 2021. Die Auswertung von Februar bis August 2021. Anschließend erfolgte eine Ergänzung der systematischen Literaturanalysen um weitere thematisch wichtige Paper und seit Februar 2021 hinzugekommene Paper zum betrachteten Themenfeld. Die Datenerhebung*[3] *der iterativen Literaturanalyse (narrativ) erfolgte bis Juni 2024.*

Erläuterungen zu den systematischen Literaturanalysen:
Über zur Verfügung gestellte Zugriffsrechte konnten, im Rahmen dieser Dissertation, auf in der Forschung gängige Datenbanken zugegriffen werden. Hierbei wurde sich auf Grund einer gewünschten umfangreichen Abdeckung möglicher Ergebnisse für jede SLA nicht nur auf eine Datenbank fixiert, sondern für die Datenbanken EBSCO[4], JSTOR[5] und ECONBIZ[6] entschieden.[7] Die Verwendung gewählter Datenbanken hat hierbei den Vorteil, dass bereits im Suchprozess Filter auf Journalartikel angewendet werden können und diese auf Grund der zur Verfügung stehenden

---

[2] Vgl. die Ausrichtung nach Fink (2014), S. 3 f.

[3] Nutzung der gleichen Datenbanken wie bei den SLAs plus zusätzliche Nutzung weiterer gängiger Suchmaschinen.

[4] Als Datenbasis für die Datenbank EBSCO wurde im Rahmen der vorliegenden Literaturanalysen „*Business Scource Complete*" genutzt. „Journal ranking studies reveal that *Business Source Complete* is the overwhelmingly superior database for full text journals in all disciplines of business, including marketing, management, MIS, POM, accounting, finance and economics." EBSCOhost (Abgerufen am 04.03.2021). Direktes Zitat.

[5] „JSTOR provides access to more than 12 million journal articles, books, images, and primary sources in 75 disciplines." JSTOR (Abgerufen am 17.10.2023). Direktes Zitat, im Original fett und teilweise Begriffe blau formatiert.

[6] ECONBIZ ermöglicht eine Literaturrecherche „[...] in wichtigen deutschen und internationalen wirtschaftswissenschaftlichen Datenbanken inklusive des Bestands der ZBW[] [...]." ECONBIZ (Abgerufen am 04.03.2021). Direktes Zitat, im Original durch Aufzählungszeichen hervorgehoben.

[7] In Easterby-Smith/Thorpe/Jackson (2012), S. 108 wird darauf hingewiesen, dass Universitäten im Allgemeinen oftmals ein Abonnement für mehrere Datenbanken vorweisen und es sinnvoll sein kann Forschungen anhand mehrerer Datenbanken zu Erheben, um die Anzahl der zur Verfügung gestellten Treffer zu erhöhen.

umfangreichen Datenbasis eine Vielfalt wissenschaftlich hochwertiger Ergebnisse vorweisen.[8]

Die Datenbanken wurden nach gewählten Schlüsselwörtern durchsucht. Hierbei wurden Keywords ausgewählt, welche eine thematisch möglichst weite Ergebnisspanne, jedoch keine zu umfangreiche Ergebnisanzahl vorweisen.[9] Gesucht wurde nach englischen und deutschen Begriffen. Die Begriffe wurden in dem Falle übersetzt, wenn sich dies während der Probedurchläufe in den Datenbanken sowie thematisch als sinnvoll erwies. Zusätzlich wurden Synonyme verwendet.[10] Unterschiedliche Variationen der Schlüsselwörter wurden zudem mit dem Zeichen „*“ in die Datenbanksuche einbezogen. Durch dieses Symbol werden alle Sonderzeichen, sowie auch Zahlen und Buchstaben, welche auf den jeweilig letzten Buchstaben vor dem „*“ anschließen, verallgemeinert und somit aufgeführt.[11] Die gesuchten Keywords wurden durch die Auswahl „AND“ in den Suchmaschinen miteinander verknüpft.[12]

Als Synonyme für den Begriff Digitalisierung der SLA 1 wurden die Begriffe „digit*“, „IT“, „tool“ und „technolog*“ verwendet. Synonyme des Begriffs „Reporting“ stellen in SLA 1 die Begriffe „report*“, „Bericht*“ und „account*“ dar. Demensprechend ergeben sich für SLA 1 folgende Wortkombinationen: (digit*; IT; tool; technolog*) AND (report*; Bericht*; account*)

In SLA 2 wurde die Datensuche auf Grund der bisher wenigen Forschungen zum Thema Rollen und Management Reporting auf den Begriff „Controlling“ ausgeweitet. Hierzu wurden als Synonyme für „Controlling/Reporting“ die Begriffe „controll*“, „report*“, „Bericht*“ und „account*“ eingegeben. Als Synonyme für den Begriff „Rollen“ wurden die Begriffe „Rolle*“, „role*“, „Aufgabe*“, „task*“, „Konflikt*“ und „conflict*“ verwendet. Folgend ergeben sich für SLA 2 folgende

[8] Vgl. die oberhalb aufgeführten Beschreibungen der Datenbanken EBSCO, JSTOR und ECONBIZ.

[9] Vgl. das Vorgehen nach Eisend (2014), S. 9; Fink (2014), S. 3 ff. „Die […] verwendeten Schlüsselwörter sollen so gewählt werden, dass sie das für die Fragestellung relevante Gebiet möglichst breit abdecken, aber gleichzeitig auch eine noch überschaubare Anzahl von Untersuchungen liefern.“ Eisend (2014), S. 9.

[10] Vgl. das Vorgehen nach Becker/Ulrich/Stradtmann (2018), S. 79. Vgl. zu Ausführungen zur Nützlichkeit von Probedurchläufen Snyder (2019), S. 337.

[11] Vgl. Eisend (2014), S. 9; Becker/Ulrich/Stradtmann (2018), S. 79; Torres-Carrión et al. (2018), S. 1371.

[12] Vgl. Easterby-Smith/Thorpe/Jackson (2012), S. 112; Fink (2014), S. 25. In ebd. werden die Möglichkeiten der Eingabe von Operatoren wie „NOT“, „AND“ und „OR“ aufgezeigt und erläutert.

Wortkombinationen: (controll*; report*; Bericht* und account*) AND (Rolle*; „role*; Aufgabe*; task*; Konflikt*; conflict*)

Die Auswahl der Daten erfolgte zudem anhand von Screening-Kriterien, welche sich gerne auf die Sprache, die Art und das Journal der Ergebnisse, sowie auf inhaltliche Aspekte beziehen, um unbedingt auf die gestellten Forschungsfragen einzugehen. Hierdurch soll eine Auswahl der, für die vorliegende Forschung relevanter Ergebnisse, gewährleistet werden.[13] Zur Ergebnisauswahl existiert hierbei die Möglichkeit den vollständigen Text der gesamten Ergebnisse durchzuarbeiten. Dies bietet sich bei einem kleinen Ergebnisumfang an. Möglich ist zudem eine Auswertung gewonnener Forschungen anhand ihrer Ergebnisse oder Methoden oder eine etappenweise durchgeführte Selektion der Forschungen (Titel, Abstract, Volltext). Letzteres erschien auf Grund der großen Ergebniszahl in Folge von zwei systematischen Literaturanalysen als sinnvoll.[14]

In der Datenbank EBSCO wurde zur Ergebnissammlung die Titelsuche, „Scholarly (Peer Revied) Journals", „Academic Journal" und „Article" ausgewählt. Auch im Rahmen von JSTOR und ECONBIZ wurden Titelsuchen durchgeführt und die Suche auf Artikel in Journals beschränkt. Durch die genannte Journalauswahl war es möglich bereits zu Beginn des Filterungsprozesses eine qualitativ hochwertige Datenbasis sicherzustellen und durch die Titelsuche die spätere etappenweise Selektion der Ergebnisse zu vereinfachen.

Nach Erhalt der Ergebnisse erfolgte ein weiterer Filterungsprozess nach den in den folgenden Abschnitten beschriebenen Gütekriterien[15]. Dieser weitere Filterungsprozess der beiden SLAs setzt sich aus einer Duplikats-Filterung, Sprachen-Filterung, Titel-Filterung, Abstract-Filterung Zeit-Filterung, Inhalts-Filterung und Empirie-Filterung zusammen. Auf Grund der Verschiedenheit der beiden SLAs werden diese separat voneinander beschrieben.

3.1.1.1 Filterungsprozess

Die Filterungsprozesse der SLAs „Digitalisierung" und „Rollen" werden folgend tabellarisch aufgezeigt (Tabelle 3.1):

[13] Vgl. Fink (2014), S. 5; Snyder (2019), S. 336 f.

[14] Vgl. Snyder (2019), S. 337.

[15] Siehe für formale Gütekriterien den Filterungsprozess. Siehe für inhaltliche Gütekriterien die Beschreibungen zur Fokussierung innerhalb des Filterungsprozesses. Vgl. hierzu die Ausführungen zu Gütekriterien von Becker/Ulrich/Stradtmann (2018), S. 79.

Tabelle 3.1 Filterungsprozesse der SLAs „Digitalisierung" und „Rollen"

SLA Digitalisierung	SLA Rollen
Bei der *Duplikats-Filterung* wurde wie folgt vorgegangen: Paper mit nicht eindeutig gleichen Zeitschriften sowie mit unterschiedlichen Jahres- oder Seitenzahlen wurden vorerst beibehalten, um diese bei der Prüfung des Inhalts genauer zu betrachten. Dies gilt für Paper die nach dem weiteren Filterungsprozess noch zur Wahl stehen. Bei Seitenangaben mit kleinerer und größerer Seitenanzahlspanne, wurden die Paper mit kleinerer Seitenanzahlspanne aussortiert. Sprachen-Filterung: In einem weiteren Schritt wurden alle Paper entfernt, welche nicht deutsch- oder englischsprachig sind.	
Titel-Filterung: Bei der Filterung des Titels wurden zunächst alle offensichtlich thematisch irrelevanten Paper aussortiert. In der Auswahl wurde sich auf das Thema Management Reporting und Management Accounting fokussiert. In einigen Fällen, bei denen die Überschrift noch keine eindeutige Entscheidung zuließ, wurde zudem der reine Begriff Accounting beibehalten. Aussortiert wurden Titel mit dem Thema Report über Technologien, jedoch nicht das Thema Technologien im Reporting. Ausgewählt und fokussiert wurden außerdem Paper bei denen der Titel das Thema Rollenkonflikte beinhaltet oder einen möglichen Bezug zu Rollen im Management Reporting aufweist.	*Titel-Filterung:* Bei der SLA-Rollen wurden neben offensichtlich irrelevanten Papern Paper über Finance Accounting vernachlässigt. Begriffe wie Management Accounting sowie Management Accountant wurden einbezogen. Außerdem wurden Themen wie die Rolle von Accounting bei Managementfragen beibehalten. In einigen Fällen, bei der die Überschrift noch keine eindeutige Entscheidung zuließ, wurde zudem der reine Begriff Accounting in den nächsten Filterungsschritt übernommen. Zudem wurde sich auf Rollen im Rahmen der Digitalisierung fokussiert. Wenn hierbei nicht eindeutig aus dem Titel hervorging, ob die Digitalisierung Thema des Papers ist, wurde dieses vorerst nicht aussortiert.
Abstract-Filterung:[16] Auch bei der Abstract-Filterung wurde der Fokus verstärkt auf die Digitalisierung und das Management Accounting, Management Reporting, Rollen und Rollenkonflikte gelegt. Zunächst wurden offensichtlich irrelevante Abstracts aussortiert. Abstracts zum Thema Accounting wurden beibehalten, wenn die Artikel auch für das Thema Management Accounting als nützlich erschienen.	*Abstract-Filterung:*[17] Beim Aussortieren der Abstracts wurde der Fokus auf Ausführungen zu Rollen, Aufgaben, Kompetenzen und der Digitalisierung im Controlling und Management Reporting gelegt. Demnach konnten zunächst einige Paper aussortiert werden, die offensichtlich nicht zu dieser Kategorie gehören.

(Fortsetzung)

[16] Siehe zudem eine Aufstellung beispielhafter Schlagwörter von Themen aussortierter Abstracts im Anhang (im elektronischen Zusatzmaterial) der vorliegenden Arbeit.

[17] Siehe zudem eine Aufstellung beispielhafter Schlagwörter von Themen aussortierter Abstracts im Anhang (im elektronischen Zusatzmaterial) der vorliegenden Arbeit.

Tabelle 3.1 (Fortsetzung)

SLA Digitalisierung	SLA Rollen
Die meisten irrelevanten Abstracts wiesen oftmals einen sehr verschiedenartigen Charakter auf und können ohne besondere Nennung aussortiert werden. Als thematisch wertvoll, jedoch für die vorliegende Arbeit zu weitläufig und daher aussortiert, können zudem folgende Kategorien aufgezeigt werden: IT- und Rechnungswesen-Lehrpläne, Nachhaltigkeit, Bankensektor und Finanzmärkte sowie Rechnungslegung und Normen/Richtlinien. Abstracts zum Thema Rechnungslegung, welche sich auf externe digitale Geschäftsberichte beziehen, wurden vorerst zur Prüfung möglicher wichtiger Inhalte zum Thema Technologien und IT-Tools im Reporting beibehalten. Zudem wurde bei einem Abstract eine Ausnahme zum Thema Banken/Versicherungen gemacht, da dieses auf allgemein wichtige Inhalte der Rollen und Digitalisierung hindeutet. Anzumerken ist zudem, dass Paper, welche kein Abstract aufwiesen, anhand der Einleitung oder aufgeführten Motivation beurteilt wurden. Des Weiteren konnte auf sieben Abstracts nicht oder nur gebührenpflichtig zugegriffen werden. Diese fallen dementsprechend aus der weiteren Bewertung raus.	Deutlich wurde, dass neben dem gesuchten Themenschwerpunkt öfters Paper mit dem Fokus auf Themen wie die Rolle der Finanzberichterstattung (Erläuterungen zur dessen Bedeutung), die Rechnungslegung sowie Standards/IFRS und dem Risiko Management lag. Des Weiteren können ein paar Paper unter die Kategorie Nachhaltigkeit Environmental Controlling oder Green Controlling eingeordnet werden. Um den Fokus auf den Themenschwerpunkt der vorliegenden Arbeit nicht zu verlieren, werden genannte Kategorien ausgeschlossen. Weitere betrachtete und aussortierte Abstracts, enthielten zudem Rollenerläuterungen und Verantwortungsbereiche zu Abschluss- Wirtschafts- und Bankprüfern oder dem Themenbezug auf das Audit Committee. Außerdem wurden zu spezifische Paper aussortiert. Hierunter zählen unter anderem Versicherungsunternehmen, Hochschulen und Krankenhäuser. Hierbei ergab sich jedoch beispielsweise eine Ausnahme, bei dem das Paper zwar ein krankenhausspezifisches Rollenbild des Management Accountings aufweist, dieses jedoch allgemein wichtige Hinweise zu Rollenkonflikten beinhalten könnte. Zudem wurde bei einem Abstract eine Ausnahme zum Thema Banken/Versicherungen gemacht, da dieses auf allgemein wichtige Inhalte der Rollen und Digitalisierung hindeutet. Des Weiteren wurde in einigen Abstracts nur auf Accounting und nicht auf Management Accounting verwiesen. Diese wurden in dem Fall beibehalten, wenn sich die Abstracts auf möglicherweise interessante technologische Aspekte, Rollenkonflikte oder OPC (organizational professional conflicts) beziehen und hierdurch die Möglichkeit des Erhaltens nützlicher Informationen zum Themenschwerpunkt der vorliegenden Arbeit besteht. Anzumerken ist auch hier, dass Paper, welche kein Abstract aufwiesen, anhand der Einleitung oder aufgeführten Motivation beurteilt wurden. Auf zwei Abstracts konnte nicht oder nur gebührenpflichtig zugegriffen werden. Diese fallen aus der weiteren Bewertung raus.

(Fortsetzung)

Tabelle 3.1 (Fortsetzung)

SLA Digitalisierung	SLA Rollen
Zeit-Filterung: Laut des in *Oehler* (2006) dargestellten Entwicklungsüberblick „[...] hin zu Corporate Performance Management-Systemen [...]“[18] können BI, Data Mining und analytische Anwendungen in etwa dem Jahre 2000 zugeordnet werden.[19] Demzufolge wird eine zeitliche Begrenzung der Paper im Jahre 2000 vorgenommen. Paper aus den Jahren zuvor werden aussortiert. *Inhalts-Filterung*: Hierbei wurden die Paper auf inhaltliche Relevanz überprüft, indem diese in die Kategorien Rollen-/Aufgabenprofile, Rollenkonflikte und/oder Digitalisierung, Technologien und IT-Tools eingeordnet wurden. Konferenzberichte, inhaltlich offensichtlich irrelevante Berichte sowie zugriffsbeschränkte Paper wurden aussortiert – hierunter drei doppelte Paper, zwei Paper die trotz Anfrage nicht erhältlich waren und zwei zugriffsbeschränkte Paper. *Empirie-Filterung:* Letztlich wurden alle Paper aussortiert, welche nicht qualitativer-, quantitativer Art, einem Mix aus beidem (Mixed Methods) oder SLAs waren.	*Zeit-/Inhalt-/Empirie-Filterung*: Hier wurde identisch zur SLA „Digitalisierung“ vorgegangen. Unter den aussortierten Papern befanden sich ein doppeltes Paper und acht zugriffsbeschränkte Paper. Unter den empirisch ausgewählten Papern befinden sich neben qualitativen, quantitativen, Mixed Methodes (qualitativ + quantitaiv) und SLA Papern auch Mixed Methods welche aus rein qualitativen, quantitativen oder schwierig einortenbaren Methoden stammen.
Vor der Duplikats-Filterung konnte ein Gesamtergebnis von 2412 Papern vorgewiesen werden. Nach der Duplikats-Filterung waren noch 2070 Paper enthalten. Nach der Sprachen-Filterung reduzierte sich diese Menge auf 1908 Paper. Nach der Auswahl der Titel konnten 91 Paper vorgewiesen werden. Die Abstract-Filterung reduzierte diese auf 46 Paper. Die zeitliche Filterung auf 42. Anschließend erfolgten eine inhaltliche Überprüfung und Kategorisierung. Hierbei wurden 21 Paper identifiziert. Nach einer Empirie-Filterung konnten letztlich 8 Paper analysiert werden, die qualitativer-, quantitativer Art, einem Mix aus beidem (Mixed Methods qualitativ + quantitativ) oder SLAs darstellen.	**Vor der Duplikats-Filterung konnte ein Gesamtergebnis von 3728 Papern vorgewiesen werden. Nach der Duplikats-Filterung waren noch 2989 Paper enthalten. Nach der Sprachen-Filterung reduzierte sich diese Menge auf 2851 Paper. Nach der Auswahl der Titel konnten 165 Paper vorgewiesen werden. Die Abstract-Filterung reduzierte diese auf 106 Paper, die zeitliche Filterung auf 87 und die inhaltliche Filterung auf 65. Nach empirischer Zuordnung blieben 43 Paper zur Analyse übrig.**

[18] Oehler (2006), S. 13.

[19] Vgl. Ebd.

Die beiden Filterungsprozesse lassen sich grafisch wie folgt darstellen (Abbildung 3.1, Abbildung 3.2):

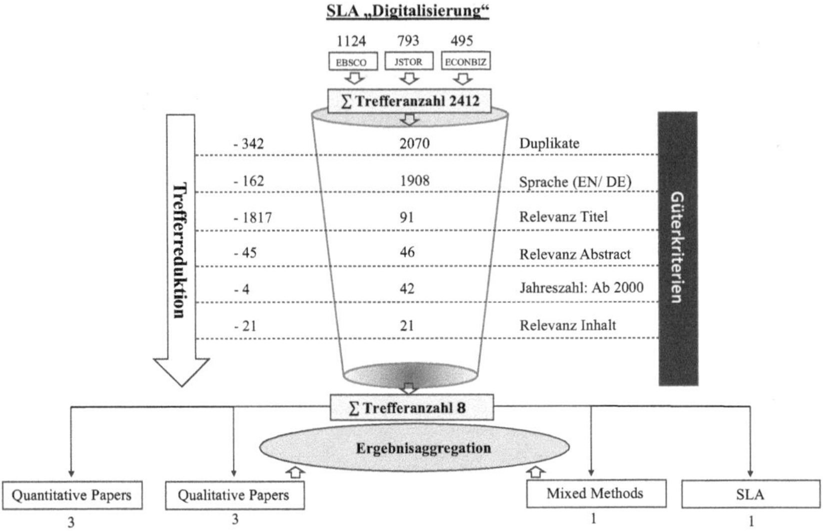

Abbildung 3.1 Grafische Darstellung SLA „Digitalisierung". (Art der Darstellung in Anlehnung an Becker/Ulrich/Stradtmann (2018), S. 81)[20]

[20] Grafik in Anlehnung an Becker/Ulrich/Stradtmann (2018), S. 81.

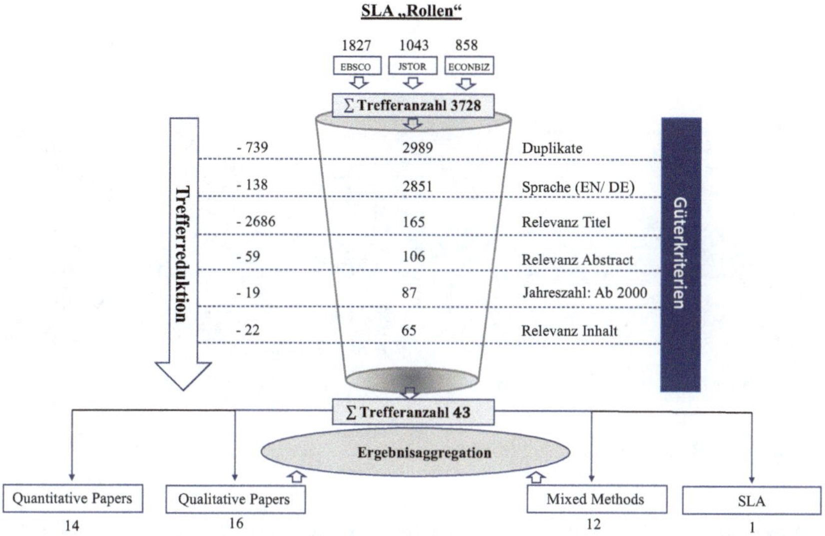

Abbildung 3.2 Grafische Darstellung SLA „Rollen“. (Art der Darstellung in Anlehnung an Becker/Ulrich/Stradtmann (2018), S. 81)[21]

3.1.1.2 Studienübersicht und ergänzende Literatur

Die Ergebnispräsentation der vorliegenden Arbeit beinhaltet neben gefundenen Papern der systematischen Literaturanalysen zudem ergänzende Paper. Zum ganzheitlichen Einbezug literarischer Quellen werden außerdem aktuelle Bücher und Beiträge aus der Unternehmenspraxis – gekennzeichnet – berücksichtigt. Hierdurch soll eine umfangreiche Darstellung des aktuellen Forschungsstandes gewährleistet werden. Das vorliegende Kapitel dient der Literaturübersicht. Die Gewichtung der literarischen Quellen kann wie folgt dargestellt werden (Abbildung 3.3):

[21] Grafik in Anlehnung an Becker/Ulrich/Stradtmann (2018), S. 81.

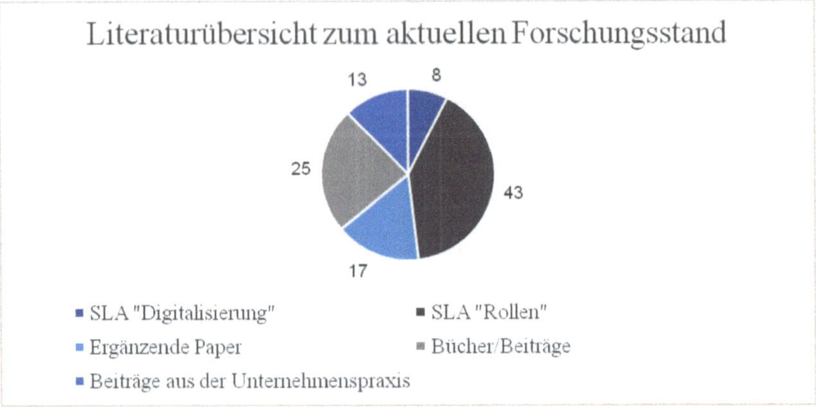

Abbildung 3.3 Literaturübersicht

Verwendete Studien der systematischen Literaturanalysen können wie folgt tabellarisch dargestellt werden (Tabelle 3.2, Tabelle 3.3, Tabelle 3.4, Tabelle 3.5):

Tabelle 3.2 Ergebnisgegenüberstellung SLA „Digitalisierung"

Autor, Jahr	1) Rollen / Aufgabenprofil	2) Rollen-konflikte/ Konflikte	3) Digital., Techno-logien & IT-Tools	Empirie	Art
Smith/ Abdullah/ Razak (2008)			X	Quantitativ	Survey: 30 vollständige Bögen, Industrieunternehmen, Malaysia
Halbouni/ Nour (2013)	X		X	Quantitativ	Survey: 138 Probanden (Management Accountants, Management, Analysten etc.), Vereinigte Arabische Emirate

(Fortsetzung)

Tabelle 3.2 (Fortsetzung)

Autor, Jahr	1) Rollen / Aufgabenprofil	2) Rollen-konflikte/ Konflikte	3) Digital., Techno-logien & IT-Tools	Empirie	Art
Strauß/ Quinn/ Kristandl (2015)			X	Mixed Methods (quantitativ-qualitativ)	Interview Survey: 3 Experteninter-views, Umfrage WHU-Controllerpanel-Mitglieder: 139 Probanden, April/Mai 2014
Rîndaşu (2017)	(X)		X	Quantitativ	Survey: 115 Probanden (Accounting-, Audit-Abteilungen) 2017, Rumänien
Kokina/ Blanchette (2019)	(X)		X	Qualitativ	Interviews: Interviews in fünf Unter-nehmen, RPA-Nutzer, versch. Branchen, 2017/ 2018
Weich/ Löchte (2019)			X	Qualitativ	Interviews: Expertenbefragung, diverse Branchen, inter-nationale Unternehmen, August/September 2018
Andreassen (2020)	X		X	Qualitativ	Interviews Informellere Treffen Dokumentenprüfung: Explorative Feldstu-die (InsuranceCo), Versicherungs-/ Finanzunternehmen,14 Probanden, Zeitraum 2017, 2018, 2020
Knudsen (2020)	X		X	SLA	SLA, 33 Artikel

Tabelle 3.3 Zeitschrift/Zeitungs-Übersicht SLA „Digitalisierung“

Zeitschrift/Zeitung[22]	Ranking VHB-Rating 2024[23]	Anzahl Paper
Asian Review of Accounting	Nicht enthalten	1
Controlling, Zeitschrift für erfolgsorientierte Unternehmenssteuerung	C	1
International Journal of Accounting Information Systems	B	2
International Journal of Accounting, Auditing and Performance Evaluation	C	1
Journal of Accounting and Management Information Systems	Nicht enthalten	1
Journal of Management Control (früher: Zeitschrift für Planung und Unternehmenssteuerung)	B	1
KoR. IFRS: Internationale und kapitalmarktorientierte Rechnungslegung	C	1

Tabelle 3.4 Ergebnisgegenüberstellung SLA „Rollen“

Autor, Jahr	1) Rollen / Aufgabenprofil	2) Rollenkonflikte/ Konflikte	3) Digital., Technologien & IT-Tools	Empirie	Art
Brierley/ Cowton (2000)		X (OPC)		Quantitativ	Meta-Analyse
Burns/ Baldvinsdottir (2005)	X			Qualitativ	Interviews hauptsächlich: Multinationales Pharmaunternehmen, Butt, UK, Studie über 5 Jahre (bis Ende 1990er), 24 Interviews, verschiedene Autoritätsebenen

(Fortsetzung)

[22] Im Teilrating RECH des VHB-Ratings 2024 verzeichnete Journals wurden wörtlich übernommen. Siehe hierzu VHB-Rating 2024 (Abgerufen am 11.09.2024).

[23] Die Rankingbewertung wurde aus dem Teilrating RECH aus ebd. übernommen.

Tabelle 3.4 (Fortsetzung)

Autor, Jahr	1) Rollen / Aufgabenprofil	2) Rollen-konflikte/ Konflikte	3) Digital., Technologien & IT-Tools	Empirie	Art
Byrne/Pierce (2007)	X	X		Qualitativ	Interviews: 16 Manufakturunternehmen, Irland, insg. 36 Interviews mit Finanz- und operativen Managern, 2004
Valančienę/ GimŽauskienę (2007)	X			Mixed Methods (quantitativ + qualitativ)	Interviews Survey: 90 Umfrageprobanden, Unternehmen in Litauen Interviews in verschiedenen Managementebenen, Bank, 2003/2004
Ernst et al. (2008)	X			Quantitativ	Survey: Umfrage, Kontaktiert: 110 börsennotierte Unternehmen (DAX, MDAX, TecDAX), 39 % Rücklaufquote
Yazdifar/ Askarany/ Askary (2008)	X			Quantitativ	Survey: Probanden: 279 Management Accountants, Frühe 2000er, Großbritannien, 58.2 % abhängige Unternehmen, 41.8 % unabhängige Unternehmen
Emsley/ Chung/Honga (2010)	X			Mixed Methods (qualitativ + quantitativ)	Survey Folgeinterview: Umfrage mit 40 Probanden, anschließend Interview, diverse Branchen
Goretzki/ Weber (2010)	X	X		Qualitativ	IMC/WHU: Interviews: 43 Interviews, Hansgrohe AG

(Fortsetzung)

Tabelle 3.4 (Fortsetzung)

Autor, Jahr	1) Rollen / Aufgabenprofil	2) Rollen-konflikte/ Konflikte	3) Digital., Technologien & IT-Tools	Empirie	Art
Albu et al. (2011)	X		X	Qualitativ ((Clustering) Mixed Methods)	Auswertung Stellenanzeigen: Datenerhebung: 2007,2008,2009 jeweils max. 4 Wochen; in Rumänien, Gesamtstichprobe = 300, Identifikation und Analyse von 10 Kompetenzen
Hoffjan/Trapp/ Boucoiran (2011)	X			Qualitativ	Interviews: 10 Interviews mit deutschen Controllern (Berufserfahrung: französisch, deutsch)
Loo/Verstegen/ Swagerman (2011)	X			Quantitativ	Survey-Vergleich: Umfrage, 251 Probanden, Management Accountants, Niederlande, 2007, Vergleich 2004[24] und 2007 2007er-Survey: Erasmus University Rotterdam, Groningen University und Open University, Niederlande
Chen et al. (2012)	X		X	Mixed Methods (qualitativ + quantitativ)	Interviews Survey: Interviews sowie 27 Probanden innerhalb einer Umfrage Unternehmen in Shanghai, Taiwan, Beijing

(Fortsetzung)

[24] Auf Grund von Abweichungen der Quelle zu 2004 ist diese nicht im Literaturverzeichnis der vorliegenden Arbeit enthalten.

Tabelle 3.4 (Fortsetzung)

Autor, Jahr	1) Rollen / Aufgabenprofil	2) Rollenkonflikte/ Konflikte	3) Digital., Technologien & IT-Tools	Empirie	Art
Clinton/White (2012)	X		X	Quantitativ	Survey: Umfrageergebnisse 2012 als Folgestudie zu 2003 (2003er Studie von „Ernst & Young and IMA (Institute of Management Accountants)"); 2012: 238 Mitglieder des Institut of Management Accountants, Dezember 2011
Graham/ Davey-Evans/ Toon (2012)	X			Mixed Methods (qualitativ + quantitativ)	Survey Auswertung Stellenanzeigen Interviews: 95 Stellenanzeigen, Südost England, 2007, 56 Umfrageprobanden, 12 Interviews
Krystek/ Reimer (2012)	X			Qualitativ	Interviews: Interviews in 5 Personalberatungsunternehmen, 2011, Deutschland
Nevries/Weide (2012)	X			Qualitativ	Interviews: Probanden hauptsächlich Controlling- & Strategieleiter, 11 Großkonzerne, Deutschland
Schäffer/ Weber (2012)	X			Mixed Methods (qualitativ + quantitativ)	Themendiskussion, IMC/WHU: Delphi-Studie/ Interviews, Survey: 16 Experteninterviews, Umfrage 448 Probanden, Juni – August 2011, Deutschland, Österreich, Schweiz

(Fortsetzung)

Tabelle 3.4 (Fortsetzung)

Autor, Jahr	1) Rollen / Aufgabenprofil	2) Rollen-konflikte/ Konflikte	3) Digital., Technologien & IT-Tools	Empirie	Art
Weißenberger/ Angelkort/ Göbel (2012)	X		(X)	Quantitativ	Survey: 214 Probanden, Umsatzstärkste deutsche Unternehmen, > = 250 Mitarbeiter, September-November 2007
Weißenberger et al. (2012)	X			Quantitativ	Justus-Liebig-Universität-Gießen-Survey: Probanden: 112 × Manager-, Controllerbefragung aus jeweils selbigen Unternehmen, deutsche große Unternehmen, 2009
Goretzki/ Strauss/Weber (2013)	X		X	Qualitativ	Interviews: 46 Interviews, 2009/ 2010 siehe Goretzki/ Weber (2010)
Mistry/ Sharma/Low (2014)	X			Mixed Methods (quantitativ + qualitativ)	Survey Interviews: 26 Umfrageprobanden + 4 Interviewprobanden: 8 Folgeinterviews, Neuseeland
Wiegmann/ Tretbar/Strauß (2014)	X		X	Mixed Methods	Interviews durch Autoren (IMC/WHU) (erst semi-strukturierte, dann standardisierte Abfrage): Interviews in 11 Großunternehmen, Deutschland, 2012
Lepistö et al. (2016)	X (AP)			Qualitativ	Auswertung Stellenanzeigen Interviews: 12 Arbeitgeberinterviews, 122 Stellenanzeigen, Finnland, 2014/2015

(Fortsetzung)

Tabelle 3.4 (Fortsetzung)

Autor, Jahr	1) Rollen / Aufgabenprofil	2) Rollen-konflikte/ Konflikte	3) Digital., Technologien & IT-Tools	Empirie	Art
Palomino/ Frezatti (2016)	(X)	X		Quantitativ	Survey: Probanden: 114 Führungskräfte/ Controller der größten Unternehmen Brasiliens
Amilin (2017)		X		Quantitativ	Survey: Datenerhebung: in Jakarta (Indonesien), öffentliche Unternehmen 122 Management Accountants
Zarzycka (2017)	X			Mixed Methods (quantitativ + qualitativ)	Auswertung Stellenanzeigen: 499 Management Accountant Stellenanzeigen (pracuj.pl.), 2014/2015, Polen (74 % ausländisches Kapital)
Byrne/Pierce (2018)	X	X		Qualitativ	Interviews: Manufakturunternehmen, insg. 36 Interviews mit Finanz- und operativen Managern
Heinzelmann (2018)	X	X	X	Qualitativ	Interviews: 18 Interviews in Chipboard Ltd, 2010, Österreich, Großbritannien, Frankreich
Freistühler et al. (2019)	X		X	Mixed Methods	Auswertung Stellenanzeigen Kategorienbildung: 241 Stellenanzeigen, Unternehmen DAX, MDAX, Januar 2018
Karlsson/ Kurkkio/ Hersinger (2019)	X			Qualitativ	Interviews: 9 Interviews, LKAB, Bergbau, Schweden

(Fortsetzung)

Tabelle 3.4 (Fortsetzung)

Autor, Jahr	1) Rollen / Aufgabenprofil	2) Rollen-konflikte/ Konflikte	3) Digital., Technologien & IT-Tools	Empirie	Art
Matanovic/Sabel/ Wöhrmann (2019)	X		X	Qualitativ	Auswertung Stellenanzeigen: Stellenausschreibungen (Monster.de): 243 Data Scientist, 358 Controller, 2018
Oesterreich/ Teuteberg (2019)	X		X	Mixed Methods	Auswertung von Profilen: 2.331 Controlling-Professionals Profile (XING), Deutschland, Juli/August 2018
Oesterreich et al. (2019)	X		X	Mixed Methods	Literatur Text Mining und Cluster Analyse Stellenanzeigenauswertung Auswertung von Profilen: Publikationsauswertung, Stellenanzeigenauswertung, Basis 1.922 Anzeigen (DAX-30-Unternehmen) Juni 2014-Juli 2017, 2.331 Controlling-Professionals Profile (XING), Deutschland, Juli/August 2018
Pasch (2019)	X			Quantitativ	Survey: 244 Probanden, Unternehmen deutschsprachiger Raum, > = 50 Angestellte, keine Immobilien-, Versicherungs- oder Finanzunternehmen
Rajeevan (2019)	X			Quantitativ	Survey: 171 Probanden, Management Accountants, Financial Accountants/Manager, Human Ressource Manager, Unternehmen: Colombo Stock Exchange, Sri Lanka

(Fortsetzung)

Tabelle 3.4 (Fortsetzung)

Autor, Jahr	1) Rollen / Aufgabenprofil	2) Rollen-konflikte/ Konflikte	3) Digital., Technologien & IT-Tools	Empirie	Art
Schäffer/ Brückner (2019)	X		X	Mixed Methods (quantitativ + qualitativ)	IMC/WHU Delphi-Studie[25] Interviews, IMC/WHU Controller Panel Survey: 11 Experteninterviews, Januar – April 2019, 448 Umfrageprobanden, April/Mai 2019, Branchenmix (Produktion, Handel, Dienstleistung)
Andreassen (2020)	X		X	Qualitativ	Interviews Informellere Treffen Dokumentenprüfung: Explorative Feldstudie (InsuranceCo), Versicherungs-/ Finanzunternehmen,14 Probanden, Zeitraum 2017, 2018, 2020
Barrainkua/ Espinosa-Pike (2020)		X (OPC)		Quantitativ	Survey: Spanien, 778 Probanden, Professional Accountants, Februar 2015
Cavélius/ Endenich/ Zicari (2020)	X		X	Qualitativ	Interviews: 20 Interviews, in diversen Branchen
Horton et al. (2020)	X			Quantitativ	Survey: Umfrage1: 2016/2017, 309 Probanden: Mitglieder aus dem IMA (Institute of Management Accountants), China, Europa, USA Umfrage2: Probanden: 52 ANEFAC (National Association of Executives in Finance, Administration, and Accounting) Mitglieder, Brasilien

(Fortsetzung)

[25] Siehe hierzu Schäffer et al. (2019).

Tabelle 3.4 (Fortsetzung)

Autor, Jahr	1) Rollen / Aufgabenprofil	2) Rollen-konflikte/ Konflikte	3) Digital., Technologien & IT-Tools	Empirie	Art
Koch/Storm (2020)	X		X	Quantitativ	Survey: Umfrage mit 111 Probanden
Oppi/Vagnoni (2020)	X	X		Qualitativ	Interviews: Probanden: 11 Klinik Manager, 9 Management Accountants, 2016/2017, in öffentlichem Universitätskrankenhaus, Italien
Wolf et al. (2020)	X	X	X	SLA	SLA, 64 Artikel

Tabelle 3.5 Zeitschrift/Zeitungs-Übersicht SLA „Rollen"

Zeitschrift/Zeitung[26]	Ranking VHB-Rating 2024[27]	Anzahl Paper
Abacus	B	1
Accounting in Europe	B	1
Asian Journal of Accounting Research	Nicht enthalten	1
Comptabilité – Contrôle – Audit	Nicht enthalten	1
Controlling & Management Review (früher: Zeitschrift für Controlling und Management ZfCM)	C	4
Controlling, Zeitschrift für erfolgsorientierte Unternehmenssteuerung	C	7
DBW Die Betriebswirtschaft- Business Administration Review (BAReV)	Nicht enthalten	1

(Fortsetzung)

[26] Im Teilrating RECH des VHB-Ratings 2024 verzeichnete Journals wurden wörtlich übernommen. VHB-Rating 2024 (Abgerufen am 11.09.2024).

[27] Die Rankingbewertung wurde aus dem Teilrating RECH aus ebd. übernommen.

Tabelle 3.5 (Fortsetzung)

Zeitschrift/Zeitung	Ranking VHB-Rating 2024	Anzahl Paper
Engineering Economics	Nicht enthalten	1
European Accounting Review	A	2
European Business Review	Nicht enthalten	1
European research studies Journal	Nicht enthalten	1
Industrial Management & Data Systems	Nicht enthalten	1
International Journal of Accounting Information Systems	B	1
Journal of Accounting & Organizational Change	B	2
Journal of Accounting – Business & Management	Nicht enthalten	1
Journal of Applied Accounting Research	C	2
Journal of Business Ethics	A	1
Journal of Management and Governance	Nicht enthalten	1
Journal of Management Control (früher: Zeitschrift für Planung und Unternehmenssteuerung)	B	2
Management Accounting Quarterly	C	2
Management Accounting Research	A	1
Nordic Journal of Business	Nicht enthalten	1
Pacific Accounting Review	C	1
Qualitative Research in Accounting and Management	B	2
Revista Brasileira de Gestão de Negócios	Nicht enthalten	1
Revista de Administração	Nicht enthalten	1
zfo – Zeitschrift Führung + Organisation	Nicht enthalten	1
Zeszyty Teoretyczne Rachunkowości	Nicht enthalten	1

Ergänzend zu aufgeführten systematischen Literaturanalysen der vorliegenden Arbeit, kann bezüglich des Management Accountants und dessen Rollen auf *Rieg* verwiesen werden. Seine Arbeit gibt einen Überblick weiterer Paper der Jahre 1997 bis 2016. Hierin wird sich auf Studien, bezüglich der Themenschwerpunkte **Business Partner und Bean Counter,** wie von *Pierce* und *O'Dea, Yazdifar* und *Tsamenyi, Vaivio* und *Kokko, Rambusch* und *Sill, Heinzelmann, Strauß et al.* und *Windeck, Weber* und *Strauss*, bezogen. Zum Themenfeld **Technologien und der Zusammenhang zu Rollen im Management Accounting** können auch auf Studien wie *El-Sayed* und *Youssef* sowie *Hyvönen, Järvinen* und *Pellinen* aufmerksam gemacht werden.[28] *Rieg* weist in seiner Studie, zu diesem Zeitpunkt, auf hybride Controllertätigkeiten hin.

Zum Ausbau der Literatursammlung zur vorliegenden Thematik sollen außerdem auf aktuelle Paper/Zeitschriften ab dem Jahre 2017 eingegangen werden (Tabelle 3.6, Tabelle 3.7):

[28] Vgl. Rieg (2018), Tabellen 8–10, S. 207–214. Pierce/O'Dea (2003); Yazdifar/Tsamenyi (2005); Vaivio/Kokko (2006); Rambusch/Sill (2007); Heinzelmann (2013); Strauß et al. (2014); El-Sayed/Youssef (2015); Hyvönen/Järvinen/Pellinen (2015); Windeck/Weber/Strauss (2015).

Tabelle 3.6 Ergänzung Paper/Zeitschriften

Ergänzung der SLAs: Aktuelle Paper/Zeitschriften	Themenschwerpunkt	Empirie	Art
Yigitbasioglu (2017)	Anpassungsfähigkeit des Management Accountings	Quantitativ	Umfrage: Neuseeländische sowie australische Unternehmen, gezielt an Top-Management-Teams, 110 verwertbare Rückläufer, 2013
Drerup/Suprano/Wömpener (2018)	Veränderungen der Controllertätigkeiten auf Grund des digitalen Wandels	Qualitativ (Clustering)	Analyse von 231 Stellenanzeigen
Rieg (2018)	Veränderungen der Controllertätigkeit, Rollen	Quantitativ	Umfrage: Datenbasis 183, Deutschland, Probanden: Management Accountants, 2014
Marmonti (2019)	Rolle Data Steward (Datenverwalter) sowie dessen Wichtigkeit im Zuge der Digitalisierung im Controlling	-	Beitrag
Simbeck/Wirsam/Doskova (2019)	Umsetzung hin zu einem mobilen Reporting	-	Beitrag
Mayr/Losbichler/Brückl (2020)	Controllerrollen, Data Scientist	Qualitativ	Stellenanzeigen in Österreich von 2010 bis 2020
Steens/de Bont/Roozen (2020)	Controllerrollen	Quantitativ	Experiment, welches Daten von 73 Aufsichtsratsmitgliedern umfasst
Hadid/Al-Sayed (2021)	Strategisches Management Accounting	Quantitativ	Umfrage, 149 britische Unternehmen
Malagueño et al. (2021)	Controller-Beteiligung und Projekterfolg	Quantitativ/ Qualitativ	59 Interviews (strukturierte Befragung) bei schweizer sowie deutschen Unternehmen, Probanden sind Projektleiter

(Fortsetzung)

Tabelle 3.6 (Fortsetzung)

Ergänzung der SLAs: Aktuelle Paper/Zeitschriften	Themenschwerpunkt	Empirie	Art
Burghardt (2022)	Identitätsbetrachtung	Quantitativ	Umfrage mit 277 Management Accountants, Liechtenstein, Deutschland, Schweiz Österreich, 2020
Möbus/Kirschmann/Florian (2022)	Controllerrollen	-	Beitrag
Stoffers/Karla/Kaufmann (2022)	Management-Reporting-Prozess, Digitalisierung	SLA	SLA
Sutton/Weißenberger (2022)	Business Partner, COVID-19-Pandemie, Entscheidungsfindung	Quantitativ	Umfrage in deutschen Großunternehmen, Probanden: 155 Controller, 2020
Fähndrich (2023)	Management Control unter Einfluss der Digitalisierung	SLA	SLA, 116 Artikel
Horton/Wanderley (2023)	Rollenidentitätskonflikte, Job Crafting	Quantitativ	Umfrage an 284 Probanden (aus Europa, USA, China)
Pargmann et al. (2023)	Einfluss der Digitalisierung bezogen auf das Accounting	SLA	SLA, 70 Artikel
Rîndașu/Topor/Ionescu-Feleagă (2023)	Kompetenzen Management Accountant, Digitalisierung	Qualitativ (Clustering)	Curricula-Analysen

Tabelle 3.7 Zeitschrift/Zeitungs-Übersicht „ergänzende Paper"

Zeitschrift/Zeitung[29]	Ranking VHB-Rating 2024[30]	Anzahl Paper
Accounting and Finance	B	1
Controlling & Management Review (früher: Zeitschrift für Controlling und Management ZfCM)	C	3
Controlling, Zeitschrift für erfolgsorientierte Unternehmenssteuerung	C	2
Corporate Governance: The International Journal of Business in Society	C	1
EAA (Hrsg.), 44th Annual EAA Congress	Kongress, nicht enthalten	2
Empirical Research in Vocational Education and Training	Nicht enthalten	1
HMD Praxis der Wirtschaftsinformatik	Nicht enthalten	1
Journal of Accounting & Organizational Change	B	1
Journal of Applied Accounting Research	C	1
Journal of Management Control (früher: Zeitschrift für Planung und Unternehmenssteuerung)	B	2
Management Accounting Research	A	1
Oblìk ì finansi	Nicht enthalten	1

Zum ganzheitlichen Einbezug aktueller literarischer Quellen erfolgt zudem die Einbindung aktueller Bücher. Relevante Bücher und Beiträge werden folgend aufgelistet (Tabelle 3.8):

Tabelle 3.8 Literaturauswahl Bücher/Beiträge

Bücher & Beiträge	Digitalisierung	Rollen
Klein/Gräf (2017) [Hrsg.]	*X*	
Buxmann/Schmidt (2019) [Hrsg.]	*X*	

(Fortsetzung)

[29] Im Teilrating RECH des VHB-Rankings 2024 verzeichnete Journals wurden wörtlich übernommen. VHB-Rating 2024 (Abgerufen am 11.09.2024).

[30] Die Rankingbewertung wurde aus dem Teilrating RECH aus ebd. übernommen.

Tabelle 3.8 (Fortsetzung)

Bücher & Beiträge	Digitalisierung	Rollen
Goretzki/Weber/Zubler (2019)		*X*
Heupel/Lange (2019)		*X*
Kajüter/Schaumann/Schirmacher (2019)	*X*	
Langmann (2019) [Hrsg.]	*X*	*X*
Nobach (2019)	*X*	*X*
Smeets/Erhard/Kaußler (2019) [Hrsg.]	*X*	
Weißenberger/Bauch (2019)	*X*	
Keimer/Egle (2020) [Hrsg.]		*X*
Langmann/Turi (2020) [Hrsg.]	*X*	
Weber (2020) [Hrsg.]	*X*	
Weber/Schäffer (2020) [Hrsg.]		*X*
Schoeneberg/von Schudnat/Gürbüz (2021)		*X*
Schöning/Mendel (2021) [Hrsg.]		*X*
Feldbauer-Durstmüller/Mayr (2022) [Hrsg.], seperate Nennung der Beiträge von *Wolf/Heidlmayer* und *Strauß/Reuter*.		*X*
Hastenteufel/Schuster/Kiszka (2022)		*X*
Schön (2022) [Hrsg.]	*X*	
Enslin/Hall/Du Toit (2023)		*X*
Keimer/Egle (2023) [Hrsg.], seperate Nennung der Beiträge von *Wettstein/Caderas* und *Trachsel/Bitterli*.		*X*
Stirzel/Yaldiran (2023)	*X*	

Die Literaturübersicht wird mit aktuellen Beiträgen aus der Unternehmenspraxis abgeschlossen. Trotz des geringen Vorkommens von Beiträgen über Digitalisierung im direkten Bezug auf Controlling/Reporting, wurde versucht bei der Auswahl möglichst aktuelle Ausarbeitungen aufzuzeigen (Tabelle 3.9).

Tabelle 3.9 Literaturauswahl Beiträge aus der Unternehmenspraxis

Beiträge aus der Unternehmenspraxis	Themenschwerpunkt	Art
Willmes/Hess (2014) (KPMG)	„Big Data im Controlling“[31], u. a. Rollen, Kompetenzen im Controlling	Experteninterviews, Umfragetest, Online-Umfrage, 114 Probanden, 2014
Rasch/Koß (2015) (PwC)	Management Reporting	Befragung in 36 Unternehmen, Probanden: CFOs, Finanzwesen, Controlling, deutscher Firmensitz, groß mittelständisch,
Deloitte (2016)	Management Reporting	Weltweite Befragung von 614 Finanzverantwortlichen, 2015
Baier/Tischler (2019) (BARC)	Unternehmensreporting und moderne Technologien (SSBI, BI)	Onlineumfrage, über 600 Probanden, weltweit, 2019
Isensee et al. (2019) (Horváth & Partners)	Digitalisierung und Effizienzsteigerung im Bereich Reporting	Befragung von 105 Probanden, Unternehmen meist groß/sehr groß
Brosig et al. (2020) (Horváth & Partners)	SAP S/4 HANA unter anderem in Bezug auf das Reporting	White Paper
Justenhoven/Loitz (2021) (PwC); *Loitz/Flath/Dittmar* (2022) (PwC); *Prümm/Loitz/Dittmar* (2023) (Pwc)	Digitalisierung, u. a. internes Reporting	Studien: 2021, 2022 und 2023 jeweils 100 Unternehmen (mittelständische/größere). 2021 Experteninterview; Deutschland

(Fortsetzung)

[31] Willmes/Hess (2014), S. 7.

Tabelle 3.9 (Fortsetzung)

Beiträge aus der Unternehmenspraxis	Themenschwerpunkt	Art
Kreher et al. (2021) (KPMG); *Kreher et al.* (2022) (KPMG); *Kreher et al.* (2024) (KPMG)	„Digitalisierung im Rechnungswesen“[32]	Online-Umfragen (in Deutschland, Schweiz, Österreich); 2021: 350 Unternehmen/Probanden; 2022: 300 Unternehmen/Probanden; 2023: 232 Probanden; Experteninterviews 2021, 2022, 2023
Baier et al. (2022) (BARC)	„Data, BI and Analytics Trend Monitor 2023“[33]	weltweite Onlineumfrage an 1.823 Probanden, 2022

3.1.2 Ergebnispräsentation

Die folgenden Abschnitte erhalten die Ergebnisse der Literaturanalyse. Gegliedert werden diese in die Themenbereiche moderne Technologien und IT-Tools, Erfolgssteigerung durch Technologie- und IT-Tool-Nutzung und Rollenentwicklung.

3.1.2.1 Einleitung

Wie im Grundlagenteil der vorliegenden Arbeit beschrieben, verändern Technologien und IT-Tools das Berichtswesen – über die Datenbeschaffung und -verwaltung im Rahmen der Big Data Nutzung, der Palette an Möglichkeiten der Datenanalyse und Informationsgenerierung, bis hin zum bedarfsgerechten und mobilen Informationszugriff anhand von Self-Service-Applikationen.[34] Technologie- und IT-Tool-Nutzung zur Entscheidungsfindung zeigt sich dabei im Rahmen aktueller Literatur und Forschung als wichtiger Themenkomplex.[35]

[32] Kreher et al. (2021), S. 1, im Original als Überschrift auf dem Deckblatt der Studie, Text farblich weiß und im Design hervorgehoben.

[33] Ebd., S. 1, im Original als Überschrift auf dem Deckblatt der Studie fett formatiert, Text farblich weiß und im Design hervorgehoben.

[34] Vgl. Kajüter/Schaumann/Schirmacher (2019), 135 ff. und Grundlagenteil der vorliegenden Arbeit.

[35] Vgl. Weißenberger/Bauch (2019), S. 713 ff.; Weber (2020), S. 1 ff.; siehe hauptsächlich auch folgende Ausführungen der Ergebnispräsentation.

Der Einsatz digitaler Lösungen soll der Erfolgssteigerung im Unternehmen verhelfen.[36] Die folgenden Ergebnisse der Literaturanalyse geben hierbei einen Überblick von Chancen sowie Hemmnissen im Controlling und Berichtswesen, bei der Nutzung moderner Technologien und IT-Tools. Hervorgehoben werden kann zudem die mit der Digitalisierung einhergehende Rollenentwicklung des Controllers und bezüglich der Erfolgssteigerung speziell die Rolle des Business Partners.[37]

3.1.2.2 Moderne Technologien und IT-Tools

Aktuelle Forschungen bestätigen die Relevanz, der im Grundlagenteil der Arbeit, erläuterter Technologien und IT-Tools und behandeln die Themen Warehousing Tools, Big Data, Echtzeitdatengewinnung, Data Mining, maschinelles Lernen, Automatisierung/RPA, Analytics, BI, Self-Service, Dashboards und mobile Endgeräte. Zusätzlich wird gerne das Thema ERP-Systeme angesprochen. Studien stellen unter anderem die Wichtigkeit von Automatisierung, Cloud-Lösungen, Self-Service und mobile Lösungen für das Reporting heraus. Eine Übersicht behandelter Technologien und IT-Tools mit Zuordnung der jeweiligen Autoren ist im Anhang der vorliegenden Arbeit einsehbar.[38]

Zudem ermöglicht BARC im Rahmen des Trend Monitors eine Übersicht globaler sowie europäischer Regionen bei dessen Einschätzung der Wichtigkeit verschiedener Technologien und IT-Tools (beispielsweise BI, Mobile BI, Self-Service Analytics etc.).[39] Auch *KPMG* beschäftigt sich regelmäßig mit dem Thema „Digitalisierung im Rechnungswesen"[40] unter anderem im Kontext moderner Technologien sowie Systeme.[41] Als bedeutende und genutzte Technologien können Cloud-Lösungen, Big-Data-Analysetools, RPA, In-Memory-Datenbanken, Self-Service-Reporting und Big-Data-Analysetools hervorgehoben

---

[36] Vgl. Buxmann/Schmidt (2019), S. V; Weich/Löchte (2019); Vgl. Fähndrich (2023), S. 44 f.; Pargmann et al. (2023), S. 18. Siehe in Buxmann/Schmidt (2019) den gewinnbringenden Einsatz von KI.

[37] Siehe hierzu die Ergebnisse der Literaturanalyse zu entsprechenden Themenschwerpunkten.

[38] Siehe im Anhang (im elektronischen Zusatzmaterial) der vorliegenden Arbeit eine Studienübersicht zum Thema „Digitalisierung" und Auflistungen in den Studien genannter Technologien und IT-Tools.

[39] Vgl. Baier et al. (2022), S. 60.

[40] Kreher et al. (2021), S. 1, im Original als Überschrift auf dem Deckblatt der Studie, Text farblich weiß und im Design hervorgehoben.

[41] Vgl. Ebd. S. 6.

werden.[42] Mit der Betrachtung der *PWC*-Beiträge von 2021 bis 2023 wird jedoch offensichtlich, dass sich die Nutzung von Excel-Dateien von 2021 auf 2023 im internen Reporting steigerte. Unter anderem eine mangelnde Softwarelösung bezüglich regulatorischer Anforderungen können als Begründung hierfür genannt werden.[43]

Aktuelle Bücher und Beiträge zeigen wie der moderne Tooleinsatz im Reporting von benötigten Software- und Cloudlösungen tangiert wird: Prinzipiell müssen die Massen an neugewonnenen Daten digitaler Datenquellen bedient werden. Integrierte Informationstechnologien nehmen entsprechend eine wichtige Rolle im Controlling und Reporting ein. Bezüglich der Verarbeitung großer Datenmengen wird in der aktuellen Literatur gerne auf SAP und hierbei auf SAP HANA verwiesen.[44] Andere Anbieter und weitere Ausrichtungen sind jedoch nicht zu vernachlässigen. Zur Übersicht zum Thema Reporting-Softwarelösungen werden in *Schön* die potentiellen Leitrichtungen

- „Planungs- und Reportingfunktionen der ERP-Systeme
- Tabellenkalkulationsprogramme
- Spezielle Planungs- und Reportingsysteme, die auf relationaler Datenbanktechnik basieren
- BI-gestützte Systeme mit Data-Warehouse- und Big-Data-Technologie“[45]

genannt.[46] Bei der ERP-Systembetrachtung erfolgt auch hier die Nennung von SAP als gängiger Anbieter. *Schön* geht jedoch bezüglich Aufzählungspunkt vier auf diverse BI-Anbieter[47], Data Warehouse-Lösungen, Cloud Computing und mobiles Computing sowie hierfür mögliche App-Applikationen ein.[48]

Auch mit den Ausführungen von *Langmann* kann ein Software-/Plattformüberblick zu modernen Technologien und IT-Tools geschaffen werden: Dieser nennt in seinem Buchabschnitt, bezüglich Reporting, als Software bzw.

---

[42] Vgl. Ebd. S. 13; Kreher et al. (2022), S. 20; Kreher et al. (2024), S. 17.

[43] Vgl. Justenhoven/Loitz (2021), S. 16; Loitz/Flath/Dittmar (2022), S. 13; Prümm/Loitz/Dittmar (2023), S. 13.

[44] Vgl. Klein/Gräf (2017); Nobach (2019), S. 254 f.
Siehe https://www.sap.com/germany/products.html.

[45] Schön (2022), S. 375. Die vollständige Aufzählung wurde direkt aus ebd. zitiert.

[46] Vgl. Schön (2022), S. 374 ff.

[47] Siehe für die Aufzählung einiger BI-Anbieter Schön (2022), S. 394 f. hierunter unter anderem SAP, IBM und Microsoft. Siehe hierzu https://www.ibm.com/de-de/products?lnk=hpmpr und https://azure.microsoft.com/de-de/.

[48] Vgl. Schön (2022), S. 374 ff.

Plattformen für Analytics **KNIME** und **RapidMiner** sowie für eine verbesserte Reportdarstellung und Kommentierung **inspirient**. Als Beispiel verbesserter ERP-Systeme für das Controlling wird auf **SAP S/4/HANA** verwiesen und als Cloud-Lösung auf **BOARD**.[49] Hierdurch werden unter anderem mehrdimensionale Auswertungen, Real-Time Prozesse, Self-Service- sowie Mobiles Reporting ermöglicht.[50] Als eines der Unternehmen, welches einen Big Data Zugang gewährleistet, wird auf **Ubermetrics** aufmerksam gemacht.[51] Im Rahmen von RPA wird sich in den Ausführungen von *Langmann* auf die Software **UiPath** bezogen.[52] *Langmann* zeigt in seinen Ausführungen bezüglich Cloud/ On-Premise-Lösungen eine Übersicht gewählter Anbieter auf, welche wie folgt dargestellt werden kann (Tabelle 3.10):

Tabelle 3.10 IT-Lösungen. (Nach Langmann (2019), S. 34)[53]

Advanced Analytics	RPA[54]	Big Data	Machine Learning
RapidMiner KNIME XLSTAT[55] TIBCO[56]	BluePrism[57] AutomationAnywere[58] UiPath	Ubermetrics RavenPack[59] Hootsuit[60]	DataRobot[61] PredictionIO[62] BigML[63]

[49] Vgl. Langmann (2019), S. 16. Ebd. verweist hierbei auf die Internetseiten www.knime.com, www.rapidminer.com, www.inspirient.com, www.sap.com und www.board.com.

[50] Vgl. Lagmann (2019), S. 16.

[51] Vgl. Langmann (2019), S. 13. Ebd. verweist hierbei auf die Internetseite www.ubermetrics.com.

[52] Vgl. Langmann (2019), S. 17 ff. Ebd. S. 17 verweist hierbei auf die Internetseite www.uipath.com.

[53] Inhalt wurde unter einer kleinen Abänderung vollständig aus der Grafik von Langmann (2019), S. 34 übernommen. Dieser verwendete Logos für die Aufzählung der IT-Lösungen. Die Darstellung unterscheidet sich.

[54] Sieh hierzu auch Langmann/Turi (2020).

[55] Siehe https://www.xlstat.com/de/.

[56] Siehe https://www.tibco.com/products.

[57] Siehe https://www.blueprism.com/de/.

[58] Siehe https://www.automationanywhere.com/.

[59] Siehe https://www.ravenpack.com/.

[60] Siehe https://www.hootsuite.com/de/.

[61] Siehe https://www.datarobot.com/.

[62] Siehe https://predictionio.apache.org/.

[63] Siehe https://bigml.com/.

Als auf RPA fokussierte Anbieter können zudem beispielsweise AutomationEdge, Softomotive sowie Kryon System genannt werden, wobei sich auch eine Palette weiterer Anbieter mit RPA-Lösungen als Portfoliobestandteil aufzählen lassen.[64] Zum Thema BI-Software-Lösungen fokussieren sich *Stirzel* und *Yaldiran* auf Microsoft Power BI[65] sowie Tableau[66] als Ausgabeplattformen.[67] Bezüglich Maschine Learning erfolgen in *Weber* umfassende Ausführungen, welche um die Cloud-Plattformen „[…] von Amazon, Google, Microsoft, SAP und IBM […]"[68] handeln.[69]

3.1.2.3 Erfolgssteigerung durch Technologie- und IT-Tool-Nutzung

Im Rahmen gefundener Paper kann ein Themenfokus auf die Wirkung moderner Technologien und IT-Tools im Controlling und auf den Erfolg aufgezeigt werden. *Halbouni* und *Nour* führten eine Umfrage in den Vereinigten Arabischen Emiraten mit einer Probandenzahl von 138 Management Accountants zu genannten Themenkomplex durch. In seiner Studie wird vor allem auf die durch den IT-Einsatz getriebene Rollenveränderung im Management Accounting und besseren Unterstützung des Entscheidungsprozesses eingegangen.[70] *Wiegmann, Tretbar* und *Strauß* weisen anhand ihrer Befragungen darauf hin, dass sich IT-Trends und der Controllerrollenwandel positiv auf die Effektivität und Effizienz (Zeiteinsparung im Zahlenteil, Zeit-Nutzung zur Management-Unterstützung, für Analysen, Prognoseverbesserungen etc.) im Controlling und einhergehend auf die Entscheidungsfindung im Unternehmen auswirken können.[71] Auch *Kokina* und *Blanchette* deuten im Rahmen ihrer Studie auf mögliche Qualitätsverbesserungen, Effektivitäts- & Effizienzsteigerungen (Zeiteinsparung, Zeit-Nutzung z. B. für Analysen) durch RPA hin.[72]

[64] Vgl. Smeets/Erhard/Kaußler (2019), S. 48 f.

[65] Siehe für Microsoft Power BI: https://powerbi.microsoft.com/de-de/.

[66] Siehe für Tableau: https://www.tableau.com/.

[67] Vgl. zur Ausgabe-Plattform Stirzel/Yaldiran (2023), S. 539.

[68] Weber (2020), S. 92. Siehe für Amazon: https://aws.amazon.com/de/. Siehe für Google: https://cloud.google.com/.

[69] Vgl. Weber (2020); S. 91 ff.

[70] Vgl. Halbouni/Nour (2013).

[71] Vgl. Wiegmann/Tretbar/Strauß (2014), S. 200 f.

[72] Vgl. Kokina/Blanchette (2019), S. 10 f.

Isensee et al. (Horváth & Partners) befragten 105 Probanden zur Digitalisierung und Effizienzsteigerung im Bereich Reporting.[73] Die Probanden weisen im Reporting vor allem Automatisierungen von Abweichungsanalysen sowie der Werttreiberidentifikation Bedeutung zu.[74] Als Effizienzhebel kann eine zentrale Datenplattform (SPOT) sowie Schnittstellenautomatisierung und Dashboarding hervorgehoben werden. Als weitere IT-Ansätze zeigen unter anderem Advanced Analytics, RPA sowie KI bezogen auf das Reporting unausgeschöpfte Potenziale.[75] Als Grundlagen des modernen Reporting werden im Beitrag auf Datenharmonisierung und Kompetenzausbau verwiesen.[76] *Brosig et al.* (Horváth & Partners) weisen, im Kontext der Datenintegration, Automatisierungen und Dashboards, auf durch SAP S/4 HANA generierbare nachhaltige Effizienzsteigerungen hin.[77]

Rasch und *Koß* (PwC) gehen in ihrer Studie auf integrierte IT-Standardlösungen und mögliche, resultierende Verbesserungen des Reportings ein. Unter anderem in Bereichen der Qualität und Zeit.[78] Für ein verbessertes Management Reporting werden von *Deloitte* (Befragung von 614 Finanzverantwortlichen weltweit) unter anderem Datenqualitätsverbesserungen, Standardisierungen und die Nutzung von Digitalisierungstechnologien für besseres Performance Management empfohlen. Außerdem können zu einer stärkeren Verschiebung der Tätigkeiten des Finance Business Partners von Aufgaben wie der Berichterstellung hin zu Businessinteraktionen geraten werden.[79]

Auch durch die Studie von *Weich* und *Löchte* wird auf Effektivitäts- und Effizienzsteigerungsmöglichkeiten durch Digitalisierungen im Controlling und Reporting hingewiesen. Hierbei auf eine Verbesserung der Entscheidungsfindung, schnelle Datenbereitstellung verlässlicher Daten und Analyse durch Self-Service-Reporting eingegangen.[80] *Fähndrich* geht, im Rahmen seiner Literaturanalyse von 116 Artikeln, auf den Themenbereich Management Control unter Einfluss der Digitalisierung ein und weist hierbei unter anderem auf eine Performance-Steigerung im Reporting hin. Die Nutzung digitaler Möglichkeiten bietet laut ebd.

---

[73] Vgl. Isensee et al. (2019), S. 1 ff.

[74] Vgl. Ebd. S. 2.

[75] Vgl. Isensee et al. (2019).

[76] Vgl. Ebd., S. 4.

[77] Vgl. Brosig et al. (2020), S. 10.

[78] Vgl. Rasch/Koß (2015), S. 9 ff. u. S. 18 ff.

[79] Vgl. Deloitte (2016).

[80] Vgl. Weich/Löchte (2019).

Effizienzsteigerungen, Arbeitsentlastung, Zeiteinsparung, Minderung von Informationsasymmetrien und schafft Raum für Business-Partner-Tätigkeiten.[81] Auch die Ergebnisse der Literaturanalyse von *Pargmann et al.* sprechen für Kostenreduzierungen, Effizienzsteigerungen, Zeitersparnis und Fehlerreduktion durch Einsatz digitaler Möglichkeiten.[82]

Anhand gefundener Ergebnisse zeigen sich Erfolgspotentiale vor allem in den Bereichen der Entscheidungsfindung und Zeitersparnis.[83] *Knudsen* jedoch geht in Bezug der Möglichkeit der durch IT verbesserten Entscheidungsfindung auf mögliche Risiken neuer Informationsarten und hierunter auf den möglichen zu geringen Einbezug menschlichen Urteilvermögens und zu schneller Entscheidungsfindung ein. Zudem sollte geprüft werden in welchem Umfang auf Algorithmen vertraut werden sollte.[84] Entsprechend kann an dieser Stelle auf neue Rollen des Controllers und die Einbindung ihrer Expertise aufmerksam gemacht werden.[85]

3.1.2.3.1 Durch Technologie- und IT-Tool-Nutzung geförderte Rollen

In aktuellen Studien wird auf den in der Praxis spürbaren Einfluss der IT auf die Rollen im Controlling und die Veränderung der Rollen des Controllers speziell hin zum Business Partner eingegangen. Zudem wird auf ein verändertes Entscheidungsträgerverhalten hingewiesen.[86]

Zum Themenfeld ERP gehen bereits *Chen et al.* sowie *Graham, Davey-Evans* und *Toon* in ihren Studien auf Zusammenhänge zwischen ERP-Systemen und dem Management Accountant Rollenwandel ein.[87] Auch *Wolf et al.* drücken durch die Unterlegungen von aktuellen Studien aus, dass die Digitalisierung bzw. IT-Systeme Rollenveränderungen bezüglich Management Accountants begründen.[88] Nach der Studie von *Halbouni* und *Nour* treiben IT sowie die Globalisierung Rollenveränderungen der Management Accountants voran. Ebd. weisen dabei auf einen gesteigerten Einfluss der Management Accountants auf organisatorische

---

[81] Vgl. Fähndrich (2023), S. 44 f.

[82] Vgl. Pargmann et al. (2023), S. 18.

[83] Ergebnis der oberhalb aufgeführten Studien.

[84] Vgl. Knudsen (2020), S. 6 f. u. S. 16.

[85] Vgl. Koch/Storm (2020), S. 39.

[86] Vgl. folgende Ausführungen, zum Entscheidungsträgerverhalten speziell Andreassen (2020).

[87] Vgl. Chen et al. (2012), S. 83; Graham/Davey-Evans/Toon (2012), S. 74.

[88] Vgl. Wolf et al. (2020), S. 335.

Entscheidungen hin.[89] *Oesterreich et al.* stellen den Digitalisierungseinflusses auf Management Accountant-/Controllerrollen in ihrer Studie dar.[90] In der Studie von *Schäffer* und *Brückner* wird neben der Rollendarstellung ein rollenspezifisches Kompetenzprofil, im Rahmen der WHU Delphi-Studie und der Ergebnisse des WHU Controller Panels, abgebildet.[91] *Möbus, Kirschmann* und *Florian* widmen sich diesem Thema in Bezug auf den Bosch-Konzern und hierauf abgestimmte Rollen.[92] *Rîndașu* stellte anhand einer Umfrage mit 115 Probanden fest, dass die Mehrheit dieser den Wandel des Accouting Berufs mit der Nutzung von mobilen Technologien sowie Cloud Computing Plattformen begründen.[93]

Weißenberger, Angelkort und Göbel thematisieren in ihrer Studie, zur Integration der Rechnungslegung, den IT-getriebenen Rollenwandel des Controllers in Richtung betriebswirtschaftlicher Berater bzw. Business Partner.[94] Auch *Wiegmann, Tretbar* und *Strauß* verdeutlichen in ihren Ausführungen, dass die Nutzung von IT-Trends die Business Partnerrolle im Controlling fördern kann.[95] Die Interviews im Rahmen der Studie von *Andreassen* zeigen engere/spezialisierte Rollen der Management Accountants auf Abteilungs-/Bereichsebene (möglicher Grund: Digitalisierung) und geschäftsorientierte Rollencharakter auf dem Group Level. Die Digitalisierung ändert das Entscheidungsträgerverhalten.[96] *Cavélius, Endenich* und *Zicari* gehen auf die Digitalisierung und den hierdurch resultierenden Rollenwandel des Management Controllers und die Management-Beratung durch Management Controller ein.[97] *Koch* und *Storm* erläutern, dass sich eine im Rahmen der Digitalisierung „weiterentwickelte[] Business-Partner-Rolle“[98] im Controlling herausstellen wird, welche durch die Nutzung digitaler Technologien begründet wird und eine erhöhte Beratungsqualität sowie -intensität mit sich zieht.[99] Auch *Pargmann et al.* verweisen im Rahmen ihrer SLA auf einen durch die IT-Tool-Nutzung bedingten Rollenwandel hin zum Business Partner.[100]

[89] Vgl. Halbouni/Nour (2013), S. 302.
[90] Vgl. Oesterreich et al. (2019).
[91] Vgl. Schäffer/Brückner (2019).
[92] Vgl. Möbus/Kirschmann/Florian (2022).
[93] Vgl. Rîndașu (2017), S. 596 f.
[94] Vgl. Weißenberger/Angelkort/Göbel (2012), S. 85 f.
[95] Vgl. Wiegmann/Tretbar/Strauß (2014), S. 200 f.
[96] Vgl. Andreassen (2020).
[97] Vgl. Cavélius/Endenich/Zicari (2020).
[98] Koch/Storm (2020), S. 41.
[99] Vgl. Ebd.
[100] Vgl. Pargmann et al. (2023), S. 15.

Marmonti wiederum geht in seinem Beitrag auf die Rolle „Data Steward" (Datenverwalter) sowie dessen Wichtigkeit im Zuge der Digitalisierung im Controlling ein.[101]

3.1.2.3.2 Der Business Partner als erfolgssteigernde Rolle

Diverse Autoren beschäftigen sich zudem mit dem Thema Rollen im Controlling im Zusammenhang mit dem Erfolg. *Malagueño et al.* zeigen anhand von Projektfunktionen auf, wie sich die Controller-Beteiligung positiv auf den Projekterfolg auswirken kann.[102] *Möbus, Kirschmann* und *Florian* weisen in ihrem Beitrag auf Effizienz- sowie Effektivitätssteigerungen anhand der Einnahme neuer Rollen im Controlling, im Rahmen der Betrachtung der Bosch-Gruppe, hin.[103] *Amilin* zeigt anhand einer Umfrage in Indonesien (öffentliche Unternehmen, 122 Management Accoutants) Zusammenhänge der Leistung (Performance) und Rollenkonflikten sowie des emotionalen Quotienten auf.[104]

Nach *Burns* und *Baldvinsdottir* sollen Accountants nicht nur die Rolle des Zahlenlieferanten einnehmen, sondern auch benötigte Informationen für das Management entschlüsseln können, um eine höhere Bedürfnisbefriedigung des Managements zu erlangen. Es wird die vermehrte Einnahme der von business-orientierten Rollen gewünscht.[105] *Byrne* und *Pierce* stellen den möglichen Zusammenhang zwischen der Rolle des Management Accountants und dem Erfolg (verbesserte Kontrolle, Planung, Information, Entscheidungsfindung) dar.[106] Auch *Valančienę* und *GimŽauskienę* sowie *Weißenberger, Angelkort* und *Göbel* weisen bei einer modernen Ausgestaltung im Management Accounting auf eine mögliche Erfolgssteigerung hin. *Weißenberger, Angelkort* und *Göbel* verweisen hierbei auf die Rolle des betriebswirtschaftlichen Beraters.[107] Die Studie von *Weißenberger et al.* beinhaltet eine Umfrage zu diesem Themengebiet, bei der jeweils Controller und Manager aus gleicher Geschäftseinheit befragt wurden (112 Fälle). Ebd. weisen auf eine positive Wirkung der Rolleneinnahme des Controllers als Business Partner auf den Controllerbeitrag bezüglich des

---

[101] Vgl. Marmonti (2019).

[102] Vgl. Malagueño et al. (2021).

[103] Vgl. Möbus/Kirschmann/Florian (2022), S. 50.

[104] Vgl. Amilin (2017), S. 237 u. 245.

[105] Vgl. Burns/Baldvinsdottir (2005), S. 739 ff. (Bezogen auf Accountants in Produkt-Streams).

[106] Vgl. Byrne/Pierce (2007), S. 488.

[107] Vgl. Valančienę/GimŽauskienę (2007), S. 22; Weißenberger/Angelkort/Göbel (2012), S. 86.

Unternehmenserfolgs hin.[108] Die Forschung (abgezielt auf große deutsche Unternehmen, 155 Controller, Umfrage) von *Sutton* und *Weißenberger* legt nahe, dass sich die Rolleneinnahme als strategischer Business Partner in Krisenzeiten wie während der COVID-19-Pandemie erfolgssteigernd auf die Informationsqualität und auf die hiermit einhergehende Entscheidungsfindung auswirken könnte.[109]

3.1.2.4 Rollenentwicklung

Untersuchte Studien befassen sich hauptsächlich mit der Betrachtung der Verschiebung sowie auch Hybridisierung der Controllerrolle.[110] Kernthema ist hierbei die Ausweitung der Controller-Tätigkeiten in den strategischen Bereich.[111] Wie literarisch oberhalb aufgezeigt, wird als einer der Hauptgründe des Wandels die Digitalisierung genannt. Die Ausprägung des Rollenwandels hin zu modernen Rollen scheint dabei Länder-,[112] Wirtschaftszweig-[113] und Unternehmensartabhängig zu sein. Offensichtlich wird jedoch ein Fortschreiten der Einnahme moderner Rollen. *Schäffer* und *Brückner*[114] stellen unter anderem anhand der Delphi-Studie der WHU[115] eine übersichtliche Darstellung aktueller Controllerrollen in ihren Ausführungen dar. Diese soll im Rahmen der Umfrage der vorliegenden Arbeit verwendet werden, da sie einen umfassenden Teil der in den Papern genannten Controllerrollen/Tätigkeitsbeschreibungen widerspiegeln.

Eine umfangreiche Übersicht der über die SLA einbezogenen Paper, zugehörige Ausformulierungen und aufgeführte Rollen befindet sich in der Ergebnisdarstellung im Anhang der vorliegenden Arbeit. In den Papern enthaltene Rollenbezeichnungen können auf die Ausführungen von *Schäffer* und *Brückner* beispielsweise wie folgt zugeordnet werden (Tabelle 3.11):

---

[108] Vgl. Weißenberger et al. (2012), S. 335.

[109] Vgl. Sutton/Weißenberger (2022), S. 26.

[110] Vgl. die erweiterten Ausführungen zur Ergebnispräsentation im Anhang (im elektronischen Zusatzmaterial) der vorliegenden Arbeit; zum Thema hybride Rollen u. a. Burns/Baldvinsdottir (2005); Loo/Verstegen/Swagerman (2011) S. 302; Rieg (2018); Horton et al. (2020), S. 1 ff.

[111] Vgl. Rieg (2018).

[112] Vgl. zu Ländern beispielsweise Hoffjan/Trapp/Boucoiran (2011).

[113] Vgl. zu Wirtschaftszweig beispielsweise Rajeevan (2019), S. 223.

[114] Vgl. Schäffer/Brückner (2019).

[115] Siehe hierzu Schäffer et al. (2019).

Tabelle 3.11 Rollenabgleich SLAs und ergänzende Paper[116]

Rollenabgleich SLAs und ergänzende Paper mit Rollen nach *Schäffer/Brückner* (2019)[117]	Service Expert	Functional Lead	Change Agent	Score-keeper	Guardian	Business Partner	Data Engineer	Data Scientist	Decision Scientist
Bean Counter/Scorekeeper[118]				X					
Business Partner[119]						X			
Plan/Ist-Rechner				X				X	
Guardian/Polizist[120]					X				

(Fortsetzung)

[116] Eigenerstellte Darstellung.
Begriffe wurden aus den zuvor betrachteten Papern übernommen. Siehe für eine Aufstellung der Paper mit entnommenen Begriffen den Anhang „Rollensammlung nach Autoren (SLAs)“ im elektronischen Zusatzmaterial.
Mit (X) ist eine abgeschwächte Übereinstimmung der Rollen gekennzeichnet.

[117] Rollenzuordnung angelehnt an *Schäffer/Brückner* (2019) S. 21 u. 27. Siehe hierzu auch Schäffer et al. (2019).

[118] Zusammengefasste Rollennennungen unter Bean Counter/Scorekeeper: Zahlenschmied/Zahlenschubser/Number Chruncher/Zahlenverwalter/Bookkeeper/Scorekeeper/Bean Counter/Erbsenzähler/Zahlenknecht/Historian/Accounting Services/informationsorientierter Methoden- und Systemdienstleister/Master of Information/Herr der betriebswirtschaftlichen Zahlen/Information Adapter/Informationsdienstleister für die Bilanzierung/Reporting Machines/Reporter/War Correspondent/Data Supplier/Information Provider/Financial Report Provider/Zahlenlieferant.

[119] Zusammengefasste Rollennennungen unter Business Partner: Business Partner/Partner/Partner des Managements/Business Partner 2.0/Business Manager/Augmented Business Partner.

[120] Zusammengefasste Rollen unter Guardian/Polizist: Polizist/Policeman/Polizeifunktion/Guardian/Wachhund/Watchdog/Richtlineneinhaltung/Kontrolleur/Corporate Police/Corporate Cop/Corporate Policeman/ Aufseher/Aufpasser/Control/Watchmen/Wadenbeißer/Financial Gatekeeper.

Tabelle 3.11 (Fortsetzung)

Rollenabgleich SLAs und ergänzende Paper mit Rollen nach *Schäffer/Brückner* (2019)	Service Expert	Functional Lead	Change Agent	Score-keeper	Guardian	Business Partner	Data Engineer	Data Scientist	Decision Scientist
Verwalter/Buchhalter/Registrator				X					
Konzeptionator	X	X				X			
Berater/Consultant[121]		X				X			X
Rationalitätssicherer/Sicherer der Rationalität		X			X	X	X	X	X
Architekt	X	X	X				X		
Archivist				X				X	
Interventionist	X	X	X		X	X	X		X
Steuermann/Navigator/Lotse		X	(X)			X			X
Herausforderer		X	X						
Innovator			X				X		

(Fortsetzung)

[121] Zusammengefasste Rollen unter Berater/Consultant: Berater/Consultant/Interner Berater/Internal Consultant/Business Advisor/Support/betriebswirtschaftlicher Berater des Managements/betriebswirtschaftlicher Begleiter/Sparringpartner des Managements/Customer Service/facilitator of decision-making/Adviser/Business Advocate oder auch Service Role/Master of Information/Herr der betriebswirtschaftlichen Zahlen/Subject Matter Expert/Supervisor.

Tabelle 3.11 (Fortsetzung)

Rollenabgleich SLAs und ergänzende Paper mit Rollen nach *Schäffer/Brückner* (2019)	Service Expert	Functional Lead	Change Agent	Score-keeper	Guardian	Business Partner	Data Engineer	Data Scientist	Decision Scientist
Schnittstellenmanager/Kommunikator		X				X			X
Bremser/Verhinderer[122]		X			X	X			
Ökonomisches Gewissen[123]		X			X	X			X
Analyst[124]		X				X		X	X
Hofnarr/Kritischer Counterpart	X	X	X		X	X		X	X
Halber Programierer/Programmer							X	X	
Business-orientated Officer		X				X			X
Strategic Partner[125]			X			X			X

(Fortsetzung)

122 Oder auch Methoden- und Systemdienstleister.

123 Zusammengefasste Rollen unter ökonomisches Gewissen: Ökonomisches Gewissen/Methoden- und Systemdienstleister/Betriebswirtschaftliches Gewissen/Beifahrer/Betriebswirtschaftlicher Begleiter.

124 Zusammengefasste Rollen unter Analyst: Analyst/Business Analyst/Financial Analyst/Reporting Business Analyst/Business System Analyst.

125 Zusammengefasste Rollen unter Strategic Partner: Strategy-focused Officer/Strategic Partner/Strategischer Controller.

Tabelle 3.11 (Fortsetzung)

Rollenabgleich SLAs und ergänzende Paper mit Rollen nach *Schäffer/ Brückner* (2019)	Service Expert	Functional Lead	Change Agent	Score-keeper	Guardian	Business Partner	Data Engineer	Data Scientist	Decision Scientist
transaction data handler								(X)	
transactions auditor								(X)	
reviewer of front-end data mapping								(X)	
Change Agent/Agent of Change			X						
Guardian/Governor					X				
Data Scientist/Data Steward								X	
Gate-Bridging		X				X			X
Methoden- und System-entwickler							X		
Technician							X	X	(X)
Safeguard		X			X	X			X
Spürhund/Detektiv					X				X

Auch die Darstellung der Controllerrollen aktueller Bücher und Beiträge[126] bestärken den Entschluss, durch die Anlehnung an die Ausführungen von *Schäffer* und *Brückner*[127], Controllerrollen in sinnvoller Weise abfragen zu können. Die in ebd. aufgeführten Controllerrollen scheinen auch hier verschiedenartige Rollen umfangreich abdecken zu können. Zwar werden Rollenbezeichnungen wie beispielsweise der „Chief Digital Performance Officer"[128] in *Schäffer* und *Brückner* nicht direkt genannt, könnten jedoch anhand ähnlicher Definitionen unter anderem Rollen-Begriff oder einer Kombination von Rollen herausgestellt oder annähernd herausgestellt werden. Anhand der Literatur wird zudem teilweise eine unterschiedliche Bezeichnung inhaltlich gleicher Rollen ersichtlich. Unsicherheiten auf Grund unterschiedlicher Bezeichnungen oder ein unterschiedliches Rollenverständnis, sollen in der vorliegenden Arbeit bei Befragungen durch vorangestellte Definitionen der Rollen gelindert bzw. vermieden werden.

Folgende Grafik stellt eine mögliche Zuordnung genannter Rollen betrachteter Bücher mit den Rollendefinitionen in *Schäffer* und *Brückner* dar (Tabelle 3.12):

[126] Die Rollensammlung nach Autoren (Bücher) befindet sich in der Ergebnisdarstellung im Anhang (im elektronischen Zusatzmaterial) der vorliegenden Arbeit.

[127] Vgl. Schäffer/Brückner (2019); siehe hierzu auch Schäffer et al. (2019).

[128] Wolf/Heidlmayer (2022), S. 19.

Tabelle 3.12 Rollenabgleich Bücher[129]

Rollenabgleich Bücher mit Rollen nach *Schäffer/Brückner* (2019)[130]	Service Expert	Functional Lead	Change Agent	Score-keeper	Guardian	Business Partner	Data Engineer	Data Scientist	Decision Scientist
Bean Counter/Scorekeeper[131]				X					
Data Scientist								X	
Digitaler Controller[132]			X				X	X	
Data Analyst[133]		X				X		X	X
Business Partner[134]						X			
Watch Dog[135]					X				

(Fortsetzung)

[129] Eigenerstellte Darstellung.

Begriffe wurden aus den zuvor betrachteten Beiträgen übernommen. Siehe für eine Aufstellung der Beiträge mit entnommenen Begriffen den Anhang „Rollensammlung nach Autoren (Bücher)" im elektronischen Zusatzmaterial.

Mit (X) ist eine abgeschwächte Übereinstimmung der Rollen gekennzeichnet.

[130] Rollenzuordnung angelehnt an Schäffer/Brückner (2019) S. 21 u. 27. Siehe hierzu auch Schäffer et al. (2019).

[131] Zusammengefasste Rollennennungen unter Bean Counter/Scorekeeper: Bean Counter/Erbsenzähler/Erbsenzähler:innen/Scorekeeper/Number Cruncher/Informant/Information Provider/Informationslieferant/Informationslieferant:innen/Datenknecht/Datensammler:innen, Zahlenlierferrant/ Zahlenlieferant:innen + Reporter/Reporter:innen: Service Provider/Service Provider:innen/Service Expert:innen, Service Expert/Berichterstatter:innen/ Technical Expert/Technischer Experte/Preparer of Figures.

[132] Zusammengefasste Rollennennungen unter Digitaler Controller: Chief Digital Performance Officer/Chief Digital Officer/Digitaler Controller/Digital Controller/Digitalisierungs-Coach:innen.

[133] Zusammengefasste Rollennennungen unter Data Analyst: Data Analyst/Data Manager/Analyst/Informationsspezialist.

[134] Zusammengefasste Rollennennungen unter Business Partner: Business Partner/ Businesspartner:innen/Business Partner 2.0/ Decision Maker.

[135] Zusammengefasste Rollennennungen unter Watch Dog: Watch Dog/Corporate Watch Dog/Gatekeeper/Kontrolleur/Inspector.

Tabelle 3.12 (Fortsetzung)

Rollenabgleich Bücher mit Rollen nach *Schäffer/Brückner* (2019)	Service Expert	Functional Lead	Change Agent	Score-keeper	Guardian	Business Partner	Data Engineer	Data Scientist	Decision Scientist
Consultant/Sparringpartner/Problem Solver[136]		X				X			X
Pathfinder/Innovator/Experte[137]			X				X		
Governance/Functional Leader[138]		X							
Registrar/Minister of Savings				X					
Change Agent			X						
Rolle des Befähigers (digitale Geschäftsmodelle)			X						
Navigator/Lotse		X	(X)			X			X
Innovator			X				X		
Koordinator:innen	X								

[136] Zusammengefasste Rollennennungen unter Consultant/Sparringpartner/Problem Solver: Consultant/Sparringpartner/Problem Solver/Information Interpreter/interne/r Unternehmensberater:innen/Unterstützer:innen.

[137] Zusammengefasste Rollennennung unter Pathfinder/Innovator/Experte: Pathfinder/Pathfinder:innen/Innovator/Innovator:innen/Experte/Changemanager:innen.

[138] Zusammengefasste Rollennennungen unter Governance/Functional Leader: Governance/Functional Leader/Functional Leader:innen/Guardian im Sinne von Functional Leader:innen.

In der Literatur wird zudem die Begriffsabgrenzung des Controllers zum Data Scientist als wichtiges Thema behandelt.[139] Hierzu werden unter anderem Gemeinsamkeiten sowie unterschiedliche Tätigkeitsbereiche der Berufsgruppen aufgeführt. Auch eine Rollenbezeichnung zum Data Scientist als Controllerrolle wird in *Schäffer* und *Brückner* definiert.

3.1.2.4.1 Aufgaben und Kompetenzen

Wie in *Schäffer* und *Brückner* umfangreich aufgeführt, bringen aufgezeigte Rollen ein breites Spektrum an benötigten Kompetenzen und Fähigkeiten mit sich.[140] Im Rahmen betrachteter Studien können als benötigte Fähigkeiten neben traditionellen Schwerpunkten vor allem IT-Skills, Analyse-, Interpretations- und Beratungs-bzw. Business-Partner-Fähigkeiten hervorgehoben werden.[141] Als moderne Kompetenzanforderungen behandelt in aktuellen Büchern können digitale Methoden-, digitale Fach-, Handlungs-, Selbst- und Sozialkompetenzen, Data Science-, sowie Geschäftsverständnis und statistische, technische/digitale bzw. IT-Kenntnisse hervorgehoben werden.[142]

Bereits *Chen et al.* stellen den Wandel von Aufgabenbereichen anhand einer Liste von Tätigkeiten von Accountants vor und nach der ERP-Nutzung dar. Je nach Position im Accounting werden Zusammenhänge mit einzelnen Aufgabenbereichen deutlich.[143] Auch *Drerup, Suprano* und *Wömpener* gehen in ihren Ausarbeitungen (Analyse von 231 Stellenanzeigen) auf die Veränderungen der Controllertätigkeiten auf Grund des digitalen Wandels und hierbei auf einhergehende geforderte Persönlichkeitsanforderungen des Controllers ein. Es können Anforderungen wie Analyse- und Interpretationsfähigkeiten hervorgehoben werden.[144] In *Kokina* und *Blanchette* werden u. a. Bereiche wie Kenntnisse zu Geschäftsprozessen, Analysen und der Softwareunterstützung genannt.[145] *Oesterreich et al.* erarbeiteten in ihrer Studie eine Darstellung der Management Accountant-/Controlleraufgaben und Technologien heraus. Als Aufgaben werden neben traditionellen Tätigkeiten, die Managementunterstützung und Datenanalyse

---

[139] Vgl. zu Data Scientist Heupel/Lange (2019), Schoeneberg/von Schudnat/Gürbüz (2021); Strauß/Reuter (2022); Wolf/Heidlmayer (2022).

[140] Vgl. Schäffer/Brückner (2019), S. 27.

[141] Ergebnis der oberhalb aufgeführten Studien.

[142] Vgl. beispielsweise Nobach (2019), S. 263 ff.; Keimer/Egle (2020), S. 12; Schoeneberg/von Schudnat/Gürbüz (2021), S. 27 ff.; Schönig/Mendel (2021).

[143] Vgl. Chen et al. (2012).

[144] Vgl. für Persönlichkeitsanforderungen Drerup/Suprano/Wömpener (2018), S. 17.

[145] Vgl. Kokina/Blanchette (2019), S. 12.

aufgeführt, von welchen entsprechende Kompetenzen und Fähigkeiten speziell auch im Bereich der Digital/IT-Skills abgeleitet werden können.[146] *Weich* und *Löchte* beschreiben in ihrer Studie die Entlastung des Controllers durch Self-Service. Dieser kann sich vermehrt auf die Entscheidungsunterstützung des Managements fokussieren.[147]

Die Ergebnisse der Studie von *Willmes* und *Hess* (KPMG) zeigen erwartete Kompetenzanforderungen in dem Bereichen IT sowie auch Statistik und weisen auf die Chance hin, unter anderem durch den Einsatz von Big Data die Business Partner Rolle des Controllers gegenüber dem Management zu stärken.[148] Auch *Andreassen* beschreibt Tätigkeiten des Management Accountants im Rahmen der Case Study als business-orientierter und vermehrt in Richtung Unterstützung bei Entscheidungsfindung.[149] *Fähndrich* geht wie bereits oberhalb erwähnt auf den durch die Digitalisierung geschaffenen Raum für Business-Partner-Tätigkeiten ein.[150] Und auch *Pargmann et al.* gehen in ihren Ausführungen unter anderem auf den durch die Digitalisierung getriebenen Wandel der Controller-Tätigkeiten zu Datenanalyse und Beratung ein.[151]

3.1.2.4.2 Hemmnisse und Herausforderungen

Veränderungen im Controlling und Berichtswesen ziehen jedoch auch Hemmnisse und Herausforderungen mit sich: Neben veränderten, benötigten Fähigkeiten und Rollenunsicherheiten in Bezug digitaler Neuerungen[152] zeigen sich Hemmnisse moderner Controlling- und Reportinggestaltung beispielsweise im organisatorischen sowie datenbezogenen Kontext, bezüglich unausgereifter Infrastrukturen,[153] mangelnde Softwarelösungen bezüglich regulatorischer Anforderungen,[154] sowie anhand von Sicherheits- und Datenschutzproblemen.[155] Rollenkonflikte jedoch erwiesen sich als Themenschwerpunkt betrachteter Paper:

---

[146] Vgl. Oesterreich et al. (2019), S. 16.
[147] Vgl. Weich/Löchte (2019).
[148] Vgl. Willmes/Hess (2014), S. 26 ff.
[149] Vgl. Andreassen (2020), S. 220 ff.
[150] Vgl. Fähndrich (2023), S. 44 f.
[151] Vgl. Pargmann et al. (2023), S. 21.
[152] Vgl. Kokina/Blanchette (2019), S. 12.
[153] Vgl. Baier/Tischler (2019), S. 4.
[154] Vgl. Loitz/Flath/Dittmar (2022), S. 13; Prümm/Loitz/Dittmar (2023), S. 13.
[155] Vgl. Strauß/Quinn/Kristandl (2015).

Einige Studien gehen im Kontext handelnder Akteure auf Rollenkonflikte, Unsicherheiten sowie Spannungsfelder im modernen Controlling ein. Klare Rollendefinitionen, Tätigkeitsbeschreibungen und Kommunikation im Controlling werden unabdingbar. Studien führen Konflikte auf Interaktionsprobleme, Rollenunklarheiten, Rollenunsicherheit, Erwartungsunklarheiten, unterschiedliches Rollenverständnis, Überforderung, Positionsüberschneidungen und unterschiedliche Bedürfnisse zurück.[156] Eine gute Übersicht bieten die Ausführungen von *Goretzki* und *Weber*. Ebd. gehen neben der Beschreibung der Rollenkonflikte (Inter-Sender-Konflikt, Inter-Rollen-Konflikt, Personen-Rollen-Konflikt, Intra-Sender-Konflikt)[157] auf Praxisempfehlungen z. B. unter anderem den regelmäßigen Erwartungsaustausch ein.[158] *Wolf et al.* heben unter anderem Forschungen zum Thema Rollenkonflikte hervor. Demzufolge können Management Accountants Träger verschiedener Rollen sein. Rollensender können mehrdeutige oder widersprüchliche Erwartungen haben. Rollensendererwartungen könnten den Management Accountant unter- oder überfordern. Management Accountants können unterschiedliche eigene Rollenerwartungen und Wünsche haben. Es könnten beispielsweise unerfüllte Rollenwünsche wie die verstärkte Einnahme der Business Partnerrolle vorherrschen.[159] *Oppi* und *Vagnoni* beschreiben Mehrdeutigkeit sowie den Rollenkonflikt durch unterschiedlichen bzw. widersprüchlichen Informationsbedarf der Rollensender. Sie deuten auf den Spagat des Management Accountants zwischen den Rollen Bean Counter und Business Partner hin. Ebd. behandeln hierbei den italienischen Gesundheitssektor.[160]

Byrne und *Pierce* gehen anhand durchgeführter Interviews unter anderem auf Rollenkonflikte im Bereich der Interaktionen ein. Sie beschreiben auch mögliche durch das Management ungewollte Funktionen des Management Accountants und Lücken im Businesspartnermodell auf Grund mangelnden gemeinsamen Verständnisses. Zum Beispiel in Bezug auf das unternehmerische Engagement der Management Accountants die Informationssammlung, Überwachung sowie Einmischung.[161] *Byrne* und *Pierce* bestärken in ihrer späteren Studie den Zusammenhang von Rollenkonflikten und Erwartungen im Management Accounting. Genannt werden unter- und überladene, widersprüchliche sowie mehrdeutige

---

[156] Vgl. folgende Ausführungen.

[157] Siehe hierzu Kapitel zwei (*Abschnitt 2.4*) der vorliegenden Arbeit.

[158] Vgl. Goretzki/Weber (2010), S. 165 u. S. 168.

[159] Vgl. Wolf et al. (2020), S. 334 u. S. 338.

[160] Vgl. Oppi/Vagnoni (2020).

[161] Vgl. Byrne/Pierce (2007), S. 485 f. u. S. 492.

Erwartungen gegenüber Management Accountants.[162] Die Notwendigkeit von Kommunikation zwischen den Akteuren, Erwartungs-Moderation, Trainings und Weiterbildungen/Wissensausbau von Management Accountants werden herausgestellt.[163] Es erfolgt auch hier die Nennung der verschiedenen Arten von Rollenkonflikten.[164] *Steens, de Bont* und *Roozen* gehen in Bezug auf Business Unit Controller Rollen auf den Governance-Regime-Einfluss ein. Hierbei gehen sie auf das Rollenkonflikt-Potential ein.[165]

Palomino und *Frezatti* zeigen anhand ihrer Forschung (Umfrage, 114 Controller, größte Unternehmen Brasiliens) eine negative Beeinflussung der Arbeitszufriedenheit durch Rollenambiguität und -konflikte. Es wird auf die Notwendigkeit von Rollenklarheit und Definition im Controlling verwiesen.[166] Rollenkonflikte sowie der emotionale Quotient (sing.) haben nach den Forschungen von *Amilin* Einfluss auf die Leistung des Accountants, Rollenambiguität jedoch nicht.[167]

Andere Studien wiederum beschäftigen sich mit Identitätsbetrachtungen der Controller. *Burghardt* führte eine Umfrage mit 277 Management Accountants durch und geht in seinen Forschungen auf Identitätskonflikte der Akteure im Management Accounting ein. Die Ergebnisse von ebd. zeigen Bedingungen zur Förderung der Identitätsübereinstimmung auf. Diese liegen in den Bereichen psychologische Sicherheit sowie Gruppenkultur.[168] *Horton* und *Wanderley* weisen in ihrer Studie Zusammenhänge zwischen Rollenidentitätskonflikten und Job Crafting vor.[169]

Einige Studien behandeln zudem das Thema Aufgabenüberschneidungen oder Aufgabenübertragungen an weitere Akteure im Controlling. Als weiterer Akteur im Controlling oder Management Reporting ist beispielsweise der Data Scientist dringend einzubeziehen.[170] *Andreassen* hebt jedoch auch die Kompetenzen von

---

[162] Vgl. Byrne/Pierce (2018), S. 410 ff.

[163] Vgl. Ebd., S. 426 ff.

[164] Vgl. Ebd., S. 413.

[165] Vgl. Steens/de Bont/Roozen (2020).

[166] Vgl. Palomino/Frezatti (2016).

[167] Vgl. Amilin (2017), S. S. 245.

[168] Vgl. Burghardt (2022).

[169] Vgl. Horton/Wanderley (2023).

[170] Vgl. Freistühler et al. (2019); Marmonti (2019); Matanovic/Sabel/Wöhrmann (2019); Mayr/Losbichler/Brückl (2020); Fähndrich (2023).

Statistikern, Physikern, Mathematikern sowie auch Ingenieuren hervor.[171] Auch *Knudsen* geht auf unscharfe Grenzen zu anderen Berufsgruppen ein.[172]

3.1.2.5 Fazit

Anhand des aktuellen Forschungsstandes wird die Bedeutsamkeit moderner Technologien und IT-Tools wie RPA, Analytics, KI, SSBI, Dashboarding und mobiles Reporting hervorgehoben. Studien weisen zudem auf einen möglichen positiven Einfluss der Technologie- und IT-Tool-Nutzung auf die Entscheidungsfindung und Zeitersparnis hin. Es wird jedoch von rein IT-basierten, übereilten Entscheidungen durch das Management abgeraten. Die Einbindung der Rolle des Business Partners könnte hierbei Abhilfe schaffen. Veränderungen im Reportingprozess gehen außerdem mit Herausforderungen einher. Neben technologischen Herausforderungen wird in Studien der Schwerpunkt auf Rollenkonflikte und -unsicherheiten, sowie der Einbezug weiterer Akteure neben dem Controller, gelegt.[173]

3.2 Zwischenergebnis: Forschungsbedarf und Forschungsrelevanz in Wissenschaft und Praxis

Nach der Gegenüberstellung der SLAs „Digitalisierung“ und „Rollen“, sowie der ergänzenden Betrachtung aktueller Bücher, Zeitschriften und Beiträgen aus der Unternehmenspraxis, lassen sich zuvor erläuterte Feststellungen wie folgt zusammenfassen:

- Die Wichtigkeit vorgestellter Technologien und IT-Tools wird bestärkt. Es konnte zudem ein Überblick geeigneter Softwareanbieter gegeben werden.
- Es konnte ein Rollen-Überblick im Controlling gegeben werden, welcher in Bezug auf die Ausführungen von *Schäffer* und *Brückner* betrachtet wurden. Die Controllerrollenübersicht in *Schäffer* und *Brückner*/der Delphi-Studie der WHU (*Schäffer et al.*)[174] erscheint zur Auswertung der Controllerrollen als sinnvoll. Hierzu sind die Tabellen Rollenabgleich SLAs und ergänzende Paper und Rollenabgleich Bücher in der Ergebnisdarstellung einsehbar.

---

[171] Vgl. Andreassen (2020), S. 228.

[172] Vgl. Knudsen (2020), S. 8 f.

[173] Zusammenfassung der zuvor ausgeführten Inhalte betrachteter Studien. Siehe bezüglich rein IT-basierter und übereilter Entscheidungen Knudsen (2020), S. 6 f. u. S. 16.

[174] Vgl. Schäffer/Brückner (2019); Schäffer et al. (2019).

- Die Rolle des Data Scientist erscheint im Zusammenhang mit Technologien und IT-Tools als wichtiges Thema, das im Rahmen der vorliegenden Arbeit aufgegriffen wird. Auch weitere Akteure im Management Reporting (u. a. Mathematiker/Statistiker, IT-Mitarbeiter, Data Engineer) sollten im Rahmen der vorliegenden Arbeit nicht vernachlässigt werden. Die Offenlegung der Beteiligungen weiterer Akteure im Management-Reporting-Prozess soll für die Praxis einen Beitrag bei der Rollenfindung des Controllers leisten.
- Beim Thema Management Reporting zeigt sich in Bezug auf den zu behandelnden Themenbereich Ausbaubedarf. Wird zwar das Thema Rollen & Rollenkonflikte im Controlling behandelt, kann das Thema im Kontext des Management Reportings stärker fokussiert werden.
- Zudem wird bei aktuellen Studien im Rahmen des Management Reportings eher auf mögliche Technologien und IT-Tools und weniger gesamthaft auf die einzelnen Aufgabenbereiche im Reporting-Prozess eingegangen. Dem Themenfeld, bisher nur vereinzelt behandelt (beispielsweise durch *Stoffers, Karla* und *Kaufmann*[175]), wird sich diesem im Rahmen der vorliegenden Arbeit angenommen. Dies erfolgt unter Betrachtung des Management-Reporting-Prozesses. Die einzelne Betrachtung der Management-Reporting-Subprozesse[176] und die parallele Analyse des Erfolgs soll Forschungslücken schließen und weist den Novitätsgrad der vorliegenden Arbeit aus.
- Anhand gefundener Ergebnisse des aktuellen Forschungsstands kann die Themenrelevanz „Erfolg", gefördert durch Technologien und IT-Tools sowie durch die passenden Rolleneinnahmen, hervorgehoben werden. Als erfolgsfördernde Rolle zeigte sich die Rolle des Business Partners. Mögliche Erfolge der Technologie- und IT-Tool-Nutzung zeigen sich vor allem in den Bereichen Entscheidungsfindung und Zeitersparnis.

Signifikanz der Forschungslücke für die Wissenschaft: Durch die Aufarbeitung genannter Forschungslücken wird sich die Ausweitung der Wissensbasis zur Digitalisierung im Management-Reporting-Prozess und die Ausarbeitung rollenspezifischer Zusammenhänge im Management Reporting versprochen. Erkenntnisse könnten als Ansatzpunkt weiterer Forschungen dienen.

Signifikanz der Forschungslücke für die Praxis: Die Erforschung möglicher Erfolgssteigerungen durch den Einsatz von Technologien und IT-Tools im Management-Reporting-Prozess soll sich vorteilhaft auf Ausrichtungen in

[175] Vgl. Stoffers/Karla/Kaufmann (2022).

[176] Siehe Kapitel zwei (*Abschnitt 2.3.1*).

der Unternehmenspraxis auswirken. Personenbezogene Digitalisierungshemmnisse sollen durch die Verdeutlichung möglicher Akteure sowie das Aufzeigen von Controller-Rollenkonflikten und entsprechende Erarbeitung von Handlungsempfehlungen gelindert werden.

Signifikanz bisheriger Ergebnisse für gestellte Forschungsfragen: Anhand des aktuellen Forschungsstandes konnte bezugnehmend auf Forschungsfrage eins ein Überblick zu Rollen, Aufgaben, Rollenkonflikten und Erfolgs-Hemmnissen gegeben werden. Der aktuelle Forschungsstand ermöglicht im folgenden Kapitel zudem die Erarbeitung des Bezugsrahmens und entsprechender Hypothesen, welche den Forschungsfragen zwei und vier dienen sollen.[177] Die Analyse des aktuellen Forschungsstandes legt zudem die Vermutung nahe, dass die Rolleneinnahme als Business Partner eine erfolgssteigernde Wirkung zeigen könnte. Hierdurch wird nochmals Forschungsfrage vier bedient.

[177] Vgl. für das Vorgehen Kapitel eins (*Abschnitt 1.2.2*) der vorliegenden Arbeit.

4 Bezugsrahmen der Dissertation

Das vorliegende Kapitel beinhaltet Ausführungen zum Bezugsrahmen sowie den Hypothesen der vorliegenden Arbeit, welche anhand des aktuellen Forschungsstandes hergeleitet werden können.[1] Das Zwischenergebnis stellt letztlich den ausgearbeiteten Bezugsrahmen sowie die Zuordnung zugehöriger Hypothesen dar.

4.1 Aufbau des Bezugsrahmens

Das Kapitel beginnt mit begrifflichen Erläuterungen, anschließend werden auf dominante Themenbereiche des Bezugsrahmens und theoretische Fundierungen eingegangen.

4.1.1 Begriffliche Abgrenzungen zum Bezugsrahmen

Bezugsrahmen lassen sich in die Richtung der theoretischen Problemlösung (theoretisch; konzeptionell) oder auch in Richtung der Fragenbetrachtung (heuristisch) charakterisieren.[2] Im Rahmen der vorliegenden Arbeit sollen theoretisch begründete, vermutete Zusammenhänge anhand des Bezugsrahmens konzeptionell verdeutlicht und mit Fortschreiten der Studienausarbeitungen erste detailliertere Erkenntnisse vorgestellt werden.[3]

---

[1] Vgl. Töpfer (2012), S. 30 ff.

[2] Vgl. Brandt (2016), S. 37.

[3] Siehe für Erläuterungen zu Theorieentwürfen und ihrem Reifegrad auch Kirsch/Seidl/Aaken (2007), S. 23; vgl. bezüglich der Zusammenhang- bzw. konzeptioneller Darstellung

V. Frank, *Erfolg des Management Reportings*, Unternehmensführung & Controlling, https://doi.org/10.1007/978-3-658-51476-1_4

Die Aufstellung eines Bezugsrahmens soll „[...] der Systematisierung, Strukturierung und geistigen Durchdringung der den jeweiligen Untersuchungsbereich charakterisierenden Ursachen, Gestaltungen und Wirkungen, aber auch Erleichterung der Kommunikation der erfolgten Forschungsbemühungen und -ergebnisse [dienen].“[4] Die Aufstellung erfolgt in grafischer Form, welche es ermöglicht vermutete Beziehungen deutlich zu machen.[5] Komplexe in den durchgeführten SLAs gefundene Zusammenhänge und Vermutungen lassen sich dementsprechend vereinfacht und geordnet aufzeigen und erklären.[6] Bezugsrahmen ermöglichen dabei eine Verknüpfung des Forschungsstandes mit der Unternehmenspraxis.[7] Dargestellte Zusammenhänge sollen im Rahmen der Arbeit anhand von Ergebnissen aus der Praxis kontrolliert werden. Hierfür ist folgendes zu beachten:

„Allgemein werden als *theoretische, gedankliche oder konzeptionelle Bezugsrahmen* (conceptual schemes, conceptual frameworks, frames of reference) Aussagensysteme bezeichnet, die von ihrer logischen Konsistenz und Operationalität her nicht den strengen Anforderungen an ein Hypothesensystem genügen [müssen].“[8] Als empirisch überprüfbar gelten nicht Bezugsrahmen, sondern Hypothesen.[9] Für die Überprüfung der Zusammenhänge werden demnach im Rahmen der vorliegenden Arbeit Hypothesen hergeleitet, welche anschließend durch die Umfrageergebnisse der vorliegenden Arbeit geprüft werden sollen.

4.1.2 Inhaltliche Schwerpunkte des Bezugsrahmens

Der Bezugsrahmen der vorliegenden Arbeit greift die inhaltlichen Schwerpunkte der Forschungsfrage zwei *„Bestehen Zusammenhänge zwischen der Technologie- und IT-Tool-Nutzung im Management-Reporting-Prozess, Rollen und dem Management-Reporting-Erfolg?“* auf, welche bereits anhand der durchgeführten SLAs thematisiert und auf folgende dominante Themenbereiche heruntergebrochen werden konnten (Tabelle 4.1):

Wolf (2020), S. 38; siehe für Aussagen bezüglich des Bezugsrahmens im Forschungsprozess z. B. die Stufenaneignung Feichtinger (2023), S. 140.

[4] Wolf (2020), S. 38. Beschreibung zu konzeptionellen Bezugsrahmen.

[5] Vgl. Ebd. Vgl. für die Ausführungen von ebd. zum konzeptionellen Bezugsrahmen auch Welge (1980).

[6] Vgl. Kirsch (1973), S. 14; Schuhknecht (2020), S. 62. Kirsch (1973), S. 14 bezieht sich in seinen Erläuterungen auf theoretische Bezugsrahmen.

[7] Vgl. Kubicek (1977), S. 17; Schuhknecht (2020), S. 62.

[8] Kubicek (1977), S. 17 f. Vgl. auch Botzkowski (2018), S. 82. Siehe für verschiedene Termini für den Begriff Bezugsrahmen auch Kirsch/Seidl/Aaken (2007), S. 22.

[9] Vgl. Nerdinger (2012), S. 40; Botzkowski (2018), S. 82.

Tabelle 4.1 Herausstellung dominanter Themenbereiche der SLAs und ergänzenden Paper

Dominate Themenbereiche der SLAs und ergänzenden Paper	
Aufgaben im digitalen Controlling oder Management Reporting	**Business-Partner-Tätigkeiten, business-orientierte Aufgaben/Rollen oder Unterstützung bei der Entscheidungsfindung:** *Weich/Löchte* (2019) *Andreassen* (2020) *Knudsen* (2020) *Fähndrich* (2023) **Daten- & Informationsanalysen:** *Drerup/Suprano/Wömpener* (2018) *Kokina/Blanchette* (2019) *Pargmann et al.* (2023) **Zusammenhänge zwischen Aufgaben und der Controller-Rolle:** *Byrne/Pierce* (2007)
Rollen durch digitalen Wandel	**Betriebswirtschaftlicher Berater oder Business Partner:** *Weißenberger/Angelkort/Göbel* (2012) *Wiegmann/Tretbar/Strauß* (2014) *Andreassen* (2020) *Cavélius/Endenich/Zicari* (2020) *Koch/Storm* (2020) *Pargmann et al.* (2023) Einfluss auf Entscheidungsfindung: *Halbouni/Nour* (2013)
Erfolgssteigerung durch die Digitalisierung	**Entscheidungsfindung:** *Halbouni/Nour* (2013) *Wiegmann/Tretbar/Strauß* (2014) *Weich/Löchte* (2019) **Zeitersparnis:** *Wiegmann/Tretbar/Strauß* (2014) *Kokina/Blanchette* (2019) *Weich/Löchte* (2019) *Fähndrich* (2023) *Pargmann et al.* (2023)

(Fortsetzung)

Tabelle 4.1 (Fortsetzung)

Dominate Themenbereiche der SLAs und ergänzenden Paper	
Rollen zur Erfolgssteigerung	**Businessorientierte Rollen, betriebswirtschaftlicher Berater und Business Partner:** *Burns/Baldvinsdottir* (2005) *Weißenberger/Angelkort/Göbel* (2012) *Weißenberger et al.* (2012) *Sutton/Weißenberger* (2022) **Auswirkung auf Entscheidungsfindung:** *Byrne/Pierce* (2007) *Sutton/Weißenberger* (2022)

Im Bezugsrahmen werden genannte dominante Themenbereiche unter Einbezug der Management-Reporting-Subprozesse integriert dargestellt.

4.1.3 Theoretische Fundierung des Bezugsrahmens

Zudem soll neben der rollentheoretischen Unterlegung der situative Kontext aufgezeigt werden. Das Fundament bisheriger Ausführungen wurden mit rollentheoretischen Grundlagen gestellt.[10] Um im Bezugsrahmen endogene sowie exogene Impulse auf das Geschehen zu verdeutlichen, erfolgt dieser im Kontext des situativen Ansatzes.[11] Der situative Ansatz kann im Rahmen dieser Arbeit als Metatheorie über der Rollentheorie eingeordnet werden.[12]

Bereits *Udy*, *Woodward* sowie *Stinchcombe*[13] „[…] untersuchten erste grundlegende Zusammenhänge zwischen Organisationen und ihrer Umwelt, z. B. in

[10] Siehe zur Rollentheorie Katz/Kahn (1978) und Kapitel zwei (*Abschnitt 2.4*) der vorliegenden Arbeit.

[11] Vgl. Becker (2019), S. 26 f.

[12] Vgl. Wunderer (1993), S. 639. Ebd. bezieht sich auf Führungstheorien.

[13] Vgl. Becker/Baltzer/Ulrich (2014), S. 37. Siehe hierzu Udy (1958); Woodward (1958); Stinchcombe (1959).

Bezug auf die Veränderung der eingesetzten Fertigungstechnologie.“[14] Die Kontingenztheorie, entwickelte sich aus der Organisationswissenschaft[15] heraus – ist begrifflich auch als situativer Ansatz geläufig.[16]

Als maßgeblich können nach den Ausführungen von *Senge* folgende Werke genannt und geografisch eingeordnet werden (Tabelle 4.2):

Tabelle 4.2 Bedeutende Arbeiten zur Kontingenztheorie. (Inhaltlich nach Senge (2011), S. 33)[17]

Deutschsprachiger Raum	Britischer Raum	US-amerikanischer Raum
Kieser (1973)[18] *Kieser/Kubicek* (1976)	*Woodward* (1958; 1965) *Burns/Stalker* (1961) *Pugh/Hickson* (1976)	*Chandler* (1962) *Lawrence/Lorsch* (1967) *Thompson* (1967) *Blau/Schoenherr* (1971)

Im Laufe der Entwicklungen und heute angewendet, ermöglicht die Kontingenztheorie Äußerungen bezüglich der Beziehungen zwischen der Struktur, den Situationen sowie dem Verhalten in Organisationen, gilt als Ansatz, welcher Gestaltungsempfehlungen begünstigt[19] und bildet dementsprechend ein geeignetes logisches Rahmenwerk für die vorliegende Arbeit. Das Rahmenwerk soll dabei als sinnvolle Grundlage für die Forschungsfragen 1–4 verwendet werden.[20]

Der Ansatz kann als Modell für Erläuterungen bei Ausarbeitungen für Konzeptionen im Bereich Controlling- sowie Reporting genutzt werden. Technologische

[14] Becker/Baltzer/Urlich (2014), S. 37.

[15] Gemeint ist hierbei die moderne Organisationswissenschaft: „[...] [D]ie Epoche organisationswissenschaftlichen Denkens nach dem Zweiten Weltkrieg.“ Senge (2011), S. 33.

[16] Vgl. Ebd.

[17] Inhaltlich aus den Ausführungen von Senge (2011), S. 33 übernommen.
Vgl. für weitere Informationen auch Preisendörfer (2005), S. 80.

[18] In Becker/Baltzer/Ulrich (2014), S. 37 wird neben Kieser (1973) auch Hauschildt (1970) genannt.

[19] Vgl. Staehle (1999), S. 49 f.

[20] Trotz Kritik gegenüber der Kontingenztheorie, erscheint diese in der Forschung als beliebter Ansatz, welcher sich gut als z. B. theoretischer Bezugsrahmen zur Eingliederung weiterer Theorien im Rahmen von Analysen oder Modellen eignet. Vgl. Weide (2009), S. 83 f. Siehe in ebd. eine Zusammenfassung möglicher Kritikpunkte. Der situative Ansatz als „[...] Grundmodell kann tendenziell auf sämtliche Fragestellungen im Kontext der Betriebswirtschaftslehre übertragen werden, da es hier stets um Einschätzung der Umwelteinflüsse vor dem Hintergrund eines in eine konkrete Umwelt eingebetteten Systems ›Unternehmen‹ geht.“ Becker/Baltzer/Ulrich (2014), S. 38.

Entwicklungen lassen sich hierbei als einer der wichtigsten externen Einflussfaktoren (Kontingenzfaktoren) aufzeigen. Kontingenzfaktoren können interner sowie externer Natur sein. Im Rahmen des Ansatzes können Kontingenz-, Gestaltungs- (z.b. Controlling-Gestaltung/Gestaltung des Management Reportings) sowie Erfolgsvariablen (Effizienz/Effektivität) betrachtet werden.[21] Diese Zusammenhänge können wie folgt dargestellt werden (Abbildung 4.1):

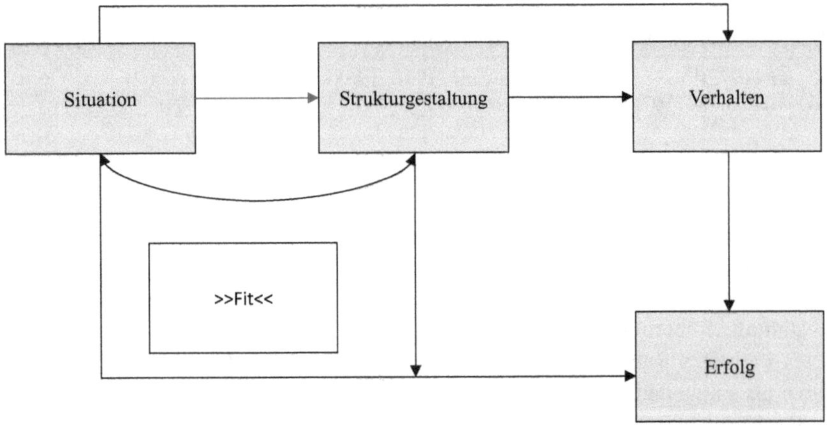

Abbildung 4.1 Modelldarstellung zum Situativen Ansatz. (In Anlehnung an Becker/Baltzer/Ulrich (2014), S. 38)[22]

Die Grafik zeigt auf, dass der Unternehmenserfolg vom Mitgliederverhalten und dieses wiederrum von der Struktur in der Organisation abhängig ist. Die Struktur wird von der Situation tangiert. Hierbei wird eine bestimmte Gestaltung dieser geprägt bzw. erzwungen. Die Unternehmenssituation wirkt sich zudem auf den Erfolg sowie das Mitgliederverhalten aus. Als Untersuchungsschwerpunkt des Ansatzes jedoch wird der Situationseinfluss auf die Struktur gesehen.[23] „Gemäß dem Situativen Ansatz ist [hierbei] der Erfolg umso größer, je besser ein

[21] Vgl. Weide (2009), S. 82 f.

[22] Grafik mit Formatierungsanpassungen nachgestellt und Inhalte fast vollständig wörtlich übernommen aus Becker/Baltzer/Ulrich (2014), S. 38. Vgl. auch Preisendörfer (2005), S. 81. Ebd. bezieht sich auf Kieser (2002), S. 172.

[23] Vgl. Preisendörfer (2005), S. 81 f.

‚Fit' [also die Kompatibilität] zwischen den Gestaltungselementen des Systems Unternehmen und den Kontextfaktoren hergestellt wird."[24]

Als Deduktion für die vorliegende Arbeit kann die Gestaltung der Controlling-Struktur gesehen werden, welcher durch den digitalen Einfluss und die verwendeten Technologien und IT-Tools tangiert wird und sich somit auf das Verhalten der Mitarbeiter sowie den Erfolg auswirkt. Unter Strukturgestaltung soll die Ausgestaltung des Controllings bezüglich der Rolleneinnahme und der Tätigkeitsfelder im Management Reporting verstanden werden.[25]

4.2 Herleitung der Hypothesen[26]

Der Untersuchung vorliegender Arbeit wird eine Erkenntnisgewinnung- sowie Erkenntnissicherungsfunktion zugeschrieben:[27]

> → „[…] Datengewinnung und Datenauswertung sollen zu dem Zweck erfolgen, zuvor aufgestellte Hypothesen durch eine Konfrontation mit den gewonnenen Daten zu prüfen, um so zu einem Bestand von gesicherten allgemeinen Aussagen über die Realität zu gelangen, aus denen anschließend individuelle Problemlösungen in der Praxis deduziert werden können."[28]

Folgend werden anhand des aktuellen Forschungsstandes zu den jeweilig vermuteten Zusammenhängen Hypothesen hergeleitet und im weiteren Verlauf der Arbeit geprüft.

Um die Wettbewerbsfähigkeit in Unternehmen zu sichern, sind digitale Ausrichtungen im Unternehmen unerlässlich. Als Trend kristallisierte sich bereits vor

---

[24] Baltzer (2013), S. 31. Siehe in ebd. auch Erläuterungen zum Gestaltansatz als Ansatzweiterentwicklung.

Vgl. Scherm/Pietsch (2007), S. 40 für die Erläuterung zum Begriff „Fit".

[25] Vgl. in ebd. Erläuterungen zum Handlungsspielraum im Rahmen der Kontextfaktoren und der Strukturgestaltung.

[26] In den Hypothesen genannte Rollen beziehen sich auf Schäffer/Brückner (2019), S. 21, siehe hierzu auch Schäffer et al. (2019), genannte Aufgaben/Subprozesse des Management Reportings (ausgenommen der Beratung des Managements) auf die International Group of Controlling (2017), S. 45 u. S. 76.

[27] Vgl. Kubicek (1977), S. 5 f.

[28] Ebd.

einigen Jahren das Thema Datenverfügbarkeit heraus. Durch die Nutzung moderner IT-Tools können in diesem Kontext neue Möglichkeiten der Optimierung von Entscheidungen und der Reporting-Effizienz nahegelegt werden.[29]

Auch in den Befunden der SLAs wird darauf hingewiesen, dass sich IT-Trends und der Controller-Rollenwandel positiv auf die Qualität, Effektivität und Effizienz im Reporting auswirken können.[30] Der Einsatz von Technologien und IT-Tools kann entsprechend mit einer Aufwandsreduktion, beschleunigten Prozessen, eine schnelle Datenbereitstellung und verbesserten Analysemöglichkeiten verbunden werden.[31] Informationsasymmetrien und Fehler können bereinigt und Zeit sowie gewonnene Informationen für die Entscheidungsfindung genutzt werden.[32] Als dominante Themenbereiche behandelter Paper zeigten sich entsprechend die Schwerpunkte der Erfolgsverbesserung durch Technologien und IT-Tools in den Bereichen Entscheidungsfindung[33] und Zeitersparnis[34]. Unter anderem wird die Verbesserung der Entscheidungsfindung über die Nutzung von Technologien- und IT-Tools durch neue Unterstützungsmöglichkeiten der Controller hergeleitet.[35] Die Hypothese H1 basiert auf der Annahme der verbesserten Entscheidungsfindung durch Technologie- und IT-Tool-Nutzung auf die Studien wie beispielsweise von *Halbouni* und *Nour*, *Wiegmann, Tretbar* und *Strauß* sowie *Weich* und *Löchte* aufmerksam machen.[36]

H1) Je mehr Technologien und IT-Tools im Management-Reporting-Prozess genutzt werden, desto besser ist die Entscheidungsunterstützung.

a) *TSetup*
b) *TReportingsystem*
c) *TDatenanalyse*

---

[29] Vgl. den gesamten Abschnitt mit Isensee et al. (2019), S. 1.

[30] Vgl. Wiegmann/Tretbar/Strauß (2014); Kokina/Blanchette (2019); Weich/Löchte (2019), Fähndrich (2023); Pargmann et al. (2023).

[31] Vgl. Wiegmann/Tretbar/Strauß (2014), S. 200 f.; Kokina/Blanchette (2019); Weich/Löchte (2019).

[32] Vgl. Wiegmann/Tretbar/Strauß (2014), S. 200 f.; Fähndrich (2023) S. 44 f.; Pargmann et al. (2023), S. 18.

[33] Vgl. Halbouni/Nour (2013) (durch Stärkung der Management-Accountant-Rolle bei Entscheidungen); Wiegmann/Tretbar/Strauß (2014), S. 200 f.; Weich/Löchte (2019).

[34] Vgl. Wiegmann/Tretbar/Strauß (2014), S. 200 f.; Kokina/Blanchette (2019), S. 10 f.; Weich/Löchte (2019); Fähndrich (2023), S. 44; Pargmann et al. (2023), S. 18.

[35] Vgl. Halbouni/Nour (2013).

[36] Vgl. Halbouni/Nour (2013); Wiegmann/Tretbar/Strauß (2014); Weich/Löchte (2019).

d) *TBerichterstellung*
e) *TBeratung*
f) *TBewertung*

Hypothese H2 basiert auf der Annahme der Zeitersparnis durch Technologie- und IT-Tool-Nutzung wie die Studien von *Weich* und *Löchte, Fähndrich* sowie *Pargmann et al.* darlegen.[37]

H2) Je mehr Technologien und IT-Tools im Management-Reporting-Prozess genutzt werden, desto höher ist die Zeitersparnis.

a) *TSetup*
b) *TReportingsystem*
c) *TDatenanalyse*
d) *TBerichterstellung*
e) *TBeratung*
f) *TBewertung*

„Controller müssen sich [...] bewusst sein, dass die digitale Transformation sämtliche Prozesse im Controlling-Regelkreis und die damit verbundenen Aufgaben betrifft."[38] Unter anderem im Berichtswesen führt die Digitalisierung dabei zu einer Verschiebung von traditionellen zu modernen Aufgabenbereichen, bei denen der Controller nach Möglichkeit auch Fähigkeiten der Manager und Data Scientists besitzt.[39] Die Digitalisierung im Management Reporting ermöglicht zeit- und ortsunabhängige, bedarfsgerechte und schnelle Dateneinholung, -analyse und Berichtsgenerierung des Managements durch angewendete IT-Tools. Controller müssten dementsprechend eine Entlastung durch den Wegfall bestimmter traditioneller Aufgaben erfahren und sich daraufhin vermehrt auf die Entscheidungsunterstützung des Managements fokussieren.[40] Kommunikation, Diskussion und die durch eingesetzte IT-Tools neuartigen Informationsinterpretationen können in den modernen Aufgabenfeldern als wichtig angesehen werden. Zu schnelle

[37] Vgl. Weich/Löchte (2019); Fähndrich (2023); Pargmann et al. (2023).

[38] Nobach (2019), S. 253. Vgl. zum Controlling-Regelkreis die Ausarbeitungen von ebd. Vgl. auch Pargmann et al. (2023).

[39] Vgl. Heupel/Lange (2019), S. 214 ff.; Nobach (2019), S. 260 ff.; Strauß/Reuter (2022), S. 30 ff. Dem Controller wird laut Mayr/Losbichler/Brückl (2020) ein höheres analytisches Denken und eine höhere Zahlenaffinität zugeordnet als dem üblichen Data Scientist im Unternehmen. Vgl. Ebd., S. 12.

[40] Vgl. Weich/Löchte (2019), S. 266.

auf IT-Tools basierende Entscheidungen sind zu vermeiden.[41] Bezüglich der, durch Technologien und IT-Tools getriebenen Rolleneinnahme, kann anhand des aktuellen Forschungsstandes auf die Rolle des Business Partners[42] als dominante Rolle verwiesen werden.

Die Hypothese H3 stützt sich hauptsächlich auf die Studien von *Wiegmann, Tretbar* und *Strauß*, *Andreassen* sowie *Koch* und *Storm* und enthaltenen Annahmen der Förderung der Rolle des Business Partners durch Technologie- und IT-Tool-Einsatz.[43]

H3) Je mehr Technologien und IT-Tools im Management-Reporting-Prozess genutzt werden, desto häufiger wird die Rolle des Business Partners eingenommen.

a) *TSetup*
b) *TReportingsystem*
c) *TDatenanalyse*
d) *TBerichterstellung*
e) *TBeratung*
f) *TBewertung*

Steigende Daten- und Informationsmengen machen die Controller-Fähigkeit einen Überblick zu behalten und damit einhergehend die Rolle des Business Partners bedeutsam.[44] Wie bereits beschrieben erfahren Controller eine Erleichterung bestimmter Routinetätigkeiten und können sich vermehrt auf wertschöpfende Aufgaben konzentrieren. Die Controlleraufgabe Managementberatung und die hierdurch eingebrachten umfangreichen Geschäftskenntnisse des Controllers sollen es diesem ermöglichen als Business Partner selbst an Unternehmenswertsteigerungen teilzuhaben.[45] Bei Aufgaben durch die der Aufgabenträger eine direkte Interaktion gegenüber dem Management innehat wird Wertschöpfung durch Verhaltens- und Entscheidungsbeeinflussung des Managements erzielt.[46] Demzufolge könnten durch effektive Beratungen, Ergebnisbewertungen und

---

[41] Vgl. Knudsen (2020), speziell S. 6 f.

[42] Vgl. Weißenberger/Angelkort/Göbel (2012), S. 86; Wiegmann/Tretbar/Strauß (2014), S. 200 f.; Andreassen (2020); Cavélius/Endenich/Zicari (2020); Koch/Storm (2020), S. 41; Pargmann et al. (2023), S. 15.

[43] Vgl. Wiegmann/Tretbar/Strauß (2014); Andreassen (2020); Koch/Storm (2020).

[44] Vgl. Wiegmann/Tretbar/Strauß (2014), S. 200.

[45] Vgl. Koch/Storm (2020), S. 38 f.

[46] Vgl. Schäffer/Brückner (2019), S. 26.

Maßnahmeninitiierungen der Erfolg des Management Reportings und Controllings gesteigert werden. Eine kürzere Entscheidungsdauer und verbesserte Entscheidungsqualität können zudem das Realisieren von Wettbewerbsvorteilen ermöglichen.[47]

Untersuchte Paper gehen dementsprechend bezüglich des Erfolgs im Controlling oder Management Reporting auf die Rolle des Business Partners[48] und Auswirkungen auf die Entscheidungsfindung[49] ein. Hypothese H4 lässt sich hierbei hauptsächlich mit den Studien von *Byrne* und *Pierce* sowie *Sutton* und *Weißenberger* begründen.[50]

H4) Je häufiger die Rolle des Business Partners eingenommen wird, desto besser ist die Entscheidungsunterstützung.

In *Wiegmann, Tretbar* und *Strauß* wird auf die durch den digitalen Wandel steigende Informationsmenge und die hiermit einhergehende Bedeutung der Informationsselektion sowie Beratung durch den Business Partner eingegangen. Hieraus resultiert die Vermutung, dass durch Einbezug des Business Partners mit seinem umfangreichen Geschäftsverständnis, Zeiteinsparungen, z. B. bei der Entscheidungsdauer, resultieren könnten.[51] Hierauf beruft sich Hypothese H5.

H5) Je häufiger die Rolle des Business Partners eingenommen wird, desto höher ist die Zeitersparnis.

4.3 Zwischenergebnis: Bezugsrahmen und Hypothesenzuordnung

Nach Herleitung der Hypothesen lässt sich der Bezugsrahmen wie folgt darstellen (Abbildung 4.2):

[47] Vgl. Wiegmann/Tretbar/Strauß (2014), S. 200 f. Vgl. die Ausführungen zudem mit den Management-Reporting-Subprozessen in International Group of Controlling (2017), S. 45 u. S. 76.

[48] Vgl. Burns/Baldvinsdottir (2005), S. 739 ff.; Weißenberger/Angelkort/Göbel (2012), S. 86; Weißenberger et al. (2012), S. 335; Sutton/Weißenberger (2022), S. 26.

[49] Vgl. Byrne/Pierce (2007), S. 488; Sutton/Weißenberger (2022), S. 26.

[50] Vgl. Byrne/Pierce (2007); Sutton/Weißenberger (2022).

[51] Vgl. Wiegmann/Tretbar/Strauß (2014), S. 200 f.

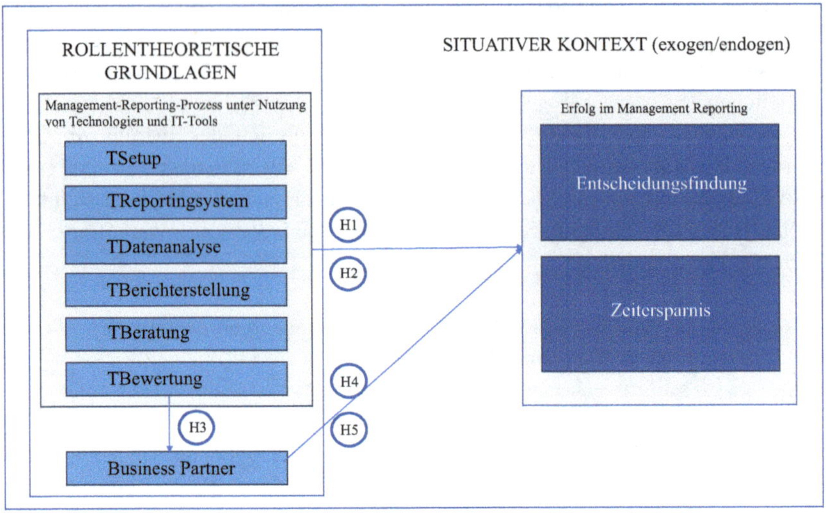

Abbildung 4.2 Darstellung des Bezugsrahmens mit Hypothesen

Die Grafik zeigt den zuvor erläuterten situativen Kontext[52] sowie rollentheoretische Grundlagen[53] als Basis des Bezugsrahmens auf. Aufgegriffen werden anhand des Bezugsrahmens mögliche Zusammenhänge der Technologie- und IT-Tool-Nutzung im Management-Reporting-Prozess, sowie der Rolle des Business Partners zum Management-Reporting-Erfolg.

„T" betitelt den jeweiligen Subprozess mit Technologie- und IT-Tool-Nutzung. Die im Kapitel zwei (*Abschnitt 2.3.1*) genannten Subprozesse werden zur besseren Handhabung abgekürzt im Bezugsrahmen und zur späteren Verwendung in statistischen Auswertungen betitelt.[54] Auf Grund der Ergebnisse erfolgter Literaturanalyse wurde das Modell um den Subprozess Beratung des Managements ergänzt.

---

[52] Siehe zur Herkunft und Erläuterung der Kontingenztheorie Kapitel vier der vorliegenden Arbeit.

[53] Siehe zur Rollentheorie Katz/Kahn (1978) und Kapitel zwei (*Abschnitt 2.4*) der vorliegenden Arbeit.

[54] Siehe hierfür International Group of Controlling (2017), S. 45 u. S. 76. Vgl. zudem die Grafik zur Erläuterung der Management-Reporting-Subprozesse in Kapitel zwei (*Abschnitt 2.3.1*) der vorliegenden Arbeit.

Den, durch die Ausarbeitung des aktuellen Forschungsstandes gefundenen, möglichen Zusammenhängen, wurden hergeleitete Hypothesen H1–H5 zugeordnet.

Das nachfolgende Kapitel beinhaltet eine Onlineumfrage bei dessen Auswertung sich den Hypothesen H1–H5 angenommen wird.

Empirische Befunde

5

Inhalt des fünften Kapitels sind die Ausführungen zur Onlineumfrage. Hierin werden die Vorgehensweise der Umfrage, die Unternehmens- und Probandencharakterisierung und die Ergebnisse der Onlineumfrage aufgeführt.

5.1 Onlineumfrage Vorgehensweise

Der Abschnitt zur Erläuterung der Vorgehensweise beinhaltet dabei die Probandenauswahl und Verteilungskanäle der Umfrage, sowie den Aufbau des Onlineumfragebogens und Ausführungen zu den Datenauswertungstechniken.

5.1.1 Probandenauswahl und Verteilungskanäle des Onlineumfragebogens

Wie in Kapitel eins (*Abschnitt 1.2.2.2*) der vorliegenden Arbeit erläutert, sollen als Versandkanäle des Umfragebogens ein Mail-Verteiler sowie das berufliche webbasierte soziale Netzwerk LinkedIn verwendet werden, durch welche eine möglichst große Stichprobenzahl ermöglicht werden soll. Eine Stichprobe kann

---

Ergänzende Information Die elektronische Version dieses Kapitels enthält Zusatzmaterial, auf das über folgenden Link zugegriffen werden kann https://doi.org/10.1007/978-3-658-51476-1_5.

V. Frank, *Erfolg des Management Reportings*, Unternehmensführung & Controlling, https://doi.org/10.1007/978-3-658-51476-1_5

als „Teilmenge der Grundgesamtheit“[1] definiert werden, welche durch die Verteilungskanäle kontaktiert werden. Die tatsächlichen beantworteten Fragebögen stellen in diesem Zusammenhang die effektive Stichprobe dar. Auf Grund der Größe der Grundgesamtheit wird keine Vollerhebung, sondern eine Teilerhebung durch genannte Stichprobe durchgeführt.[2] Zudem können somit zeitliche sowie wirtschaftliche Nachteile der vollständigen Erhebung der Grundgesamtheit vermieden werden.[3]

> → „Je stärker eine Stichprobe in ihrer Zusammensetzung der Grundgesamtheit entspricht, desto größer ist die Repräsentativität dieser Stichprobe. Als wesentliche Voraussetzung für eine repräsentative Erhebung gilt neben einer bekannten und abgrenzbaren Grundgesamtheit, dass die Auswahl der Erhebungseinheiten nach dem Zufallsprinzip erfolgt und jede Erhebungseinheit die gleiche Wahrscheinlichkeit besitzt, ausgewählt zu werden.“[4]

Neben dem zufälligem Auswahlverfahren sind in der Wissenschaft jedoch auch bewusste Auswahlverfahren gut etabliert. Hierbei erfolgt die Objektauswahl anhand vordefinierter Merkmale.[5] Wie unterhalb beschrieben werden im Rahmen der vorliegenden Arbeit Kriterien zur Grundgesamtheit festgelegt. Es folgt bis auf vereinzelte Adressen eine zufallsgesteuerte Adressauswahl:

Zunächst wurden über die Online-Datenbank „Nexis Uni“[6] per Zufallsprinzip Unternehmensadressen unter den Kriterien der Länderauswahl und Unternehmensgröße generiert. In der Datenbank wurden nur Unternehmen aus Deutschland mit einer Mitarbeiterzahl ab 250 Mitarbeitern[7] ausgewählt. Die Wahl

---

[1] Homburg (2017), S. 299. „Unter **Grundgesamtheit** […] versteht man die nach vorheriger Kategorisierung und inhaltlicher Abgrenzung eindeutig bestimmte Menge von Individuen, Fällen, Objekten oder Ereignissen, auf die sich die Aussagen der Untersuchung beziehen sollen.“ Fröhlich/Mayerl/Pieter (2022), S. 91, im Original durch Texteinzug hervorgehoben.

[2] Vgl. Homburg (2017), S. 299; Fröhlich/Mayerl/Pieter (2022), S. 91.

[3] Vgl. Kaya/Himme (2009), S. 79 f.

[4] Ebd. S. 80. Ebd. beziehen sich auf Good (2001), S. 34. Siehe für Kritik zur Repräsentationseigenschaft Kaya/Himme (2009), S. 80, hier verweisen ebd. auf verschiedene Autoren, welche sich umfangreich mit dieser Thematik beschäftigen.

[5] Vgl. Homburg (2017), S. 306.

[6] Nexis „[…] ist insbesondere für Studenten und Mitarbeiter an Hochschulen sowie Bibliotheksnutzer geeignet, die hauptsächlich nach nationalen und internationalen Wirtschafts-, Presse- und Firmeninformationen suchen.“ LexisNexis (Abgerufen am 23.02.2022). Direktes Zitat, im Original Text farblich weiß formatiert und rot hinterlegt.

[7] Trotz Einschränkungen bei der Adresssuche zeigte sich bei weinigen Probandenantworten eine Mitarbeiterzahl von unter 250 Mitarbeitern.

der Mitarbeiterzahl macht deutlich, dass bei der Befragung eher auf größere Unternehmen abgezielt wird.[8] Dies liegt darin begründet, dass sich hierdurch ein Controlling mit vermehrter Erfahrung zu untersuchenden Technologien und IT-Tools versprochen wird.[9] Nach der Aussortierung von Unternehmen ohne E-Mailadresse, einer Duplikats-Filterung und der ausschließlichen Verwendung von E-Mailadressen, welche die Begriffe „info“, „kontakt“, „contact“ und „poststelle“ beinhalten, verblieben 10.666 Unternehmen zur Kontaktaufnahme. Diesen hinzugefügt wurden 10 E-Mailadressen bekannter Unternehmen.

Vor Versendung des Fragebogens erfolgte zunächst ein Pre-Test. Der Zeitraum der tatsächlichen Befragung erfolgte vom 01.03.2022 bis zum 21.04.2022. Die Umfragebögen waren speziell an Controller oder das Management adressiert. Auf Grund der rollenspezifischen Betrachtung und Auswertung von Konflikten zwischen Controllern und dem Management war es nötig eine möglichst hohe Anzahl beider Adressatengruppen zu erlangen.

Von den insgesamt 10.676 Unternehmen konnten 1.255 E-Mails nicht zugestellt werden. Den Link zur Umfrage erhielten somit 9.421 Unternehmen. Der Umfragebogen wurde im genannten Befragungszeitraum 439-mal aufgerufen, woraus sich eine Teilnahmequote von 4,66 Prozent ergibt. 275 Probanden brachen die Onlineumfrage vorzeitig ab, wobei insgesamt 164 Teilnehmer den Fragebogen bis zum Ende des Umfragebogens bearbeiteten.

Wie bereits genannt wurde die Studie zudem über das berufliche webbasierte soziale Netzwerk LinkedIn veröffentlicht. Der über LinkedIn erreichte Probandenkreis lässt sich kaum einschätzen. Der Umfragebogen wurde unter ca. 1000 Kontakten geteilt. Hierbei wurde sich eine zusätzliche Weiterverteilung des Umfragebogens erhofft.[10] Der in LinkedIn geteilte Umfragebogen wurde im genannten Befragungszeitraum jedoch nur 3-mal aufgerufen. 3 Probanden brachen die Onlineumfrage vorzeitig ab, wobei insgesamt 0 Teilnehmer den Fragebogen bis zum Ende des Umfragebogens bearbeiteten.

---

[8] Vgl. für Unternehmenskategorien unter anderem anhand von Mitarbeiterzahlen die Commission of the European Community (2003), S. 39.

[9] Vgl. zur Technologienutzung kleinerer Unternehmen beispielsweise Church/Riley/Schmidt (2022), S. 226.

[10] Vgl. in Kaya/Himme (2009), S. 81 die Grafik zu Teilerhebungsverfahren und hierin das Schneeballverfahren.

5.1.2 Aufbau Onlineumfragebogen und Datenauswertungstechniken

Beim Onlineumfragebogen ist im Allgemeinen anzumerken, dass der partielle Antwortausfall im Rahmen der vorliegenden Arbeit nicht berücksichtigt wird. Dies hat zur Folge, dass einzelne Fragestellungen unterschiedliche Nennungen vorweisen können. Da neben themen- und positionsspezifischen Fragestellungen auch sensible Daten abgefragt wurden, wurden auf Pflichtfragen bewusst verzichtet.[11]

Der Umfragebogen besteht aus 6 Abschnitten. Hierin enthalten sind insgesamt 31 Fragen.

1. Der Fragebogen startet mit dem Abschnitt ***„Allgemeine Angaben zum Unternehmen“***. Die Fragen wurden fast ausschließlich aus dem Fragebogen zur Studie von *Ulrich* und *Rieg* direkt übernommen und teilweise geringfügig verändert. Die Probanden werden in diesem Abschnitt gebeten Angaben zu ihrer Rechtsform, Wirtschaftszweig, Umsatz, Mitarbeiterzahl, EBITDA, der Einordnung in Familien-/Nichtfamilienunternehmen, ihrer Hierarchieebene sowie ihrer Position zu machen.[12]
2. Der zweite Abschnitt mit dem Titel ***„Controlling und Einfluss der Digitalisierung auf das Controlling“*** beinhaltet Fragen zum Reifegrad des Controllings und zur Digitalisierung im Controlling. Direkt übernommen wurde die Frage zum Controlling-Reifegrad aus dem Fragebogen zur Studie von *Gleißner* und *Ulrich*[13] und neben der Fragestellung auch die Beschreibung zum digitalen Reifegrad aus dem Fragebogen zur Studie von *Ulrich, Frank* und *Kratt*[14], angelehnt an *Kane et al.*[15] Ergänzend wurde nach dem Digitalisierungsgrad der einzelnen Controlling-Prozesse gefragt. Die Aufzählung der Controlling-Prozesse ist dem in der Literatur gängigen Modell der *International Group of Controlling* entnommen.[16]

---

[11] Ausformulierung angelehnt an den Arbeiten im Aalener Institut für Unternehmensführung (AAUF).

[12] Siehe Ulrich/Rieg (2022).

[13] Siehe Gleißner/Urlich (2024).

[14] Siehe Ulrich/Frank/Kratt (2021), S. 24.

[15] Siehe hierfür Kane et al. (2018), S. 7. Vgl. zum Digitalisierungsgrad zudem Kapitel zwei (*Abschnitt 2.1.2*) der vorliegenden Arbeit.

[16] Siehe hierfür International Group of Controlling (2017), S. 3. Vgl. zudem die Grafik zu den Controlling-Prozessen in Kapitel eins (*Abschnitt 1.1*) der vorliegenden Arbeit.

3. Der dritte Abschnitt handelt um den ***„Management-Reporting-Prozess“***. Zunächst werden die Probanden grundlegend befragt, ob ein Berichtswesen in ihrem Unternehmen existiert, ob geplant ist dieses in seiner jetzigen Form abzuschaffen und ob sie finden, dass das Berichtswesen weiterhin vom Controlling übernommen werden sollte. Die Beschreibung des Management-Reporting-Prozesses, zur Beantwortung weiterer Fragen, ist nach dem in der Literatur gängigen Modell der *International Group of Controlling* aufgebaut.[17] Das Modell wurde für die vorliegende Umfrage um den Subprozess Beratung des Managements ergänzt. Erstens wurden die Probanden in diesem Rahmen befragt, welche Positionen in welche Subprozesse eingebunden sind. Hierbei wurden die in Abschnitt eins abgefragten Positionen, um einzelne durch die SLAs festgestellten interessanten Positionen ergänzt. Zweitens wurde speziell die Einbindung des Controllers in die Subprozesse abgefragt.
4. In Abschnitt vier geht es um den ***„Einfluss der Digitalisierung auf den Management-Reporting-Prozess“***. Zunächst wird auch hier der digitale Reifegrad analog zu Abschnitt zwei abgefragt, jedoch bezogen auf den Management-Reporting-Prozess, Standardberichte, Spezialberichte und Ad-hoc-Analysen. Zudem werden die Probanden nach ihrer Einschätzung zur Wichtigkeit der Digitalisierung in Standardberichten, Spezialberichten und Ad-hoc-Analysen sowie jeweils zum prozentualen Anteil der Arbeit, der auf diese Berichte fällt, befragt. Anschließend wird der Digitalisierungsgrad bezogen auf die Subprozesse, der sinnvolle Einsatz einzelner Technologien und IT-Tools, sowie der Einsatz einzelner IT-Tools in den Subprozessen abgefragt.[18]
5. Abschnitt fünf behandelt die ***„Rollen im Management-Reporting-Prozess“***. Zunächst werden die Probanden gebeten sich anhand der ersten Fragestellung ihrer Position nach dem Controller oder dem Management zuzuordnen. Controller werden im Anschluss gebeten einen anderen Frageteil zu beantworten als das Management. Die gestellten Fragen zur Rolleneinordnung erfolgen nach dem im aktuellen Forschungsstand festgelegten Rollenmodell, bei dem die Rollen und Beschreibungen für den Umfragebogen aus *Schäffer*

[17] Siehe hierfür International Group of Controlling (2017), S. 45 u. S. 76. Vgl. zudem die Grafik zur Erläuterung der Management-Reporting-Subprozesse in Kapitel zwei (*Abschnitt 2.3.1*) der vorliegenden Arbeit.

[18] Siehe für ausgewählte Technologien und IT-Tools Kapitel drei der vorliegenden Arbeit. Zudem wird im Umfragebogen nach weiteren, für wichtig eingeschätzte Technologien und IT-Tools zur Ergänzung gefragt.

und *Brückner* direkt übernommen wurden.[19] Der Controller wird im Rahmen der Umfrage nach der Häufigkeit eingenommener Rollen im Management-Reporting-Prozess, der von den Führungskräften von ihnen erwarteten Einnahme der Rollen sowie der von ihnen gewünschten Einnahme befragt. Das Management wird nach der Häufigkeit der durch den Controller eingenommenen Rollen im Management-Reporting-Prozess, sowie nach der von ihnen gegenüber dem Controller erwarteten Einnahme befragt.[20]

6. Der letzte Abschnitt des Umfragebogens geht um die ***„Erfolgsbewertung“***. Hierbei werden die Probanden gebeten den Erfolg des Management Reportings unter Einsatz von IT-Tools anhand der in Kapitel zwei (*Abschnitt 2.5.3*) vorgestellten und an *Baltzer* angelehnten Themenbereiche zu beurteilen.[21]

Der verteilte, standardisierte Fragebogen beinhaltet ergänzend offene, jedoch hauptsächlich geschlossene Fragen, bei denen eine Antwortauswahl vorgegeben wird. Für detailliertere oder ergänzende Angaben konnten die Probanden bei bestimmten geschlossenen Fragen zudem auf ein offenes Antwortfeld übergehen. Bei der Bewertung anhand der Auswahlkategorien wurde sich großteils auf Rating-Skalen fokussiert. Als große Vorteile können hierbei die einfache und schnelle Beantwortung des Fragebogens gesehen werden.[22] Rating-Skalen gelten als gängige Messskalen, bei der die Skalenstufen im Vorfeld, oftmals durch Zahlen, Beschreibungen oder beides, festgelegt werden. Vorliegend sollen Wissensgut sowie Meinungen und Vermutungen anhand einer Skala von 1 bis 5 angefragt werden.[23] Hierfür ergeben sich folgende Antwortoptionen:

- 1 = Sehr gering; 5 = Sehr hoch
- 1 = Weit davon entfernt; 5 = Nahe an der Perfektion

---

[19] Siehe hierfür Schäffer/Brückner (2019), S. 21. Siehe hierzu auch Schäffer et al. (2019). Vgl. zudem Kapitel drei (*Abschnitt 3.1.2*) der vorliegenden Arbeit.

[20] Die Befragungsschwerpunkte sind angelehnt an Rieg/Ulrich/Finckh (2022).

[21] Für Fragestellungen wurde sich am Themenkatalog von Baltzer (2013) bedient. Hierbei wurde sich hauptsächlich auf die Ressourcenperspektive (immateriell), die Prozess- und Abnehmerperspektive fokussiert.

[22] Vgl. Döring/Bortz (2016d), S. 408. Es wurden zudem auch andere Skalenniveaus, häufig mit nominalskalierten Variablen verwendet. Vergleiche diese mit Döring/Bortz (2016c), S. 232 ff.

Zudem kann beispielsweise die gestellte Frage nach dem EBITDA des letzten Geschäftsjahres als quasi-geschlossene Fragestellung nach Fakten bezeichnet werden. Vgl. Döring/Bortz (2016d), S. 408.

[23] Vgl. Micheel (2010), S. 43.

- 1 = Kaum betroffen; 5 = Stark betroffen
- 1 = Kaum eingebunden; 5 = Stark eingebunden
- 1 = Sehr unwichtig; 5 = Sehr wichtig
- 1 = Wenig sinnvoll; 5 = Sehr sinnvoll
- 1 = Sehr selten; 5 = Sehr häufig
- 1 = Starke Verschlechterung; 5 = Starke Verbesserung

Ratingskalen werden oftmals als intervallskaliert beschrieben. Da im Rahmen der vorliegenden Antwortoptionen Zweifel bezüglich der Ausprägung äquidistanter Abstände zwischen den Stufen (1–5) geäußert werden könnten, soll zur Vorsicht bei statistischen Berechnungen von einer Ordinalskalierung ausgegangen werden.[24]

Die ergänzenden offenen Fragestellungen wurden entsprechend ihrem Inhalt qualitativ ausgewertet. Bei der Analyse wurden Kernaussagen erfasst und ein Kategorie-System erarbeitet, bei welchem die Vermeidung von Überschneidungen sowie Vollständigkeit gewährleistet werden mussten.[25]

Die Auswertungen der geschlossenen Fragen erfolgen anhand von Häufigkeitsdarstellungen[26] und statistischen Analysen (ordinale Regressionen und Korrelationen)[27] zur Prüfung aufgestellter Hypothesen. Für diese wurde neben dem Kalkulationsprogramm „Microsoft Excel“[28], die statistische Softwareplattform „IBM SPSS Statistics“[29] verwendet.

In folgenden Abschnitten des Kapitels werden Charakterisierungen und Ergebnisse der Onlineumfrage aufgezeigt.

---

[24] Vgl. Döring/Bortz (2016c), S. 251.

[25] Vgl. Borchardt/Göthlich (2009), S. 42; Schuhknecht (2020), S. 144 f. „Diese Methodik der Datensichtung ist angelehnt an die Grounded Theory […].“ Schuhknecht (2020), S. 145. Ebd. bezieht sich hierbei auf die Ausführungen von Glaser/Strauss (2010). Vgl. auch Döring/Bortz (2016f), S. 602 f.

[26] Vgl. Atteslander (2010), S. 261 ff.

[27] Siehe für Anmerkungen zum Vorgehen Kapitel fünf (*Abschnitt 5.3.2.1*).

[28] Siehe https://www.microsoft.com/en-us/microsoft-365/excel.

[29] „IBM® SPSS® Statistics ist eine leistungsstarke statistische Softwareplattform.“ IBM SPSS Statistics (Abgerufen am 02.11.2023). Direktes Zitat.

5.2 Unternehmens- und Probandencharakterisierung

Zunächst soll anhand der Unternehmens- und Probandencharakterisierung[30] ein Überblick über die allgemeinen Angaben der Unternehmen erfolgen.[31] Enthalten sind Angaben über die Rechtsform, den Wirtschaftszweig, den Umsatz, die Mitarbeiterzahl, den EBITDA, Familienunternehmen, sowie die Hierarchieebene und die Position der Probanden.

Bei der Betrachtung der Unternehmenscharakterisierung wird deutlich, dass mit 44,69 % GmbHs an der Studie teilgenommen haben und 48,53 % Unternehmen dem Wirtschaftszweig Industrie angehören. 71,32 % der Unternehmen weisen einen Umsatz zwischen 10 und 499 Millionen Euro vom letzten Geschäftsjahr vor. 67,91 % der Unternehmen gaben einen EBITDA zwischen 0 und 100 Millionen Euro an. Die meisten Unternehmen (73,78 %) haben 250 bis 2.499 Mitarbeiter. 40,77 % der Unternehmen sind Familienunternehmen (Tabelle 5.1).

Tabelle 5.1 Unternehmenscharakterisierung. (Darstellung auf Grundlage der eigenen Datenanalyse, Fragestellungsorientierung nach Ulrich/Rieg (2022))[32]

Rechtsform [N = 273]	%	Wirtschaftszweig [N = 204]	%
GmbH	44,69	Industrie	48,53
Sonstige	27,11	Sonstige	23,53
GmbH & Co. KG	16,48	Dienstleistung	19,61
AG	11,72	Handel	8,33
Umsatz (in Millionen Euro) [N = 265]	%	Mitarbeiterzahl [N = 267]	%
Unter 10	2,26	Unter 250	8,99
10 bis 99	37,36	250 bis 499	31,46
100 bis 499	33,96	500 bis 2.499	42,32
500 bis 999	10,94	2.500 bis 9.999	12,36

(Fortsetzung)

[30] Siehe für detaillierte Beschreibungen der verwendeten Quellen gestellter Fragen Kapitel fünf (*Abschnitt 5.1.2*) der vorliegenden Arbeit sowie den Onlineumfragebogen im Anhang (im elektronischen Zusatzmaterial) der Arbeit.

[31] Beispielsweise in Botzkowski (2018), S. 102 ff.; Schuhknecht (2020), S. 145 ff. erfolgte auch zunächst eine Charakterisierung von Unternehmen sowie Probanden.

[32] Fragestellung, Antwortoptionen und Erläuterung im Fragebogen wörtlich übernommen aus Ulrich/Rieg (2022).

Tabelle 5.1 (Fortsetzung)

Umsatz (in Millionen Euro) [N = 265]	%	Mitarbeiterzahl [N = 267]	%
1.000 und mehr	8,68	10.000 und mehr	4,87
k. A./weiß nicht	6,79	k. A./weiß nicht	0,00
Familienunternehmen [N = 260]	%	EBITDA [N = 162]	%
Ja	40,77	Kleiner 0	5,56
Nein	59,23	0 bis weniger 10 Mio.	41,98
		10 Mio. bis weniger 100 Mio.	25,93
		100 Mio. bis weniger 500 Mio.	6,17
		500 Mio. bis weniger 1000 Mio.	1,85
		1000 Mio. und mehr	1,23
		k. A./weiß nicht	17,28

Zudem wurden die Probanden im allgemeinen Fragenteil nach ihrer Hierarchieebene und Position im Unternehmen befragt. Hierbei gaben 37,88 % Leitung Controllingabteilung, 21,59 % Fachmitarbeiter/-in (Controller), 14,02 % Bereichsleitung (z. B. kaufmännische Leitung), 8,71 % Kaufmännischer Vorstand/kaufmännische Geschäftsführung, 7,20 % Teamleitung innerhalb des Controllings, 7,20 % andere Tätigkeiten außerhalb des Controllings (z. B. IT) und 3,41 % Leitung Finanz- und Rechnungswesen/Leitung Rechnungswesen an (Tabelle 5.2).

Tabelle 5.2 Probandencharakterisierung. (Darstellung auf Grundlage der eigenen Datenanalyse, Fragestellungsorientierung in Anlehnung an Ulrich/Rieg (2022))[33]

Hierarchieebene und Position der Probanden [N = 264]	%
Leitung Controllingabteilung	37,88
Fachmitarbeiter/-in (Controller)	21,59
Bereichsleitung (z. B. kaufmännische Leitung)	14,02

(Fortsetzung)

[33] Fragestellung und Antwortoptionen fast vollständig wörtlich übernommen aus Ulrich/Rieg (2022). Die Aufzählung wurde zu Erläuterungszwecken ergänzt.

Tabelle 5.2 (Fortsetzung)

Hierarchieebene und Position der Probanden [N = 264]	%
Kaufmännischer Vorstand/kaufmännische Geschäftsführung	8,71
Teamleitung innerhalb des Controllings	7,20
andere Tätigkeiten außerhalb des Controllings (z. B. IT)	7,20
Leitung Finanz- und Rechnungswesen/Leitung Rechnungswesen	3,41
17 Probanden machten zusätzlich zum Auswahlpunkt „Tätigkeiten außerhalb des Controllings (z. B. IT)" genauere Angaben, hierunter wurde 6-mal der Bereich IT, IT-Tools, Digitalisierung genannt.	

5.3 Ergebnisse der Onlineumfrage

Die Aufführung der wichtigsten Ergebnisse erfolgt folgend anhand deskriptiver Ausarbeitungen und Hypothesentests.[34]

Neben den bereits dargestellten allgemeinen Angaben kann der Umfragebogen auf die Themenfelder „Controlling und Einfluss der Digitalisierung auf das Controlling", „Management-Reporting-Prozess", „Einfluss der Digitalisierung auf den Management-Reporting-Prozess", „Rollen im Management-Reporting-Prozess (Controllerfragenteil)", „Rollen im Management-Reporting-Prozess (Managerfragenteil)" und „Erfolgsbewertung" unterteilt werden. Eine ausführliche Darstellung der Ergebnisse zu entsprechenden Themenfeldern befindet sich im Anhang der Dissertation.

5.3.1 Deskriptive Ergebnisse

Wie in Kapitel drei „Aktueller Forschungsstand" ausgearbeitet, sind folgende Themen für die vorliegende Arbeit als besonders relevant anzusehen und werden fortan fokussiert:

[34] Siehe für detaillierte Beschreibungen der verwendeten Quellen gestellter Fragen auch Kapitel fünf (*Abschnitt 5.1.2*) der vorliegenden Arbeit und den Onlineumfragebogen im Anhang (im elektronischen Zusatzmaterial) der Arbeit.

1. Betrachtungen zur **Digitalisierung als Erfolgstreiber im Management-Reporting-Prozess.**
2. Die Darstellung der **Akteure und Rollen des Controllers im Management-Reporting-Prozess.**
3. Die **Betrachtung von Rollenkonflikten.**

Die Ausarbeitung genannter Themenbereiche dient der Beantwortung gestellter Forschungsfragen eins bis vier.

5.3.1.1 Digitalisierung als Erfolgstreiber im Management-Reporting-Prozess

Bezüglich der Forschungsfragen zwei und drei wird folgend auf die Nutzung von Technologien- und IT-Tools im Management-Reporting-Prozess und mögliche Erfolgssteigerungen eingegangen.

Digitalisierung im Management-Reporting-Prozess:
Anhand der Auswertungen wird offensichtlich, dass sich Digitalisierung als bisher eher mittelmäßig ausgeprägt im Management Reporting darstellt. Es erfolgte die Bewertung anhand einer Skala von 1 bis 5, 1 ist weit davon entfernt, 5 ist nahe an der Perfektion, wobei die Ergebnisse im Management-Reporting-Prozess insgesamt mit 5 = 0,58 %, 4 = 16,96 %, 3 = 52,63 %, 2 = 25,15 %, 1 = 4,68 % aufzuzeigen sind.

Des Weiteren wurde abgefragt welche Subprozesse des Management-Reporting-Prozesses am meisten von der Digitalisierung betroffen sind. Die Bewertung erfolgte anhand einer Skala von 1 bis 5, 1 ist kaum betroffen, 5 ist stark betroffen. Hierbei wird deutlich, dass vor allem die Subprozesse Datenanalyse durchführen und Berichte erstellen (Zahlenteil) (5 = 55,62 %, 4 = 30,77 %) und Reportingsystem-/Datenprozesse managen (5 = 51,20 %, 4 = 28,92 %) als am stärksten betroffen eingeschätzt werden. Am wenigsten betroffen scheinen hingegen die Beratung des Managements (5 = 10,06 %, 4 = 14,79 %) und der Subprozess Bewertungen durchführen und Maßnahmen initiieren (5 = 5,92 %, 4 = 17,16 %) zu sein (Abbildung 5.1).

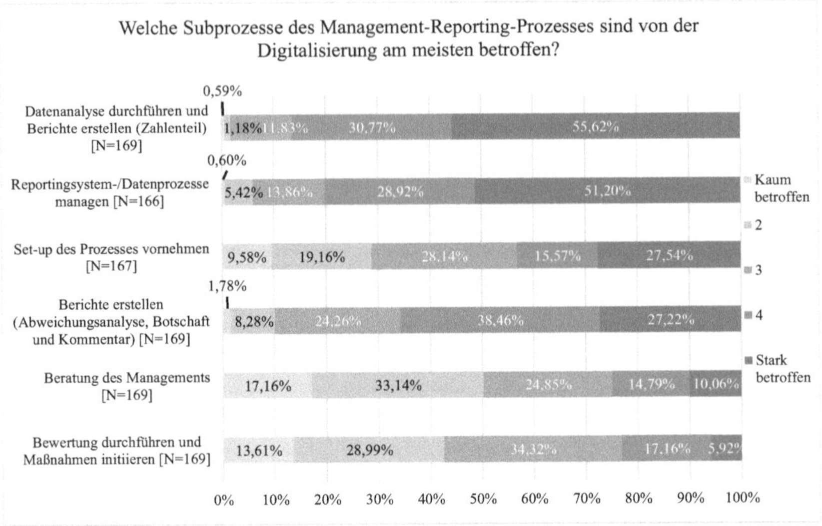

Abbildung 5.1 Von der Digitalisierung betroffene Subprozesse. (Darstellung auf Grundlage der eigenen Datenanalyse, Subprozesse in Anlehnung an die International Group of Controlling (2017), S. 45 u. 76)[35]

Technologie- und IT-Tool-Nutzung im Management-Reporting-Prozess: Folgend wurden die Probanden nach der genauen Technologie- und IT-Tool-Nutzung in den einzelnen Subprozessen befragt. Als am häufigsten genutzt wurden jeweils **Dashboarding** und **Analytics** aufgezählt: Unter Set-up des Prozesses vornehmen [N = 83] Dashboarding 31,33 %, Analytics 28,92 %, Reportingsystem-/ Datenprozesse managen [N = 138] Dashboarding 28,26 %, Analytics 30,43 %, Datenanalyse durchführen und Berichte erstellen (Zahlenteil) [N = 234] Dashboarding 35,04 %, Analytics 28,21 %, Berichte erstellen (Abweichungsanalyse, Botschaft und Kommentar) [N = 209] Dashboarding 40,67 %, Analytics 22,97 %, Beratung des Managements [N = 169] Dashboarding 46,75 %, Analytics 20,12 % und Bewertung durchführen und Maßnahmen initiieren [N = 128] Dashboarding

[35] Die Subprozesse und dessen Erläuterungen im Fragebogen wurden fast vollständig wörtlich aus dem Modell der International Group of Controlling (2017), S. 45 u. 76 übernommen. Das Modell wurde für die vorliegende Umfrage um den Subprozess Beratung des Managements ergänzt.

41,41 %, Analytics 25,00 %. Am wenigsten Nennungen bekam der Subprozess Set-up des Prozesses vornehmen mit 83, die meisten Nennungen der Subprozess Datenanalyse durchführen und Berichte erstellen (Zahlenteil) mit 234.

Mobiles Reporting wurde am häufigsten in den Subprozessen Bewertung durchführen und Maßnahmen initiieren (17,97 %), Beratung des Managements (17,75 %), Berichte erstellen (Abweichungsanalyse, Botschaft und Kommentar) (15,79 %) genannt.

SSBI wird in allen Subprozessen recht gleichmäßig und vor allem in den Subprozessen Reportingsystem-/Datenprozesse managen (18,12 %), Datenanalyse durchführen und Berichte erstellen (Zahlenteil) (17,09 %), Berichte erstellen (Abweichungsanalyse, Botschaft und Kommentar) (16,27 %), Set-up des Prozesses vornehmen (15,66 %) aufgezählt.

RPA wird wenig genannt, jedoch hauptsächlich den Subprozessen Set-up des Prozesses vornehmen (9,64 %) und Reportingsystem-/Datenprozesse managen (9,42 %) zugeordnet.

KI, auch noch wenig genannt, wird vor allem im Subprozess Set-up des Prozesses vornehmen (7,23 %) aufgeführt.

Auf die offene Frage, welche weiteren als die genannten Technologien/IT-Tools in den Subprozessen verwendet werden, erfolgten von den Probanden kaum Antworten.

Management-Reporting-Erfolg unter Einsatz von Technologien und IT-Tools: Abschließend wurden die Probanden gebeten den Management-Reporting-Erfolg unter Einsatz von Technologien und IT-Tools auf einer Skala von 1 bis 5, 1 ist starke Verschlechterung, 5 ist starke Verbesserung, zu bewerten. Auf Stufe 5 und somit hierin mit einer starken Verbesserung eingeschätzt wurden vor allem die Aspekte Zeitersparnis (54,11 %), Transparenz (52,41 %), Ergebnisqualität (Aktualität) (48,25 %) und Arbeitsentlastung (43,45 %). Am wenigsten mit Stufe 5 bewertet wurden die Aspekte Informationsverwendung (Begründung und Demonstration getroffener Entscheidungen) (11,35 %), Rollenklarheit des Controllers (11,19 %), Rollenklarheit des Managements (10,64 %), Informationsverwendung (Durchsetzung von Positionen/Meinung) (8,39 %), wobei auch bei diesen Aspekten, bei der Bewertung von Stufe 4 und 5, ein jeweiliger Gesamtwert von 58,87 %; 51,75 %; 45,39 %; 39,16 % erreicht wird. Im Allgemeinen werden alle Aspekte eher geringfügig mit einer Verschlechterung bewertet. Zudem ist bei der Ergebnisbewertung zu beachten, dass mehr Controller als Manager an der Umfrage teilgenommen haben. Beispielsweise beim Bewertungsergebnis der Aspekte Qualifikation/Fähigkeiten/Kompetenzen des Controllers und Qualifikation/Fähigkeiten/Kompetenzen des Managements könnte diese Tatsache ins Gewicht fallen. Zur Betrachtung der Gesamtliste an Antworten ist im Anhang eine übersichtliche Grafik enthalten.

Zwischenfazit zu Forschungsfragen zwei und drei: Die Digitalisierung erscheint bisher im Management Reporting als mittelmäßig ausgeprägt. Die Subprozesse Datenanalyse durchführen und Berichte erstellen (Zahlenteil) und Reportingsystem-/Datenprozesse managen scheinen hierbei von der Digitalisierung am meisten betroffen zu sein. Als am häufigsten in den Subprozessen genutzt, wurden jeweils Dashboarding und Analytics aufgezählt. Bei der Einschätzung des Management-Reporting-Erfolgs durch Technologie- und IT-Toolnutzung, werden Verbesserungen vor allem in den Bereichen Zeitersparnis, Transparenz, Ergebnisqualität (Aktualität) und Arbeitsentlastung angegeben.

5.3.1.2 Akteure und Rollen des Controllers im Management-Reporting-Prozess

Bezogen auf die Forschungsfragen eins und vier werden folgend Akteure im Controlling sowie die aktuelle Rolleneinnahme des Controllers im Management-Reporting-Prozess betrachtet.

Akteure im Management-Reporting-Prozess:

Zum Themenschwerpunkt Akteure im Management-Reporting-Prozess wurden die Probanden befragt, welche Positionen in die Subprozesse des Management Reportings wie eingebunden sind. Als zu bewertende Positionen wurden der Mathematiker/Statistiker, IT-Mitarbeiter, Data Engineer, Data Scientist, Fachmitarbeiter/-in (Controller), Teamleitung innerhalb des Controllings, Leitung Controllingabteilung, Leitung Finanz- und Rechnungswesen/Leitung Rechnungswesen, Bereichsleitung (z. B. kaufmännische Leitung) und kaufmännischer Vorstand/kaufmännische Geschäftsführung vorgegeben. Besondere Auffälligkeiten können wie folgt aufgezählt werden (Abbildung 5.2, Abbildung 5.3):

- Am häufigsten wurde die Leitung der Controllingabteilung mit 610 Nennungen und der/die Fachmitarbeiter/-in (Controller) mit 607 Nennungen genannt. Hierbei zeigt sich eine recht gleichmäßige Verteilung der Position Leitung Controllingabteilung auf die einzelnen Subprozesse. Auch der Controller ist relativ gleichmäßig, jedoch im Vergleich zu anderen Subprozessen mit weniger ausgeprägten Prozentwerten im Bereich Bewertung durchführen und Maßnahmen initiieren sowie Beratung des Managements bewertet. Dies lässt darauf schließen, dass eher Controller in Leitungspositionen in genannte Subprozesse eingebunden sind. Wurde der Controller im Subprozess Bewertung durchführen und Maßnahmen initiieren mit 8,07 % sowie Beratung des Managements mit 9,88 % eingeschätzt, wird die Teamleitung innerhalb des Controllings (N = 401) in diesen Bereichen mit 9,73 % und 14,71 %, die Leitung der Controllingabteilung mit 16,23 % und 21,64 % eingeschätzt.

- Am wenigsten wurde der Mathematiker/Statistiker mit 66 Nennungen genannt. Diese werden vor allem in den Subprozessen Datenanalyse durchführen und Berichte erstellen (Zahlenteil) (30,30 %), Set-up des Prozesses vornehmen (24,24 %), Reportingsystem-/Datenprozesse managen (19,70 %) und Berichte erstellen (Abweichungsanalyse, Botschaft und Kommentar) (16,67 %) eingeordnet.
- Der IT-Mitarbeiter (N = 203), der Data Engineer (N = 134) sowie der Data Scientist (N = 148) haben deutlich die häufigsten Bewertungen in den Bereichen Reportingsystem-/Datenprozesse managen (49,75 %; 33,58 %; 33,78 %) sowie Set-up des Prozesses vornehmen (42,86 %; 35,82 %; 30,41 %).
- Die Leitung Finanz- und Rechnungswesen/Leitung Rechnungswesen (N = 356) hat die häufigsten Bewertungen im Bereich Beratung des Managements mit 26,97 %. Die Bereichsleitung (z. B. kaufmännische Leitung) (N = 354) in den Bereichen Beratung des Managements mit 30,51 % sowie Bewertung durchführen und Maßnahmen initiieren mit 27,12 %. Der Kaufmännische Vorstand/ Kaufmännische Geschäftsführung (N = 279) in den Bereichen Bewertung durchführen und Maßnahmen initiieren mit 50,90 %, Set-up des Prozesses vornehmen (21,86 %) und Beratung des Managements mit (16,85 %).

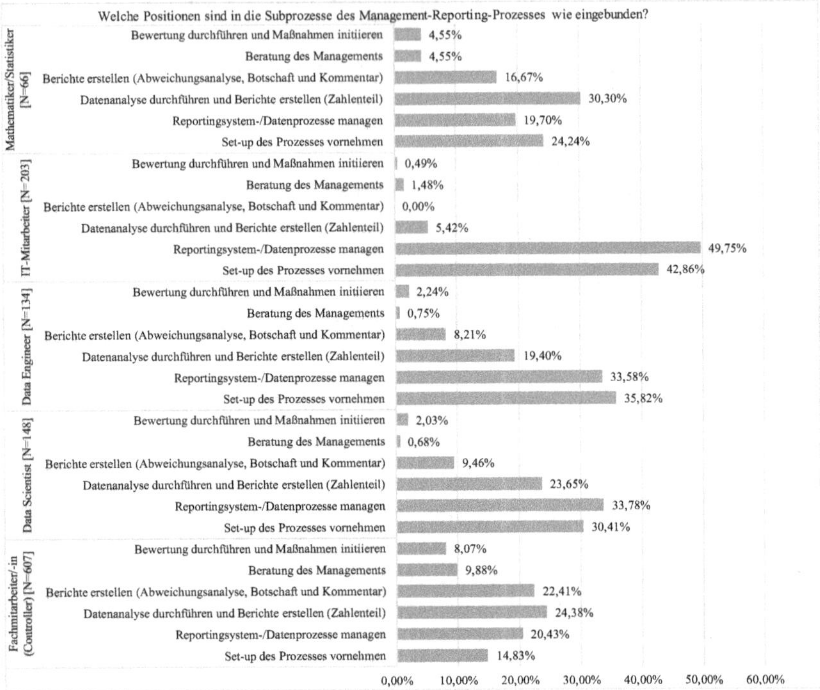

Abbildung 5.2 Positionen im Management-Reporting-Prozess (Grafik 1). (Darstellung auf Grundlage der eigenen Datenanalyse, Subprozesse in Anlehnung an die International Group of Controlling (2017), S. 45 u. 76, Positionen in Anlehnung an Ulrich/Rieg (2022))[36]

[36] Die Subprozesse und dessen Erläuterungen im Fragebogen wurden fast vollständig wörtlich aus dem Modell der International Group of Controlling (2017), S. 45 u. 76 übernommen. Das Modell wurde für die vorliegende Umfrage um den Subprozess Beratung des Managements ergänzt. Die Positionen wurden fast vollständig wörtlich aus Ulrich/Rieg (2022) übernommen. Die Aufzählung wurde um die in den SLAs gefundenen bedeutenden Positionen ergänzt.

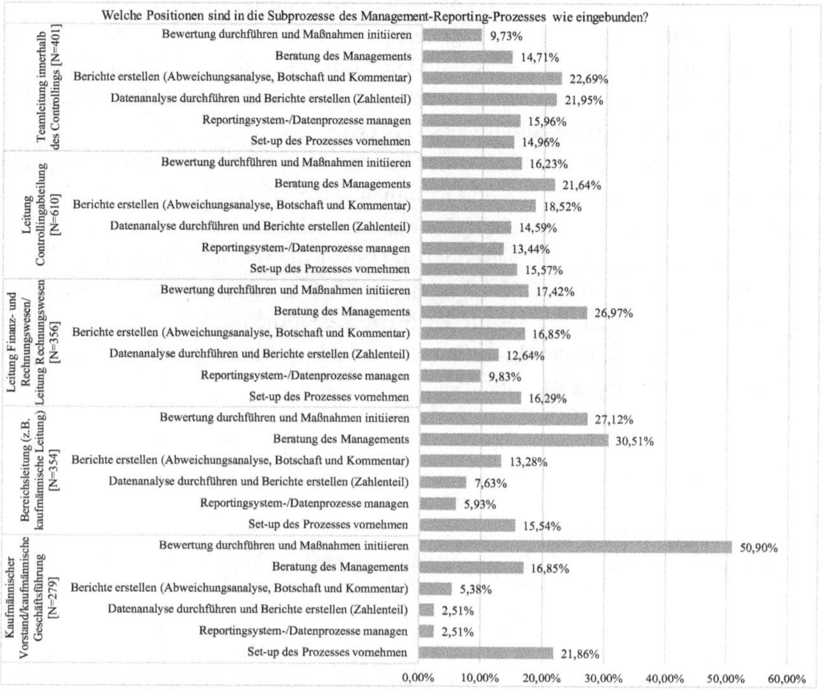

Abbildung 5.3 Positionen im Management-Reporting-Prozess (Grafik 2). (Darstellung auf Grundlage der eigenen Datenanalyse, Subprozesse in Anlehnung an die International Group of Controlling (2017), S. 45 u. 76, Positionen in Anlehnung an Ulrich/Rieg (2022))[37]

Die Probanden wurden zusätzlich gebeten weitere als die genannten Positionen anzugeben, falls diese in die Subprozesse ihres Management-Reporting-Prozesses eingebunden sind. Hierbei erfolgten kaum Antworten.

[37] Die Subprozesse und dessen Erläuterungen im Fragebogen wurden fast vollständig wörtlich aus dem Modell der International Group of Controlling (2017), S. 45 u. 76 übernommen. Das Modell wurde für die vorliegende Umfrage um den Subprozess Beratung des Managements ergänzt. Die Positionen wurden fast vollständig wörtlich aus Ulrich/Rieg (2022) übernommen. Die Aufzählung wurde um die in den SLAs gefundenen bedeutenden Positionen ergänzt.

Einbindung des Controllers in Management-Reporting-Subprozesse: Außerdem wurden die Probanden gebeten auf einer Skala von 1 bis 5, 1 ist kaum eingebunden, 5 ist stark eingebunden, zu beurteilen wie stark der Controller in den Management-Reporting-Prozess eingebunden ist. Auch hierzu wurden die Management-Reporting-Subprozesse abgefragt.

Am meisten scheint der Controller in die Subprozesse Berichte erstellen (Abweichungsanalyse, Botschaft und Kommentar) (5 = 74,32 %, 4 = 20,22 %) und Datenanalyse durchführen und Berichte erstellen (Zahlenteil) (5 = 74,32 %, 4 = 19,13 %) eingebunden zu sein. Anschließend folgen die Bereiche Reportingsystem-/Datenprozesse managen (5 = 50,27 %, 4 = 26,78 %), Beratung des Managements (5 = 41,53 %, 4 = 30,60 %) Set-up des Prozesses vornehmen (5 = 37,36 %, 4 = 30,77 %) und Bewertung durchführen und Maßnahmen initiieren (5 = 21,43 %, 4 = 37,91 %) (Abbildung 5.4).

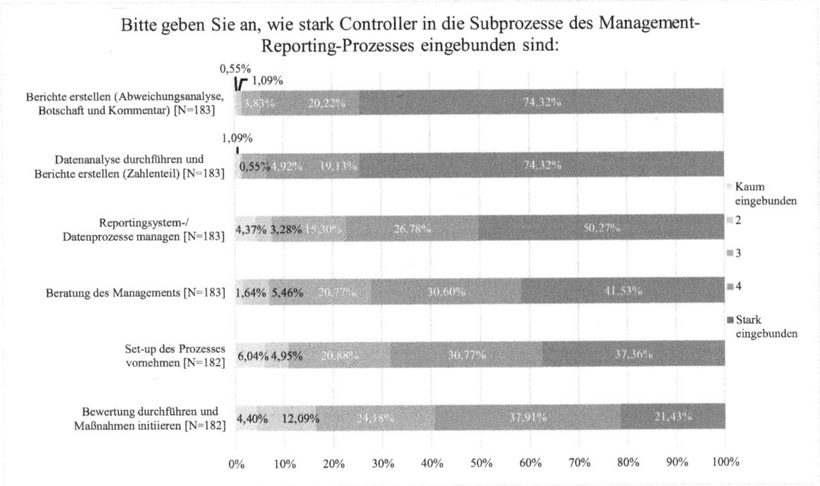

Abbildung 5.4 Einbindung der Controller in Subprozesse im Management-Reporting-Prozess. (Darstellung auf Grundlage der eigenen Datenanalyse, Subprozesse in Anlehnung an die International Group of Controlling (2017), S. 45 u. 76)[38]

[38] Die Subprozesse und dessen Erläuterungen im Fragebogen wurden fast vollständig wörtlich aus dem Modell der International Group of Controlling (2017), S. 45 u. 76 übernommen. Das Modell wurde für die vorliegende Umfrage um den Subprozess Beratung des Managements ergänzt.

Rollen des Controllers im Management-Reporting-Prozess:
Hierbei zeigt sich bezüglich der Rolleneinnahme des Controllers im Management-Reporting-Prozess, bei einer Skala von 1 bis 5, 1 ist sehr seltene Rolleneinnahme, 5 ist sehr starke Rolleneinnahme, die Rollenzuteilung wie folgt:

Die Rollen Guardian (5 = 29,31 %, 4 = 34,48 %), Service Expert (5 = 28,81 %, 4 = 42,37 %), Business Partner (5 = 28,21 %, 4 = 36,75 %) und Scorekeeper (5 = 27,97 %, 4 = 34,75 %) wurden als am häufigsten auf Stufe 4 und 5 eingenommen angegeben. Die Ergebnisse der Rollen liegen nah aneinander. Als am wenigsten häufig auf Stufe 4 und 5 eingenommen können die Rollen Data Scientist (5 = 5,98 %, 4 = 12,82 %) und Decision Scientist (5 = 1,71 %, 4 = 12,82 %) aufgezeigt werden (Abbildung 5.5).

Zwischenfazit zu Forschungsfragen eins und vier: Die Ergebnisse zeigen, dass die Leitung der Controllingabteilung, sowie der Controller als Akteure im Management-Reporting-Prozess am häufigsten genannt werden. Hinzu kommt hierbei eine gleichmäßige Aufteilung der Einbindung in den einzelnen Subprozessen. Es wird jedoch deutlich, dass in den einzelnen Subprozessen auch weitere Akteure von Bedeutung sind. Aufgabenbereiche der Mathematiker/Statistiker, IT-Mitarbeiter, Data Engineer, Data Scientist, Teamleitung innerhalb des Controllings, Leitung Finanz- und Rechnungswesen/Leitung Rechnungswesen, Bereichsleitung (z. B. kaufmännische Leitung) und kaufmännischer Vorstand/kaufmännische Geschäftsführung sind entsprechend von der Controllertätigkeit abzugrenzen. Am meisten scheint der Controller aktuell in Subprozesse der Berichterstellung und Datenanalyse eingebunden zu sein. Aktuell nimmt der Controller bei Ausführung seiner Tätigkeiten die Rollen Guardian, Service Expert, Business Partner und Scorekeeper ein. Er scheint entsprechend eine hybride Position im Management-Reporting-Prozess einzunehmen, die von Routinetätigkeiten, Prozesskoordination bzw. -optimierung bis hin zu Ziel- und Richtlinienkontrolle sowie proaktiver Arbeit mit dem Management führt.[39]

[39] Die Beschreibung der Rollen ist angelehnt an Schäffer/Brückner (2019) S. 21 u. 27. Siehe hierzu auch Schäffer et al. (2019).

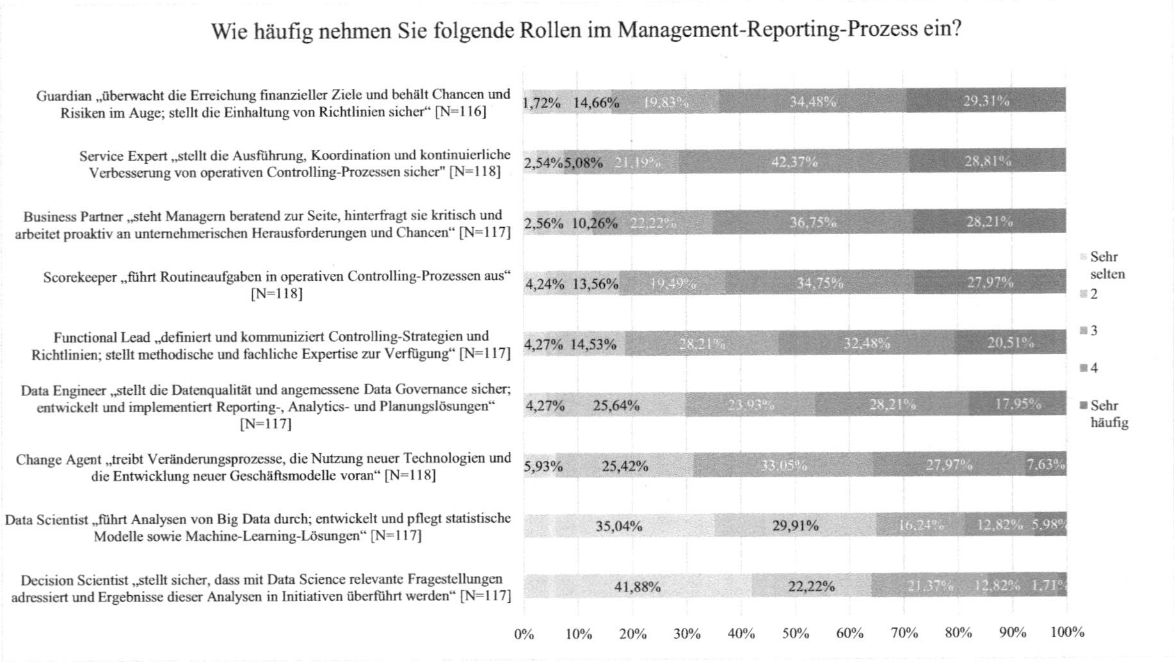

Abbildung 5.5 Tatsächliche Rolleneinnahme des Controllers im Management-Reporting-Prozess (Einschätzung durch den Controller). (Darstellung auf Grundlage der eigenen Datenanalyse, Rollen nach Schäffer/Brückner (2019), S. 21)[40]

[40] Rollen und dessen Erläuterungen wurden wörtlich aus Schäffer/Brückner (2019), S. 21 übernommen. Siehe hierzu auch Schäffer et al. (2019).

5.3.1.3 Betrachtung von Rollenkonflikten im Management-Reporting-Prozess

Auch die Betrachtung der Rollenkonflikte dient der Bearbeitung von Forschungsfrage eins und vier.

Zur Betrachtung der Rollenkonflikte wurden die im Anhang einsehbaren Antworten des Controller- und Managerfragenteils für Berechnungen herangezogen. Die Rollenabfrage, gerichtet an den Controller, gliederte sich in die tatsächliche Rolleneinnahme, Wunsch-Rolleneinnahme und vom Management erwartete Rolleneinnahme (Einschätzung durch den Controller). Die Abfrage an das Management gliederte sich in die Fragestellungen tatsächliche Rolleneinnahme und erwartete Rolleneinnahme (Einschätzung durch das Management).

Zu jeder Frage und Rolle wurde jeweils ein Mittelwert der Antworten gebildet und die prozentualen Unterschiede der Angaben verglichen. Im Rahmen der vorliegenden Arbeit wurde für die folgende Aufzählung als Anzeichen eines Rollenkonflikts eine prozentuale Abweichung bei 30 % festgesetzt.[41] Auch niedrigere Abweichungen können anhand der im Anhang enthaltenen Berechnungen betrachtet werden.[42]

1. Tatsächliche Controllerrollen Controllersicht und Controllerwunsch Rolleneinnahme Controllersicht: Hier finden sich Rollenkonflikte beim Change Agent, Scorekeeper und Desicion Scientist. Der Controller hat die Erwartung/bzw. den Wunsch häufiger die Rollen des Change Agent und Desicion Scientist und weniger die Rolle des Scorekeepers einzunehmen, als er dies tatsächlich aus seiner Sicht im Management-Reporting-Prozess ausführt. Oder anders ausgedrückt: Der Controller nimmt weniger häufig die Rollen des Change Agent und Decision Scientist und häufiger die Rolle des Scorekeepers ein, als er es sich wünschen würde.
2. Tatsächliche Controllerrollen Controllersicht und Führungskrafterwartung Rolleneinnahme Managementsicht: Hier finden sich Rollenkonflikte beim Data Scientist und Decision Scientist. Der Controller nimmt die Rollen Data Scientist und Decision Scientist im Vergleich zur Managementerwartung zu wenig

[41] Im Rahmen dieser Arbeit wurde eine beidseitige Betrachtung der Werte festgelegt: Je nachdem welcher Wert als Basiswert für die Prozentrechnung angenommen wird unterscheiden sich die Ergebnisse. Ist einer der Werte größer oder gleich 30 %, wird dies als Rollenkonflikt aufgeführt.

[42] Die im Anhang (im elektronischen Zusatzmaterial) enthaltenen Berechnungen enthalten die jeweiligen Mittelwerte, jeweiligen Subtraktionen voneinander, sowie jeweiligen Unterscheidungsprozentwerte pro Rollenvergleich.

ein. Oder anders ausgedrückt: Das Management hätte gerne, dass der Controller die Rollen Data Scientist und Decision Scientist häufiger einnimmt als der Controller dies tatsächlich tut.

3. Führungskrafterwartung Rolleneinnahme Controllersicht und Controllerwunsch Rolleneinnahme Controllersicht: Hier ergibt sich ein Rollenkonflikt beim Scorekeeper. Der Controller denkt, dass er laut Führungskrafterwartung die Rolle des Scorekeepers häufiger einnehmen sollte als er dies selbst möchte. Oder anders ausgedrückt: Der Controller möchte die Rolle des Scorekeepers gerne weniger häufig einnehmen, als er denkt, dass es von der Führungskraft von ihm erwartet wird.
4. Controllerwunsch Rolleneinnahme Controllersicht und Tatsächliche Controllerrollen Managementsicht: Hier ergeben sich Rollenkonflikte beim Change Agent und Scorekeeper. Der Controller möchte gerne häufiger die Rolle des Change Agent einnehmen als er dies aus Managementsicht bereits tatsächlich tut. Zudem möchte der Controller gerne weniger häufig die Rolle des Scorekeepers einnehmen, als er dies aus Managementsicht tatsächlich tut. Oder anders ausgedrückt: Bei der tatsächlichen Rolleneinnahme des Controllers aus Managementsicht nimmt der Controller weniger häufig die Rolle des Change Agent und häufiger die Rolle des Skorekeepers ein, als sich das der Controller selbst wünschen würde.
5. Controllerwunsch Rolleneinnahme Controllersicht und Führungskrafterwartung Rolleneinnahme Managementsicht: Vergleicht man die Wünsche von Controllern mit denen des Managements, erhält man einen Rollenkonflikt beim Scorekeeper. Der Controller möchte gerne weniger häufig die Rolle des Scorekeepers einnehmen, als sich dies das Management wünschen bzw. dies vom Controller erwarten würde. Oder anders ausgedrückt: Der Manager erwartet häufiger die Rolleneinnahme des Scorekeepers, als sich dies der Controller wünschen würde.
6. Tatsächliche Controllerrollen Managementsicht und Führungskrafterwartung Rolleneinnahme Managementsicht: Vergleicht man die Einschätzung wie häufig das Management denkt, dass der Controller tatsächlich gefragte Rollen einnimmt und wie häufig er erwarten würde, dass der Controller genannte Rollen einnimmt, erhält man einen Rollenkonflikt beim Data Scientist. Hier denkt der Manager, dass der Controller weniger häufig die Rolle des Data Scientists einnimmt, als er dies von ihm erwartet. Oder anders ausgedrückt: Der Manager erwartet vom Controller, dass dieser häufiger die Rolle des Data Scientists einnimmt, als er denkt, dass der Controller dies tatsächlich tut.

Bezüglich der Rolle des Business Partners ist es zudem interessant festzustellen, dass eben diese Rolle sowohl bei der der Wunsch-Rolleneinnahme des Controllers, als auch bei der von der Führungskraft vom Controller erwarteten Rolleneinnahme (Einschätzung durch das Management), an erster Stelle steht.

Zwischenfazit zu Forschungsfragen eins und vier: Der Controllerwunsch liegt bei einer vermehrten Einnahme von Rollen mit proaktivem Charakter und der reduzierten Rolleneinnahme als Scorekeeper. Die Managererwartung liegt bei der Rolleneinnahme des Controllers als Scorekeeper sowie eine vermehrte Einnahme der Rollen Decision und Data Scientist.[43]

5.3.2 Hypothesentests

Die Hypothesentests dienen der Beantwortung von Forschungsfrage zwei und tragen zur Beantwortung der Forschungsfrage drei bei.

5.3.2.1 Rekodierungen und Variablen

Zur Vorbereitung der Hypothesentests wurde zunächst die Datenbasis rekodiert, um für die bevorstehenden Berechnungen fehlende Angaben einheitlich und deutlich darzustellen. Der Wert -77 wurde in den geschlossenen Fragen als fehlende Werte definiert.[44]

1. Die in den Management-Reporting-Subprozessen genutzten Technologien und IT-Tools (Angabe 0/1) wurden als not quoted/quoted definiert und können somit als dichotome Variablen bezeichnet werden.[45] Anschließend wurden diese durch Addition pro Subprozess verdichtet. Es ergeben sich hierbei die Variablen **TSetup, TReportingsystem, TDatenanalyse, TBerichterstellung, TBeratung und TBewertung.**[46]

---

[43] Die Beschreibung der Rollen ist angelehnt an Schäffer/Brückner (2019) S. 21 u. 27. Siehe hierzu auch Schäffer et al. (2019).

[44] Vgl. Döring/Bortz (2016e), S. 590 f.; Duller (2019), S. 44. Es wurde ein Wert gewählt, der offensichtlich einen nicht sinnvollen Wert darstellt, somit bei den Antworten nicht in Frage kommen kann und durch die benutzerdefinierte Festlegung in Berechnungen als dieser erkannt wird. Vgl. Ebd.

[45] Vgl. Döring/Bortz (2016c), S. 234.

[46] Vgl. zur T-Variablenbenennung Ausführungen in Kapitel vier (*Abschnitt 4.3*) der vorliegenden Arbeit.

2. Einzeln werden zum Hypothesencheck die Variablen **Entscheidungsunterstützung** und **Zeitersparnis** für den Erfolg (ordinalskaliert 1–5) herangezogen.
3. Für die Variable **Business Partner** werden die Ergebnisse der tatsächlichen Rolleneinnahme (Einschätzung durch den Controller) (ordinalskaliert 1–5) verwendet.

Im Rahmen der vorliegenden Thematik könnte die Unternehmensgröße Einfluss auf betrachtete Variablen vorweisen. Mit steigender Unternehmensgröße könnte sich im Controlling umfangreiche Erfahrung bezüglich Technologien und IT-Tools versprochen werden.[47] Da jedoch die Befragung eher auf größere Unternehmen[48] eingegrenzt war, erscheint der Einbezug der Kontrollvariable Unternehmensgröße als nicht sinnvoll.[49] Auf Kontrollvariablen wird entsprechend verzichtet.

Auf Grund der Betrachtung ordinaler abhängiger Variablen wird für statistische Auswertungen die ordinale Regression angewendet.[50] Die Art der Ergebnisbeschreibung ordinaler Regressionen ähnelt *Ulrich et al.*[51] Für das Vorgehen der Ergebnisbeurteilung ordinaler Regressionen kann auf Ausführungen von *Rohrlack*,[52] für nähere Beschreibungen zur Korrelation (Kendalls Tau zur Betrachtung ordinaler Variablen)[53] beispielsweise auf *Cleff*[54] verwiesen werden.

5.3.2.2 H1: T-Subprozesse und Entscheidungsunterstützung

H1) Je mehr Technologien und IT-Tools im Management-Reporting-Prozess genutzt werden, desto besser ist die Entscheidungsunterstützung.

a) *TSetup*
b) *TReportingsystem*

---

[47] Vgl. zur Technologienutzung kleinerer Unternehmen beispielsweise Church/Riley/Schmidt (2022), S. 226.

[48] Vgl. für Unternehmenskategorien unter anderem anhand von Mitarbeiterzahlen die Commission of the European Community (2003), S. 39.

[49] Siehe zur Erläuterung der Wahl der Unternehmensgröße Kapitel fünf (*Abschnitt 5.1.1*) der vorliegenden Arbeit.

[50] Vgl. Rohrlack (2009), S. 279 ff.

[51] Vgl. Ulrich et al. (2022a), S. 103 f.

[52] Vgl. Rohrlack (2009).

[53] Vgl. Cleff (2015), S. 74.

[54] Vgl. Ebd., S. 74 und S. 109 ff.

c) *TDatenanalyse*
d) *TBerichterstellung*
e) *TBeratung*
f) *TBewertung*

Zur Beurteilung der Hypothese H1 wurde eine ordinale Regression zur Entscheidungsunterstützung und den sechs unabhängigen Variablen „T-Subprozesse (a-f)" durchgeführt.[55] Wie die Information zur Modellanpassung zeigt, kann das Chi-Quadrat (*4,491*) nicht als signifikant herausgestellt werden ($p = ,611 > ,05$) (Tabelle 5.3).

Tabelle 5.3 Informationen zur Modellanpassung (zu H1)

Information zur Modellanpassung				
Modell	–2 Log-Likelihood	Chi-Quadrat	Freiheitsgrade	Sig.
Nur konstanter Term	231,793			
Final	227,302	4,491	6	,611
Verknüpfungsfunktion: Logit.				

Interpretation: Anhand vorliegender Datenlage kann durch den Einsatz abgefragter Technologien- und IT-Tools, in den Subprozessen des Management Reporting, keine Verbesserung der Entscheidungsunterstützung angenommen werden.

Entsprechend kann die Hypothese H1 anhand der vorliegenden Datenlage nicht unterstützt werden.
Weitere Forschungen könnten sich auf die Prüfung anderer Technologien- und IT-Tools Fokussieren, oder/und als Ergänzung eine weitere Datenbasis zur Analyse heranziehen.

5.3.2.3 H2: T-Subprozesse und Zeitersparnis

H2) Je mehr Technologien und IT-Tools im Management-Reporting-Prozess genutzt werden, desto höher ist die Zeitersparnis.

---

55 Anzumerken: 70,2 % Null-Häufigkeiten. Verschmälerung der Stichporbe auf 142. Im Anhang (im elektronischen Zusatzmaterial) der Arbeit befinden sich ergänzende Tabellen zu Hypothese H1.

a) *TSetup*
b) *TReportingsystem*
c) *TDatenanalyse*
d) *TBerichterstellung*
e) *TBeratung*
f) *TBewertung*

Auch zur Beurteilung der Hypothese H2 wurde eine ordinale Regression zur Zeitersparnis und den T-Subprozessen (a-f) durchgeführt.[56] Betrachtet man die Information zur Modellanpassung kann das Chi-Quadrat (*17,275*) als signifikant herausgestellt werden (*p = ,008 < ,01*). Das Pseudo R-Quadrat (*Nagelkerke = ,125*) wird im Rahmen der vorliegenden Arbeit als ausreichend angesehen (Tabelle 5.4).

Tabelle 5.4 Information zur Modellanpassung (zu H2)

Information zur Modellanpassung				
Modell	–2 Log-Likelihood	Chi-Quadrat	Freiheitsgrade	Sig.
Nur konstanter Term	218,521			
Final	201,246	17,275	6	,008
Verknüpfungsfunktion: Logit.				

Betrachtet man die einzelnen Subprozesse zeigt sich ein positiver Einfluss der Technologie- und IT-Tool-Nutzung im Subprozess Beratung (TBeratung) auf die Zeitersparnis (*B = ,589; p = ,034 < ,05*) (Tabelle 5.5).

56 Anzumerken: 69,1 % Null-Häufigkeiten. Verschmälerung der Stichporbe auf 146. Im Anhang (im elektronischen Zusatzmaterial) der Arbeit befinden sich ergänzende Tabellen zu Hypothese H2.

Tabelle 5.5 Parameterschätzer (zu H2)

Parameterschätzer								
		Schätzer	Standard Fehler	Wald	Freiheitsgrade	Sig.	Konfidenzintervall 95 %	
							Untergrenze	Obergrenze
Schwelle	[Zeitersparnis = 2]	–2,178	,411	28,077	1	<,001	–2,984	–1,372
	[Zeitersparnis = 3]	–,802	,298	7,255	1	,007	–1,386	–,218
	[Zeitersparnis = 4]	,677	,290	5,452	1	,020	,109	1,245
Lage	TSetup	–,144	,282	,261	1	,609	–,697	,409
	TReportingsystem	–,062	,269	,054	1	,817	–,590	,465
	TDatenanalyse	,290	,247	1,376	1	,241	–,194	,774
	TBerichterstellung	,042	,280	,023	1	,879	–,506	,591
	TBeratung	,589	,278	4,484	1	,034	,044	1,134
	TBewertung	–,154	,277	,307	1	,580	–,697	,390

Verknüpfungsfunktion: Logit.

Anhand der Unter- und Obergrenzen des Konfidenzintervalls lässt sich zudem sagen, dass auch der Bereich TDatenanalyse (sprich Datenanalyse durchführen und Berichte erstellen (Zahlenteil)[57]) tendenziell im positiven Bereich liegt.

Interpretation: Der Einsatz abgefragter Technologien- und IT-Tools in der Beratung (und tendenziell auch in der Datenanalyse) führt zu einer höheren Zeitersparnis.

Die Hypothese H2 kann somit teilweise gestützt werden.

5.3.2.4 H3: T-Subprozesse und Business Partner

H3) *Je mehr Technologien und IT-Tools im Management-Reporting-Prozess genutzt werden, desto häufiger wird die Rolle des Business Partners eingenommen.*

a) *TSetup*
b) *TReportingsystem*
c) *TDatenanalyse*
d) *TBerichterstellung*
e) *TBeratung*
f) *TBewertung*

Die dritte ordinale Regression wurde zur Beurteilung der Hypothese H3 durchgeführt. Die Rolle des Business Partners als abhängige und die T-Subprozesse (a-f) als unabhängige Variablen wurden hierbei auf mögliche Zusammenhänge untersucht.[58] Bei Betrachtung der Modellanpassung wird deutlich, dass das Chi-Quadrat (6,859) nicht als signifikant herausgestellt werden kann ($p = ,334 > ,05$) (Tabelle 5.6).

[57] Die Subprozesse und dessen Erläuterungen im Fragebogen wurden fast vollständig wörtlich aus dem Modell der International Group of Controlling (2017), S. 45 u. 76 übernommen. Das Modell wurde für die vorliegende Umfrage um den Subprozess Beratung des Managements ergänzt.

[58] Anzumerken: 75,7 % Null-Häufigkeiten. Verschmälerung der Stichporbe auf 117. Im Anhang (im elektronischen Zusatzmaterial) der Arbeit befinden sich ergänzende Tabellen zu Hypothese H3.

Tabelle 5.6 Information zur Modellanpassung (zu H3)

Information zur Modellanpassung				
Modell	–2 Log-Likelihood	Chi-Quadrat	Freiheitsgrade	Sig.
Nur konstanter Term	251,813			
Final	244,954	6,859	6	,334

Verknüpfungsfunktion: Logit.

Interpretation: Durch die Technologie- und IT-Tool-Nutzung könnte, wie in den SLAs beschrieben, davon ausgegangen werden, dass der Controller durch Zeiteinsparungen öfter die Möglichkeit ergreifen kann beratenden Tätigkeiten und somit seiner Rolle als Business Partner nachzugehen. Anhand der vorliegenden Ergebnisse kann die vermehrte Rolleneinnahme als Business Partner, durch die Technologie- und IT-Tool-Nutzung in den Subprozessen, nicht angenommen werden.

Die Hypothese H3 kann anhand der Datenlage nicht gestützt werden.
Weitere Forschungen könnten den Themenschwerpunkt erneut aufgreifen. Hierbei könnte darauf eingegangen werden, inwieweit der Controller als Business Partner oder vorliegende Algorithmen im Rahmen verwendeter Technologien- und IT-Tools im Management-Reporting-Prozess herangezogen werden. Wie bereits in *Knudsen* angemerkt sollte menschliche Logik in der Entscheidungsfindung nicht vernachlässigt werden.[59]

5.3.2.5 H4–H5: Business Partner und Management-Reporting-Erfolge

H4) *Je häufiger die Rolle des Business Partners eingenommen wird, desto besser ist die Entscheidungsunterstützung.*

H5) *Je häufiger die Rolle des Business Partners eingenommen wird, desto höher ist die Zeitersparnis.*

Im Rahmen der Korrelationsanalyse wurden Zusammenhänge zwischen dem Business Partner, der Entscheidungsunterstützung und Zeitersparnis untersucht. Zur Variable Business Partner können keine signifikanten Korrelationen vorgewiesen werden. *Da bereits durch die Korrelation der Daten ersichtlich wird, dass*

[59] Vgl. Knudsen (2020), S. 6 f. u. S. 16.

die Hypothesen H4 und H5 anhand der Datenlage nicht gestützt werden können, wird auf Regressionsanalysen verzichtet.

Es wurde jedoch zwischen den Variablen Entscheidungsunterstützung und Zeitersparnis eine statistisch signifikante Korrelation (p < ,001), mit einem positiven Korrelationskoeffizient (,314) festgestellt. Die Korrelation ist auf dem Niveau von 0,01 (zweiseitig) statistisch signifikant (Tabelle 5.7).

Tabelle 5.7 Korrelationen (zu H4–H5)

Konfidenzintervalle von Kendall-Tau-b

	Kendall-Tau-b	Significance (2-tailed)	95 % Konfidenzintervalle (2-seitig)[a]	
			Unterer	Oberer
Business Partner-Entscheidungsunterstützung	–,026	,763	–,153	,103
Business Partner-Zeitersparnis	–,002	,986	–,127	,124
Entscheidungsunterstützung-Zeitersparnis	,314	<,001	,212	,410

[a.] Die Schätzung basiert auf der r/z-Transformation nach Fisher.

Interpretation: Es existiert eine positive Beziehung zwischen der Entscheidungsunterstützung und der Zeitersparnis im Management Reporting unter Technologie- und IT-Tool-Nutzung.

Weitere Forschungen bezüglich möglicher Einflüsse des Business Partners auf den Erfolg könnten auf andere Erfolgsgrößen ausgerichtet erfolgen und/oder anhand spezifischer Tätigkeitsabfragen und Kompetenzfeldern der Business-Partner-Rolle.[60]

5.3.2.6 Fazit zu H1–H5

Die Ergebnisse der Hypothesentests zeigen, dass der Einsatz abgefragter Technologien- und IT-Tools in der Beratung (und tendenziell auch in der Datenanalyse) zu einer höheren Zeitersparnis führt. Leider konnten aufgestellte Hypothesen bezüglich der Erfolgswirkung des Business Partners unter Technologie- und IT-Tool-Nutzung im Management Reporting Prozess nicht gestützt werden.

[60] Vgl. Schäffer/Brückner (2019), S. 27.

Dem Business Partner wurde hierbei eine beratende und proaktive Funktion gegenüber dem Management zugeschrieben.[61] Anhand vorliegender Ergebnisse können somit zunächst nur Erfolge durch den Technologie- und IT-Einsatz in der Beratung und nicht unter der Rollenbetrachtung erfasst werden.

Trotzdem sollten mögliche technologiegetriebene Risiken beachtet und zu geringer Einbezug menschlichen Urteilvermögens und zu schnelle Entscheidungsfindung dringend vermieden werden.[62] Auch Forschungsalternativen zur Ergänzung aufgeführter Hypothesentests befinden sich nach den jeweiligen Ergebnisdarstellungen.

Zur abschließenden Verknüpfung herausgestellter Ergebnisse mit Erkenntnissen literarischer Ausarbeitungen wird auf Kapitel sechs verwiesen.

[61] Vgl. Ebd., S. 21.

[62] Vgl. Knudsen (2020), S. 6 f. u. S. 16.

6 Ergebniszusammenführung und Empfehlungen

Im folgenden Kapitel werden die wichtigsten Ergebnisse der Literaturanalysen mit den Ergebnissen des Onlinefragebogens zusammengeführt und hierauf bezugnehmend Empfehlungen ausgesprochen.[1]

6.1 Zeitersparnis durch Technologien und IT-Tools

Ergebnisse der Literaturanalyse: Anhand der Literaturanalysen war es möglich einen Bezugsrahmen zu erstellen und Hypothesen herzuleiten. Hierbei stand der Management-Reporting-Erfolg und hierunter die Erfolge Entscheidungsunterstützung und Zeitersparnis im Fokus. Die Rolleneinnahme des Business Partners zeigt sich anhand der SLAs als besonders erfolgsversprechend. Betrachtet wurden in diesem Zusammenhang anhand der Onlineumfrage die Technologie- und IT-Tool-Nutzung in den Management-Reporting-Subprozessen und die Rolleneinnahme des Business Partners.

Ergebnisse der Hypothesentests: Betrachtet man die einzelnen Subprozesse des Management-Reporting-Prozesses zeigt sich ein positiver Einfluss der Technologie- und IT-Tool-Nutzung in der Beratung auf die Zeitersparnis ($B = ,589$; $p < ,034 < ,05$). Anhand der Berücksichtigung des Konfidenzintervalls (95 %) von -,194 bis,774 kann zudem bei der Technologie- und IT-Tool-Nutzung

[1] Eigene Ergebnisse und Feststellungen werden folgend oftmals wörtlich aus den vorherigen Kapiteln der vorliegenden Arbeit wiederholt.

Ergänzende Information Die elektronische Version dieses Kapitels enthält Zusatzmaterial, auf das über folgenden Link zugegriffen werden kann https://doi.org/10.1007/978-3-658-51476-1_6.

V. Frank, *Erfolg des Management Reportings*, Unternehmensführung & Controlling, https://doi.org/10.1007/978-3-658-51476-1_6

in der Datenanalyse tendenziell ein positiver Einfluss auf die Zeitersparnis herausgestellt werden. Bezüglich der Entscheidungsfindung konnten keine signifikanten Ergebnisse aufgezeigt werden. Zwischen der Entscheidungsfindung und Zeitersparnis konnte eine statistisch signifikante Korrelation ($p < ,001$) mit einem positiven Korrelationskoeffizent (,314) herausgestellt werden. Insgesamt können anhand vorliegender Ergebnisse nur Erfolge durch den Technologie- und IT-Einsatz in der Beratung und nicht unter der Rollenbetrachtung erfasst werden. Trotzdem wird zur Reduktion technologiegetriebener Risiken der Einbezug menschlichen Urteilvermögens angemerkt.[2]

Ergänzende deskriptive Ergebnisse: Die deskriptive Betrachtung der Subprozesse verdeutlicht, dass Beratung des Managements (5 = 10,06 %, 4 = 14,79 %) am zweitwenigsten von der Digitalisierung betroffen ist. Der Subprozess Datenanalyse durchführen und Berichte erstellen (Zahlenteil)[3] (5 = 55,62 %, 4 = 30,77 %) hingegen ist von allen Subprozessen am meisten von der Digitalisierung betroffen. In beiden Subprozessen wird vor allem Dashboards und Analytics eingesetzt. Die Zeitersparnis, als Kriterium zur Abfrage des Management-Reporting-Erfolgs unter Einsatz von Technologien und IT-Tools, wurde mit 54,11 % von den Probanden am höchsten bewertet.

Empfehlung: Speziell im Subprozess Beratung des Managements wird die gesteigerte Technologie und IT-Tool-Nutzung zur Zeitersparnis empfohlen. Bisher noch wenig digitalisiert, gilt es dargestellte Potentiale zur Erfolgssteigerung zu nutzen. Die Handlungsempfehlung basiert auf den deskriptiven Ergebnissen sowie den Hypothesentests der vorliegenden Arbeit.

6.2 Empfehlung zum Rollenmix zur Konfliktreduktion

Ergebnisse der Literaturanalyse: Anhand der Literaturanalysen wurden bestehende Controlling-Rollen aufgearbeitet. Die Aufarbeitung führte zur Feststellung, dass die Controller-Rollenübersicht dargestellt in *Schäffer* und *Brückner* zur Abfrage im Onlinefragebogen als sinnvoll erscheint. Im Onlinebogen abgefragt wurden dementsprechend die Rollen Service Expert, Functional Lead, Change Agent, Scorekeeper, Guardian, Business Partner, Data Engineer, Data Scientist

[2] Vgl. Knudsen (2020), S. 6 f. u. S. 16.

[3] Die Subprozesse und dessen Erläuterungen im Fragebogen wurden fast vollständig wörtlich aus dem Modell der International Group of Controlling (2017), S. 45 u. 76 übernommen. Das Modell wurde für die vorliegende Umfrage um den Subprozess Beratung des Managements ergänzt.

und Decision Scientist.[4] Anhand der Literaturanalyse wurde zudem die Notwendigkeit des Einbezugs weiterer Akteure neben dem Controller deutlich. Außerdem ließ sich das Thema Rollenkonflikte fokussieren.

Im Rahmen der Literaturanalysen unter dem Schwerpunkt Rollenkonflikte, können als Lösungsansätze entsprechender Konflikte die Steigerung der Rollenklarheit, -definition, eine verbesserte Kommunikation, die Beachtung von Identitätsübereinstimmungen, sowie die Notwendigkeit von Fortbildungen etc. und Wissensausbau herangezogen werden.[5]

Deskriptive Ergebnisse: Auf weitere Akteure wurde im Rahmen deskriptiver Darstellungen tiefgreifend eingegangen. Dabei stechen der IT-Mitarbeiter (N = 203), der Data Engineer (N = 134) sowie der Data Scientist (N = 148) in den Bereichen Reportingsystem-/Datenprozesse managen (49,75 %; 33,58 %; 33,78 %) sowie Set-up des Prozesses vornehmen (42,86 %; 35,82 %; 30,41 %), mit ihrer hohen Einbindung, heraus.[6] Fragestellungen des Onlinefragebogens zeigen jedoch auch aktuell eine starke Einbindung der Position des Controllers in die Subprozesse des Management-Reporting-Prozesses, was die Frage der erwarteten Rolleneinnahme des Controllers im Management-Reporting-Prozess aufwirft. Das Thema Rolleneinnahme im Management-Reporting-Prozess wurde aus verschiedenen Perspektiven heraus behandelt, um Rollenkonflikte herausarbeiten zu können (unten benannt als Perspektivenanalysen).

6.2.1 Perspektivenanalyse zur Rolleneinnahme

Wesentliche Feststellungen der Rollenabfragen in der vorliegenden Arbeit waren wie folgt:

Die Position des Controllers setzt sich im Management-Reporting-Prozess aus Sicht des Controllers aus mehreren Rollen zusammen. Hierunter ist neben modernen Rollen (Guardian, Service Expert, Business Partner etc.) auch die Rolle des Scorekeepers noch immer enthalten. Er schätzt seine tatsächliche Rolleneinnahme als ähnlich zu der, aus seiner Sicht, von der Führungskraft erwarteten Rolleneinnahme ein. Zum Vergleich, in der Literuranalyse wurde auf Veränderungen der

---

[4] Rollen und dessen Erläuterungen wurden wörtlich aus Schäffer/Brückner (2019), S. 21 übernommen. Siehe hierzu auch Schäffer et al. (2019).

[5] Vgl. Kapitel drei (*Abschnitt 3.1.2.4.2*) der vorliegenden Arbeit.

[6] Die Subprozesse und dessen Erläuterungen im Fragebogen wurden fast vollständig wörtlich aus dem Modell der International Group of Controlling (2017), S. 45 u. 76 übernommen. Das Modell wurde für die vorliegende Umfrage um den Subprozess Beratung des Managements ergänzt. Die Positionen wurden fast vollständig wörtlich aus Ulrich/Rieg (2022) übernommen. Die Aufzählung wurde um die in den SLAs gefundenen bedeutenden Positionen ergänzt.

Controllerrolle im Controlling speziell hin zum Business Partner oder Hybride Rollen eingegangen.

Der Controller würde gerne am häufigsten die Rolle des Business Partners im Management-Reporting-Prozess einnehmen. Am wenigsten beliebt scheinen die Rollen des Data Engineer, Data Scientist, Decision Scientist und Scorekeepers zu sein.

Das Management ordnet die tatsächliche Rolleneinnahme des Controllers im Management-Reporting-Prozess verstärkt beim Scorekeeper ein, während der Controller diese Rolle eher ausgeglichen unter weiteren Rollen (Rollenmix) bewertet. Den Change Agent, Data Scientist und Decision Scientist ordnen Controller sowie das Management als die am wenigsten häufig eingenommenen Rollen ein.

Deutlich wird, dass von der Führungskraft, bezüglich ihrer Erwartungen zur Controllerrolleneinnahme, scheinbar im Allgemeinen eine häufigere Rolleneinnahme des Controllers gewünscht wird. Prinzipiell scheint das Management einen Rollenmix zu befürworten, bei dem neben modernen Rollen auch weiterhin die Rolle des Scorekeepers einzunehmen ist. Am wenigsten häufig werden zwar Desicion und Data Scientist genannt, die erwartete verhältnismäßige Einnahmesteigerung zur tatsächlichen Rolleneinnahme ist jedoch speziell hier zu vermerken.

Entsprechende Grafiken sind im Anhang der Arbeit ersichtlich.

6.2.2 Perspektivenanalyse zu Rollenkonflikten

Bei der Betrachtung der Rollenkonflikte wurde offensichtlich, dass der Scorekeeper im Management-Reporting-Prozess eine vom Controller unbeliebte Rolle darstellt und der Controller eher Rollen bevorzugt, bei denen er vermehrt proaktiv mit dem Management zusammenarbeitet, Prozesse vorantreibt und seine umfassende Wissensbasis integrieren kann. Der Manager spricht sich für die vermehrte Rolleneinnahme des Decision Scientists aus, macht jedoch deutlich, dass der Scorekeeper im Management-Reporting erhalten bleiben muss und der Controller sich zudem auf die IT-anwendungsbasierte Rolle Data Scientist, sprich technologisches Knowhow, konzentrieren sollte.[7]

Die Rolle des Business Partners scheint aus Controller- sowie aus Management-Sicht eine beliebte Rolle zu sein.

Empfehlung: Auf Datenbasis der perspektivischen Auswertungen wird ein Rollenmix im Management Reporting empfohlen, der sowohl managementinteraktive

[7] Die Beschreibung der Rollen ist angelehnt an Schäffer/Brückner (2019) S. 21 u. 27. Siehe hierzu auch Schäffer et al. (2019).

Rollen wie die des Business Partners, als auch IT-basierte Rollen beinhaltet.[8] Die Rolleneinnahme des Scorekeepers erwies sich als Rollenkonflikt. Diese sollte dennoch weiterhin im Management Reporting präsent sein, könnte jedoch durch die Integration von Technologien- und IT-Tools attraktiver gestaltet und reduziert werden.[9]

6.2.3 Fazit zur Rolleneinnahme

Wird vorerst anhand aktueller Umfrageergebnisse ein Rollenmix empfohlen, sollte jedoch prinzipiell die Wünsche und Erwartungen bezüglich der Rolleneinnahmen zwischen dem Management und dem Controlling offenkundig und regelmäßig besprochen werden, um die gegenseitige Annahme neuer Rollenbilder zu fördern und zu formen.[10] Wie die Umfrageergebnisse zeigen, herrscht in den befragten Unternehmen bisher zu wenig Klarheit über gegenseitige Vorstellungen bezüglich der Rolleneinnahme. Hieraus resultieren die gefundenen Rollenkonflikte. Es sollten regelmäßige Meetings für Ziel- und Rollenbildformulierungen erfolgen, um Klarheit im Management-Reporting-Prozess zu schaffen.[11] Hierbei sollten auch Akteure wie IT-Mitarbeiter, Data Scientist, Data Engineer und Mathematiker/Statistiker in die Rollenabgrenzungen eingebunden werden, um von ihren Kompetenzen zu profitieren.[12] Des Weiteren erscheint eine regelmäßige Kontrolle und Überarbeitung gefundener Formulierungen als sinnvoll,[13] um den mit der Digitalisierung aufgezeigten fortlaufenden Rollenwandel gerecht zu werden.

Bereits *Brandt* beschäftigte sich im Rahmen ihrer Arbeit mit dem Thema Konflikt- und Problemlösung (Rollenkonflikte im Leitungsgremium) und ging

---

[8] Vgl. Schäffer/Brückner (2019), S. 26.

[9] Vgl. Kapitel drei (*Abschnitt 3.1.2.3.1 und Abschnitt 3.1.2.4.1*) und Kapitel fünf (*Abschnitt 5.3.1.3 und Abschnitt 5.3.2.3*) der vorliegenden Arbeit.

Vgl. zur Häufigkeitsreduzierung der Scorekeepertätigkeiten bspw. Koch/Strom (2020), S. 41.

[10] Vgl. Kapitel drei (*Abschnitt 3.1.2.4.2*) der vorliegenden Arbeit.

[11] Vgl. zu Empfehlungen zum Thema Rollenklarheit, -definition, Meetings und Zielen neben der Literaturanalyse der vorliegenden Arbeit auch Brandt (2016), S. 264 ff.

[12] Vgl. zur Kompetenzeinbindung weiterer Akteure u. a. Andreassen (2020), aufgezeigt im Rahmen der SLAs der vorliegenden Arbeit (Kapitel drei). Für eine Zuordnung der Subprozesse des Management-Reporting-Prozesses auf genannte Akteure siehe Kapitel fünf (*Abschnitt 5.3.1*) der vorliegenden Arbeit.

[13] Vgl. Goretzki/Weber (2010), S. 169.

hierbei unter anderem auf Rollenklarheit, -definition, regelmäßige Meetings und die Eliminierung von konfliktfördernden Zielen ein. Diesen kann sich auch im Rahmen der vorliegenden Arbeit angeschlossen und sich für die Zieleliminierung sowie die Einbindung der Rollen zur Zielfindung und Zielerreichung als interessanten Ansatz ausgesprochen werden.[14]

Konnte anhand der Ergebniszusammenführung ein Überblick und Empfehlungen herausgearbeitet werden, zeigt folgend Kapitel sieben die hierdurch geschaffene Beantwortung der Forschungsfragen auf.

[14] Vgl. den Absatz neben Kapitel drei (*Abschnitt 3.1.2.4.2*) und fünf (*Abschnitt 5.3.1.2–Abschnitt 5.3.1.3*) vorliegender Arbeit, auch mit Brandt (2016), S. 264 ff.

Schlussbetrachtung 7

Im Schlussteil der Arbeit liegt der Fokus auf der Betrachtung der behandelten Forschungsfragen. In den Ausführungen integriert werden die wichtigsten Erkenntnisse zusammengefasst verdeutlicht. Letztlich erfolgt eine Aufstellung von Limitationen vorliegender Aufführungen, die Darstellung des weiteren Forschungsbedarfs und das Schlusswort zur Studie.

7.1 Beantwortung der Forschungsfragen und Erkenntnisse

Forschungsziel der vorliegenden Arbeit war die Erlangung von Kenntnissen zum Thema Erfolgssteigerung des Management Reportings unter Einsatz von Technologien und IT-Tools, durch prozess- & rollenspezifische Analysen. Hauptsächlich die einzelne Betrachtung der Management-Reporting-Subprozesse und die parallele Analyse des Erfolgs weisen hierbei den Novitätsgrad der vorliegenden Arbeit aus.[1]

Relevante Ergebnisse für die Theorie sind die Ausweitung der Wissensbasis zu Digitalisierungen im Management-Reporting-Prozess, sowie die Darstellung möglicher rollenspezifischer Zusammenhänge im Management Reporting.

[1] Vgl. hierzu Ausführungen zum aktuellen Forschungsstand in der vorliegenden Arbeit.

Ergänzende Information Die elektronische Version dieses Kapitels enthält Zusatzmaterial, auf das über folgenden Link zugegriffen werden kann https://doi.org/10.1007/978-3-658-51476-1_7.

V. Frank, *Erfolg des Management Reportings*, Unternehmensführung & Controlling, https://doi.org/10.1007/978-3-658-51476-1_7

Bezogen auf die Unternehmenspraxis wird von Ergebnissen zum sinnvollen Technologie- und IT-Tool-Einsatz im Management-Reporting-Prozess zur Erfolgssteigerung, der Verdeutlichung von Rollenkonflikten und weiteren Akteuren im Management-Reporting-Prozess und hierzu erarbeiteten Handlungsempfehlungen profitiert.

Nach Festlegung der Zielsetzungen der vorliegenden Arbeit konnten Forschungsfragen erarbeitet werden (*Kapitel eins, Abschnitt 1.2.1*), dessen Beantwortung im Rahmen der anschließenden Kapitel behandelt wurden. Die Ausarbeitungen erfolgten im Rahmen der „**Forschung im Gegenstrom**"[2]. Es wurden ein ausführlicher Grundlagenteil, sowie umfangreiche Literaturanalysen erarbeitet, durch welche der Aufbau des Bezugsrahmens und die Hypothesenherleitung ermöglicht wurden. Zur Hypothesenprüfung folgten eine Onlineumfrage und dazugehörige Auswertungen.[3]

Die Beantwortung der Forschungsfragen kann wie folgt aufgezeigt werden:

1) Welche Aufgaben und Rollen gibt es im Zusammenhang mit der Digitalisierung im Management Reporting und welche Rollenkonflikte als mögliche Erfolgs-Hemmnisse dieser existieren?

Grundlagenkapitel: Im Grundlagenkapitel der vorliegenden Arbeit (*Kapitel zwei*) wurde sich mit Begriffsabgrenzungen beschäftigt. Hierunter wurde umfangreich der Einfluss der Digitalisierung auf das wertschöpfungsorientierte Controlling[4] bis hin zum Management Reporting betrachtet. Es erfolgten detaillierte Beschreibungen der Technologien und IT-Tools im Management Reporting, sowie eine perspektivische Darstellung des Management Reportings unter Digitalisierungseinfluss. Im Rahmen der rollentheoretischen Grundlagen wurde der Arbeit die Rollentheorie[5] als theoretische Fundierung unterlegt, auf Begrifflichkeiten eingegangen und einen Überblick über mögliche Rollenkonflikte gegeben. Zudem wurden im Grundlagenteil Möglichkeiten der Erfolgsbewertung im Management Reporting betrachtet und für die vorliegende Arbeit gewählt.

Literaturanalyse: Der Aktuelle Forschungsstand (*Kapitel drei*) vervollständigt den Grundlagenteil. Im Zusammenhang der Technologie- und IT-Tool-Nutzung

---

[2] Vgl. Becker (1990), S. 296 und Kapitel eins (*Abschnitt 1.2.2*) der vorliegenden Arbeit. „**Forschung im Gegenstrom**" Becker/Baltzer (2010), S. 3.

[3] Vgl. den gesamten Absatz u. a. mit Töpfer (2012), S. 29 ff. und Kapitel zwei bis sechs der vorliegenden Arbeit.

[4] Vgl. Becker (1999) und die Ausführungen hierzu in Kapitel zwei (*Abschnitt 2.2.2*) der vorliegenden Arbeit.

[5] Siehe zur Rollentheorie Katz/Kahn (1978) und Kapitel zwei (*Abschnitt 2.4*) der vorliegenden Arbeit.

zur Erfolgssteigerung stellt sich die Relevanz des Einbezugs moderner Controllerrollen und speziell die des Business Partners heraus. Nach Analyse gewonnener Ergebnisse zum Controllerrollenbild erschien die Controller-Rollenübersicht in *Schäffer* und *Brückner*[6] bezogen auf die Delphi-Studie der WHU[7] zur Auswertung aktueller Rollen als sinnvoll. Entsprechend wurde diese zur Abfrage bei der Primärdatenerhebung[8] im Rahmen eines Onlinefragebogens herangezogen. Neben Ausarbeitungen zur Rollenübersicht wurden, im Rahmen der Literaturanalyse, Aufgaben und Kompetenzen aufgezeigt. Auch mögliche Rollenkonflikte und weitere Akteure im Controlling konnten anhand des aktuellen Forschungsstands herausgearbeitet und zur weiteren Forschung verwendet werden.

Deskriptive Ergebnisse: Die Onlineumfrage (*Kapitel fünf*) ermöglichte einen speziell auf den Management-Reporting-Prozess abgezielten, praxisbezogenen Überblick. Die Themenfelder wurden aus der oben genannten Literaturanalyse abgeleitet. Entsprechend wurde die Technologie- und IT-Tool-Nutzung, hiermit einhergehende Erfolge und der Rolleneinbezug fokussiert. Hierbei konnte die Einbindung weiterer Akteure in den Management-Reporting-Prozess umfangreich dargestellt, sowie durch eine Perspektivenabfrage (Controller- und Manager-Befragung) aktuelle Rollenkonflikte der Praxis aufgezeigt werden.

Ergebniszusammenführung: Mit Ausführungen von *Kapitel sechs* kann Forschungsfrage eins zusammengefasst beantwortet werden. Auf eine Dopplung der Ergebniszusammenfassung wird an dieser Stelle verzichtet und auf entsprechendes Kapitel zur Beantwortung der Forschungsfrage verwiesen.

2) Bestehen Zusammenhänge zwischen der Technologie- und IT-Tool-Nutzung im Management-Reporting-Prozess, Rollen und dem Management-Reporting-Erfolg?
Literaturanalyse und deskriptive Ergebnisse: Bereits die SLAs und die deskriptiven Ergebnisse der vorliegenden Arbeit legten einen Zusammenhang zwischen der Technologie- und IT-Tool-Nutzung und Erfolgssteigerung im Management Reporting nahe. Wobei anhand der SLAs vor allem die Bereiche Entscheidungsunterstützung und Zeitersparnis hervorgehoben werden können. Im Rahmen der SLAs können auch die durch die Digitalisierung getriebene vermehrte Rolleneinnahme des Business Partners oder Aufnahme von dessen Aufgabenbereichen[9] und einhergehende Erfolge in der Entscheidungsunterstützung und Zeitersparnis aufgezeigt werden.

---

[6] Vgl. Schäffer/Brückner (2019), S. 21.

[7] Siehe hierzu Schäffer et al. (2019).

[8] Vgl. Kapitel fünf der vorliegenden Arbeit.

[9] Vgl. die Rollenbeschreibung mit Schäffer/Brückner (2019), S. 21.

Hypothesentests: Auf die Hypothesentests der vorliegenden Arbeit und hierbei auf die Subprozesse des Management Reportings eingehend, können durch die Ergebnisse ein positiver Einfluss der Technologie- und IT-Tool-Nutzung in der Beratung auf die Zeitersparnis (B = ,589; p < ,034 < ,05) aufgezeigt werden. Unter der Berücksichtigung des Konfidenzintervalls (95 %) von -,194 bis,774 kann tendenziell zudem bei der Technologie- und IT-Tool-Nutzung im Subprozess Datenanalyse durchführen und Berichte erstellen (Zahlenteil)[10] ein positiver Einfluss auf die Zeitersparnis verdeutlicht werden. Außerdem kann zwischen der Entscheidungsfindung und Zeitersparnis eine statistisch signifikante Korrelation (p < ,001) mit einem positiven Korrelationskoeffizent (,314) aufgezeigt werden.

Von Hypothesen H1–H5 konnte Hypothese H2 teilweise gestützt werden.[11] Abgelehnte Hypothesen können als Grundlage weiterer Forschungen dienen.

3) In welchen Management-Reporting-Subprozessen sind Technologien und IT-Tools am sinnvollsten einzusetzen, um bestmögliche Erfolge zu erzielen und welche spezifischen Technologien- und IT-Tools werden verwendet?

Literaturanalyse: Im Rahmen der Literaturanalyse wurden moderne Technologien- und IT-Tools umfangreich behandelt. Hierdurch konnte die Relevanz getroffener Auswahl bestätigt werden. Im Anhang der vorliegenden Arbeit befinden sich Auflistungen in der Literatur genannter Technologien- und IT-Tools.

Deskriptive Ergebnisse: Anhand der Onlineumfrage konnte die Technologie- und IT-Tool-Nutzung in den einzelnen Management-Reporting-Subprozessen dargestellt werden. Hierbei stellte sich vor allem die Nutzung von Dashboarding und Analytics in allen Subprozessen heraus. Eine umfangreiche Abfrage zum Management-Reporting-Erfolg unter Einsatz von Technologien und IT-Tools ergab Erfolgssteigerungen speziell in den Bereichen Zeitersparnis, Transparenz, Ergebnisqualität (Aktualität) und Arbeitsentlastung.

Hypothesentests: Wie die Statistik der vorliegenden Arbeit zeigt, ist die Technologie- und IT-Tool-Nutzung zur Steigerung der Zeitersparnis speziell in der Beratung sowie der Datenanalyse und Zahlenteil-Berichterstellung angebracht.

---

[10] Die Subprozesse und dessen Erläuterungen im Fragebogen wurden fast vollständig wörtlich aus dem Modell der International Group of Controlling (2017), S. 45 u. 76 übernommen. Das Modell wurde für die vorliegende Umfrage um den Subprozess Beratung des Managements ergänzt.

[11] Siehe für nähere Ausführungen Kapitel fünf (*Abschnitt 5.3.2*) der vorliegenden Arbeit.

4) Welche Rolle sollte zur Erfolgssteigerung vom Controller im Management-Reporting-Prozess unter Nutzung von Technologien- und IT-Tools eingenommen werden und wie lassen sich gefundene Rollenkonflikte lösen?
Grundlagenteil, Literaturanalyse, Onlineumfrage und Perspektivenanalyse: Bezüglich der Rollenkonflikte dienen Ausführungen im Grundlagenteil (*Kapitel zwei*) und der Literaturanalyse (*Kapitel drei*) zu einem ersten Überblick möglicher Konfliktarten. Die Onlineumfrage und Perspektivenanalyse *(Kapitel fünf und sechs)* machen vor allem den Scorekeeper als unliebsame Rolle des Controllers im Management-Reporting-Prozess deutlich.

Literaturanalyse und Perspektivenanalyse: Bezüglich der Rolleneinnahme wird empfohlen einen Rollenmix einzunehmen, in dem der Controller IT-basierte aber auch, durch die Digitalisierung steigend realisierbare managementinteraktive Rollen und einhergehende Aufgabenbereiche einnimmt. Ziel IT-basierter Rollen und Aufgaben sollte die bessere Integrierung der Technologien und IT-Tools im Management Reporting und dadurch die Förderung des Management-Reporting-Erfolgs (auch Informationskongruenz)[12] sein. Trotz moderner Rolleneinnahmen ist die konfliktgeladene Rolle und der Aufgabenbereich des Scorekeepers nicht zu vernachlässigen. Durch den Einsatz von Technologien- und IT-Tools könnte diese jedoch attraktiver gestaltet und in ihrer Häufigkeit reduziert bzw. bei Zeiteinsparungen vermehrt auch beliebteren Rollen nachgegangen werden.[13] Beispielsweise die vermehrte Einnahme managementinteraktiver Rollen[14] könnte einerseits den Erfolg,[15] andererseits die Controllerzufriedenheit[16] steigern.

---

[12] Die Ausführungen wurden im Sinne des wertschöpfungsorientierten Controllings ausgearbeiteten. Vgl. Becker (1999) und die Ausführungen hierzu in Kapitel zwei (*Abschnitt 2.2*) der vorliegenden Arbeit. Vgl. für den Begriff Informationskongruenz speziell Becker (1999), S. 3.

[13] Vgl. für den gesamten Abschnitt Kapitel drei (*Abschnitt 3.1.2.3.1 und Abschnitt 3.1.2.4.1*) und Kapitel sechs der vorliegenden Arbeit.

Vgl. zum Ziel IT-basierter Rollen und Nutzung technologischer Möglichkeiten bspw. Freistühler et al. (2019), S. 68; Andreassen (2020), S. 228; Koch/Storm (2020), S. 39.

Vgl. zur Häufigkeitsreduzierung der Scorekeepertätigkeiten bspw. Koch/Strom (2020), S. 41.

[14] Vgl. für managementinteraktive Rollen und die Beeinflussung von Entscheidungsverhalten Schäffer/Brückner (2019), S. 21 u. 26.

[15] Vgl. Kapitel drei (*Abschnitt 3.1.2.3.2*) der vorliegenden Arbeit.

[16] Ergebnis der Literaturanalyse und der Probandenbefragung zur Wunschcontrollereinnahme.

Regelmäßige Meetings für Ziel- und Rollenbildformulierungen,[17] welche auch Akteure wie IT-Mitarbeiter, Data Scientists, Data Engineers und Mathematiker/ Statistiker miteinschließen, können Rollenkonflikten vorbeugen, indem Erwartungen und Abgrenzungen offen kommuniziert werden. Kenntnisse zu nötigen Rolleneinnahmen können durch Schulungen und unter Einbezug des Knowhows genannter Akteure gewonnen werden.[18] Auch dem Management können Fortbildungen bezüglich des sinnvollen Rolleneinsatzes zugutekommen und für Klarheit im Rollenwandel sorgen.[19]

Hypothesentests: Aufgestellte Hypothesen zur Technologie- und IT-Tool-Nutzung im Management-Reporting-Prozess zur Rolle des Business Partners und die Rolle des Businesspartners zur Entscheidungsunterstützung und Zeitersparnis können anhand der vorliegenden Datenlage nicht gestützt werden. Trotzdem sollte auf Grund möglicher technologiegetriebener Risiken der Einbezug menschlichen Urteilvermögens nicht vernachlässigt werden.[20]

7.2 Limitationen und weiterer Forschungsbedarf

Wie oben erwähnt, dient das letzte Kapitel der vorliegenden Arbeit zudem der Erläuterung von Limitationen und Ansatzpunkten weiterer Forschungen.

7.2.1 Übersicht Limitationen

> „[…] [J]ede wissenschaftliche Untersuchung unterliegt […] bestimmten Limitationen.“[21]

Entsprechend sind diese auch in der vorliegenden Arbeit zu finden und können thematisch wie im vorliegenden Kapitel aufgezeigt werden.

---

[17] Vgl. zu Empfehlungen zum Thema Rollenklarheit, -definition, Meetings und Zielen neben der Literaturanalyse der vorliegenden Arbeit auch Brandt (2016), S. 264 ff.

[18] Vgl. für innerbetriebliche Unterstützung Goretzki/Weber/Zubler (2019), S. 154. Vgl. für Akteure Kapitel drei (*Abschnitt 3.1.2.4.2*) und Kapitel fünf (*Abschnitt 5.3.1.2*) der vorliegenden Arbeit.

[19] Vgl. für Schulungs-, Kommunikationsempfehlungen und Rollenklarheit der Akteure Kapitel drei (*Abschnitt 3.1.2.4.2*) der vorliegenden Arbeit und speziell Byrne/Pierce (2018) u. a. S. 426 ff.

[20] Vgl. Knudsen (2020), S. 6 f. u. S. 16.

[21] Eckert (2009), S. 206.

7.2.1.1 Forschungskonzeption

Im Kapitel eins (*Abschnitt 1.2*) wurden die Wissenschaftsmethodologie und das Forschungsdesign behandelt und hierunter unter anderem die Untersuchungszeitpunkte der Primärdatenerhebung vorgestellt. Die Onlineumfrage erfolgte als einmalige Zeitpunktbetrachtung, deshalb wird trotz der relativ großen Stichprobe nicht automatisch von einer Gesetzmäßigkeit ausgegangen. Weitere Forschungen könnten neben vorliegender Querschnittstudie auf eine Längsschnittuntersuchung abzielen, um die Datenlage auf mehrere Zeitpunkte auszuweiten.[22]

Zudem ist zu erwähnen, dass Ursache-Wirkungs-Beziehungen anhand von Querschnittsuntersuchungen bedingt ableitbar sind. Es wurde sich anhand des Einbezugs diverser Untersuchungen, im Rahmen des aktuellen Forschungsstandes, erlaubt Aussagen zur Benennung möglicher Ursachen zu treffen und sich[23] „[...] Kausalaussagen zu nähern."[24] Es wird jedoch im Rahmen der Auswertung getätigter Querschnittsuntersuchung im Allgemeinen lediglich von Zusammenhängen gesprochen.

Eine weitere Möglichkeit die Datenlage in folgenden Forschungen zu ergänzen könnte im Rahmen von tiefergreifenden Interviews erfolgen, bei denen sich auf einige wenige Unternehmen fokussiert wird.[25]

7.2.1.2 Datenauswertung

Als Ursachen möglicher Verzerrungen der vorliegenden Arbeit müssen „*key informant bias*" sowie „*common method bias*" genannt werden. Bezugnehmend auf *Key Informant Bias* ist kritisch zu hinterfragen, inwieweit teilnehmende Probanden die Fähigkeit besitzen, den Themenkomplex zu beurteilen und ob ihre Auskünfte innerhalb der Umfrage systematischen Verzerrungen unterliegen könnten.[26] „A key informant bias is a bias in the variance and covariance structure of data that can be attributed to the fact that one single key informant is used for data collection."[27] Die Probandenauswahl der vorliegenden Arbeit erfolgte durch eine Zielgruppenauswahl via Nexis und die Veröffentlichung der Umfrage via LinkedIn. Als Teilnehmer sollten vor allem das Management und Controller angesprochen werden. Den Probanden sollte somit der abgefragte Themenkomplex bekannt sein. Zudem wurde auf eine möglichst große Probandenzahl geachtet. Key Informant Bias auf Grund bestimmter Motive oder der Charakteristika

[22] Vgl. Müller-Böling (1992), Sp. 1495 f.; Müller (2023), S. 419.

[23] Vgl. den Absatz mit Häder (2019), S. 118.

[24] Ebd.

[25] Vgl. Kaya (2009), S. 52 ff.; Feichtinger (2023), S. 149 f.

[26] Vgl. Diamantopoulos/Fritz/Hildebrandt (2012), 84 ff.

[27] Ebd. S. 85. Diese beziehen sich auf van Bruggen/Lilien/Kacker (2002), S. 469.

teilnehmender Probanden können jedoch nicht vollständig ausgeschlossen werden.[28] Hierbei kann zum Beispiel ein möglicher Selbstdarstellungseffekt des Controllers genannt werden, um seinen Wert und Kompetenz im Management Reporting aufzuzeigen.[29] Der Wechsel zwischen objektiven Tatbestandsbefragungen und Meinungsabfragen mit einem subjektiven Charakter als Verzerrungsursache ist außerdem zu beachten.[30]

→ „A *common method bias* can be defined as a bias in the variance and covariance structure of data caused by the fact that the independent and dependent variables of a model come from the same source of data, for example, the same survey [...].“[31]

Podsakoff et al. tragen hierzu in ihrem Werk mögliche Ursachen derartiger Verzerrungen zusammen, auf welche an dieser Stelle zu verweisen sind. Bezüglich der vorliegenden Ausarbeitungen können beispielsweise mögliche Verzerrungsursachen wie „Implicit theories (and illusory correlations)“, „Social desirability“ und „Leniency biases“ etc. betrachtet werden.[32] Zur Validitäts- sowie Reliabilitätserhöhung verwendeter Aussagen können im Rahmen der vorliegenden Arbeit Antworten des Controllers den Antworten des Managements gegenübergestellt und somit weitere Perspektiven auf den Themenkomplex eingeholt werden. Durch den Einbezug mehrerer Perspektiven wird sich eine Reduktion genannter Probleme erhofft. Zudem wurde auf eine möglichst große Probandenzahl geachtet, um genannten Verzerrungen entgegenzuwirken.[33]

Zur Datenauswertung in Kapitel fünf (*Abschnitt 5.3.2.2. bis inkl. Abschnitt 5.3.2.5*) sind zudem Defizite bei den Qualitätsbedingungen vorzuweisen. Angewandte Methoden scheinen in Anbetracht dessen nicht ungeeignet, jedoch schwächer als gedacht. Es besteht somit ein Verdacht der Richtigkeit, jedoch sind für einen hundertprozentigen Beweis tiefgehendere Überprüfungen notwendig, welchen in weiteren Forschungen nachgegangen werden kann.[34]

---

[28] Vgl. Hurrle/Kieser (2005), S. 589 f.; Diamantopoulos/Fritz/Hildebrandt (2012), 85 f.; Botzkowski (2018), S. 202.

[29] Vgl. Hurrle/Kieser (2005), S. 589 f. Siehe zudem weitere mögliche Ursachen für Key Informant Bias in ebd. und Diamantopoulos/Fritz/Hildebrandt (2012), 85 f.

[30] Vgl. Hurrle/Kieser (2005), S. 589 f.

[31] Diamantopoulos/Fritz/Hildebrandt (2012), S. 86. Diese beziehen sich auf Podsakoff/ Organ (1986).

[32] Vgl. Podsakoff et al. (2003), S. 882. Direkte Zitate aus ebd. übernommen.

[33] Vgl. für genannte Validitäts- sowie Reliabilitätserhöhungsmöglichkeiten Diamantopoulos/ Fritz/Hildebrandt (2012), S. 91 f.

[34] Vgl. Rohrlack (2009); Schiefer/Schiefer (2018), S. 79.

Auf den Einbezug von Störvariablen[35] in der Statistik wurde wie in Kapitel fünf (*Abschnitt 5.3.2.1*) erläutert verzichtet.

7.2.1.3 Erfolgsbewertung

Da die Kostenperspektive im Zusammenhang der behandelten Thematik wie in Kapitel zwei (*Abschnitt 2.5.3*) dargestellt als nicht besonders aussagekräftig angesehen wurde, wurde diese im Rahmen der vorliegenden Arbeit ausgespart. In den Datenbanken wurden zudem, wie in Kapitel fünf (*Abschnitt 5.1.1*) beschrieben, Unternehmen ab 250 Mitarbeitern fokussiert. Weitere Forschungen könnten sich, entsprechend verfolgter Methode der Erfolgsbewertung, bei der Datenauswertung auf eine andere Unternehmenscharakterisierung fokussieren und hierunter spezifische Vergleiche im Management Reporting vollziehen. Interessant wäre es auch wie in Kapitel zwei (*Abschnitt 2.5*) beschrieben anhand von KPIs oder speziell bezüglich der Ressourcennutzung anhand einer Analyse der ABC/ABM Ergebnisse der Unternehmen Vergleiche durchzuführen.

7.2.1.4 Onlineumfrage

Kapitel fünf beinhaltet die Vorgehensweise sowie die Ergebnisse der Onlineumfrage. Auf die Nutzung von Filterfragen wurde zur Vermeidung von Datenübertragungsfehlern gezielt verzichtet. Zu erwähnen ist außerdem, dass auf Grund der sensiblen Datenabfrage keine Pflichtfragen festgelegt wurden.[36] Die Umfrage wurde Datenschutzkonform und analog der Hinweise zum Datenschutz der Hochschule Aalen – Technik und Wirtschaft durchgeführt.

Die Sicherstellung der Beantwortung des Fragebogens durch Controller und dem Management aus den jeweils gleichen Unternehmen wäre zudem ein Ansatzpunkt, welchem in weiteren Forschungen beispielsweise im Rahmen von Interviews nachgegangen werden kann. Zudem wäre ein größerer Prozentanteil teilnehmender Manager wünschenswert gewesen, um speziell im Rahmen der Digitalisierungsabfragen und Konfliktbeziehungen ein ausgewogenes Ergebnis zu erhalten.[37] Weitere Untersuchungen könnten beispielsweise gezielt auf das Management gerichtet sein.

---

[35] Vgl. zum Thema Störvariablen Töpfer (2012), S. 281.

[36] Ausformulierung angelehnt an den Arbeiten im Aalener Institut für Unternehmensführung (AAUF).

[37] Siehe für Vorteile von Interviews, z. B. flexible Stichproben, Potthoff/Eller (2000), S. 102. Vgl. thematisch auch Feichtinger (2023), S. 149 ff. Siehe als Beispiel der Untersuchungsvorgehensweise gerichtet auf ein spezifisches Unternehmen u. a. Andreassen (2020).

Des Weiteren sollte in folgenden Umfragen darauf geachtet werden, den Fragebogen um detaillierte Definitionen/Abgrenzungen der Technologien und IT-Tools zu erweitern, um ein einheitliches Verständnis zu schaffen.[38] Wie in Kapitel zwei (*Abschnitt 2.3.2*) beschrieben, weisen beispielsweise Auslegungen von KI und Analytics eine ausgedehnte Definitionsbandbreite vor.

7.2.1.5 Handlungsempfehlungen

Bei den hergeleiteten Handlungsempfehlungen kann auf Grundlage der Forschungsergebnisse von einem Verdacht auf Richtigkeit der Empfehlungen ausgegangen werden, bei denen Unternehmen mögliche Maßnahmen[39] zur Erfolgssteigerung aufgezeigt werden. Dabei ist jedoch, die Einschränkung zu erwähnen, dass Empfehlungen nur im Rahmen der durchgeführten Datenerhebung und der betrachteten Aspekte erfolgen können. Wurde zwar auf eine möglichst umfangreiche Datenbasis geachtet, kann dennoch nicht automatisch von einer Allgemeingültigkeit für jedes Unternehmen ausgegangen werden.[40] Durch den umfangreichen Grundlagenteil und der Aufführung der Inhalte diverser inhaltlich relevanter Studien des Kapitels drei „Aktueller Forschungsstand" soll es dennoch Unternehmen ermöglicht werden, sich im Einzelfall einfacher dem Themenkomplex annehmen zu können und Empfehlungen auf ihre Bedürfnisse anzupassen.

7.2.2 Ansatzpunkt weiterer Forschungen

Auf Grund genannter Limitationen der Forschung sind Ergebnisverzerrungen nicht auszuschließen. Aufgeführte Gegenmaßnahmen dienen zur Linderung dieser. Zudem könnte der Themenkomplex in weiteren Studien aufgenommen werden, um gefundene Ergebnisse zu bekräftigen und auszubauen:

Im Rahmen der vorliegenden Arbeit zeigte sich eine positive Wirkung bezüglich abgefragter Technologie- und IT-Tool-Nutzung in der Beratung (und tendenziell auch in der Datenanalyse) auf die Zeitersparnis. Zur Ergebniserweiterung könnten in Folgestudien beispielsweise weitere Technologien und

---

[38] Vgl. bezüglich klarer Definitionen und daraus resultierendem inhaltlichen Verständnis Töpfer (2012), S. 5.

[39] Unter möglichen Maßnahmen wird im Rahmen der vorliegenden Arbeit der Vorschlag von Aktionen verstanden. Vgl. Weber (1988), S. 151; Botzkowski (2018), S. 175.

[40] Vgl. Schneider (2011), S. 84; Botzkowski (2018), S. 175.

IT-Tools im Kontext der Erfolgssteigerung analysiert werden. Angelehnt werden könnte sich hierbei an die, im Rahmen der SLAs herausgearbeiteten, Technologie- und IT-Tool-Listen.[41] Wie die deskriptive Ergebnisdarstellung zeigt, sollten auch andere Erfolgskriterien, neben Zeitersparnis und Entscheidungsunterstützung, in zukünftigen Forschungen analysiert werden. Als Beispiel sinnvoller Erfolgsgrößen wird hierbei auf Transparenz, Ergebnisqualität (Aktualität) und Arbeitsentlastung aufmerksam gemacht.[42]

Bezüglich der Rolleneinbindung Business Partner konnten keine signifikanten Ergebnisse herausgestellt werden. Sinnvoll könnte hierbei die Forschung auf tieferer Definitionsebene sein. Beispielsweise anhand der Prüfung vordefinierter Kompetenzen und Aufgaben die im Zusammenhang mit dem Business Partner stehen.[43] Der Vielschichtigkeit der Aufgaben und entsprechende tatsächliche Ausführungen dieser, sollten dringend Beachtung geschenkt werden, um mögliche Verzerrungen bei der Erfolgsbewertung zu vermeiden.[44] Zudem sollte auch bezüglich des Business Partners in Verbindung mit dem Technologie- und IT-Tool-Einsatz, in zukünftigen Forschungen, die Analyse oben genannter weiterer Erfolgsgrößen vorgenommen werden.[45]

7.3 Schlusswort zur Studie

Im Rahmen der Betrachtung der vorliegenden Arbeit in ihrer Gesamtheit, kann festgestellt werden, dass das in Kapitel eins (*Abschnitt 1.2.2*) genannte Ziel der deskriptiv-explorativen Forschung erreicht wurde, das Ziel der konfirmatorisch-explikativen Untersuchung anhand der Datenlage eingeschränkt möglich war.[46] Trotz genannter Limitationen wird davon ausgegangen mit der vorliegenden Arbeit einen wertvollen Beitrag in Theorie und Praxis leisten zu können und wesentliche Ansatzpunkte im Management Reporting für weitere Forschungen verdeutlicht zu haben.

[41] Siehe aus den SLAs herausgearbeitete Technologie- und IT-Tool-Listen im Anhang (im elektronischen Zusatzmaterial) der Arbeit.

[42] Vgl. Kapitel fünf (*Abschnitt 5.3.1.1)* der vorliegenden Arbeit.

[43] Vgl. Schäffer/Brückner (2019), S. 27.

[44] Vgl. Rieg (2018), S. 183 ff.

[45] Vgl. Kapitel fünf (*Abschnitt 5.3.1.1)* der vorliegenden Arbeit.

[46] Vgl. Töpfer (2012), S. 150 ff.

Literaturverzeichnis

Abée, S./Andrae, S./Schlemminger, R. B. (2020). Strategisches Controlling 4.0. Wie der digitale Wandel gelingt, Wiesbaden

Aigner, W. (2013). Current work practice and users' perspectives on visualization and interactivity in Business Intelligence, in: 2013 17th International Conference on Information Visualisation, London, United Kingdom, S. 299–306

Airinei, D./Homocianu, D. (2010). The mobile business intelligence challenge, in: Economy Informatics, 10. Jg., Nr. 1, S. 5–12

Ala-Heikkilä, V./Järvenpää, M. (2023). Management accountants' image, role and identity: employer branding and identity conflict, in: Qualitative Research in Accounting and Management, 20. Jg., Nr. 3, S. 337–371

Alamri, A. M. (2019). Association between strategic management accounting facets and organizational performance, in: Baltic Journal of Management, 14. Jg., Nr. 2, S. 212–234

Albu, C./Albu, N./Faff, R./Hodgson, A. (2011). Accounting competencies and the changing role of accountants in emerging economies: The case of Romania, in: Accounting in Europe, 8. Jg., Nr. 2, S. 155–184

Alpar, P./Schulz, M. (2016). Self-service business intelligence, in: Business & Information Systems Engineering, 58. Jg., Nr. 2, S. 151–155

Amilin, A. (2017). The impact of role conflict and role ambiguity on accountants' performance: The moderating effect of emotional quotient, in: European Research Studies Journal, XX. Jg., Nr. 2A, S. 237–249

Anand, G./Kodali, R. (2008). Benchmarking the benchmarking models, in: Benchmarking: An International Journal, 15. Jg., Nr. 3, S. 257–291

Andreassen, R.-I. (2020). Digital technology and changing roles: A management accountant's dream or nightmare?, in: Journal of management control, 31. Jg., Nr. 3, S. 209–238

Antunes, A. L./Cardoso, E./Barateiro, J. (2022). Incorporation of Ontologies in Data Warehouse/Business Intelligence Systems – A Systematic Literature Review, in: International Journal of Information Management Data Insights, 2. Jg., Nr. 2, S. 1–16

Aslanova, I. V./Kulichkina, A. I. (2020). Digital Maturity: Definition and Model, in: 2nd International Scientific and Practical Conference "Modern Management Trends and the Digital Economy: from Regional Development to Global Economic Growth" (MTDE 2020), Advances in Economics, Business and Management Research, Nr. 138, S. 443–449

V. Frank, *Erfolg des Management Reportings*, Unternehmensführung & Controlling, https://doi.org/10.1007/978-3-658-51476-1

Atteslander, P. (2010). Methoden der empirischen Sozialforschung, 13. Aufl., Berlin

Automatisation Anywhere. Abgerufen am 17.08.2021 unter: https://www.automationanywhere.com/

AWS Amazon. Abgerufen am 24.08.2021 unter: https://aws.amazon.com/de/

Azure Micorsoft. Abgerufen am 24.08.2021 unter: https://azure.microsoft.com/de-de/

Baars, H. (2016). Predictive Analytics in der IT-basierten Entscheidungsunterstützung – methodische, architektonische und organisatorische Konsequenzen, in: Controlling – Zeitschrift für erfolgsorientierte Unternehmenssteuerung, 28. Jg., Nr. 3, S. 174–180

Bachmann, A. (2007). Subjektive versus objektive Erfolgsmaße, in: Albers S./Klapper D./ Konradt U./Walter A./Wolf J. (Hrsg.), Methodik der empirischen Forschung, 2. Aufl., Wiesbaden, S. 89–102

Baier, L./Tischler, R. (2019). The Future of reporting. Research study, BARC, S. 1–42

Baier, L./ Bange, C./ Baumhecker, A./ Bloemen, J./ Fuchs, C./ Grosser, T./ Janoschek, N./ Keller, P./Krüger, T./Molin, G./Oppmann, A.-K./Tischler, R. (2022). Data, BI and Analytics Trend Monitor 2023. The world's largest survey of data, BI and analytics trends. BARC Research Study, S. 1–64

Bakalis, D./Büchel, J./Scheufen, M. (2023). Digitalisierung der Wirtschaft in Deutschland. Digitalisierungsindex 2023, Bundesministerium für Wirtschaft und Klimaschutz, Köln, S. 1–12

Balali, F./Nouri, J./Nasiri, A./Zhao, T. (2020). Data intensive industrial asset management. IoT-based algorithms and implementation, Schweiz

Baltzer, B. (2013). Einsatz und Erfolg von Controlling-Instrumenten, Begriffsbestimmung, empirische Untersuchung und Erfolgsbeurteilung, Wiesbaden

Baltzer, B. (2022). Controlling-Instrumente in der Unternehmenspraxis, in: Becker, W./ Ulrich, P. (Hrsg.), Handbuch Controlling, 2. Aufl., Wiesbaden, S. 89–113

Baltzer, B./Ulrich, P. (2019). Die wertschöpfungsorientierte Controlling-Konzeption nach Wolfgang Becker, in: Ulrich, P./Baltzer, B. (Hrsg.) Wertschöpfung in der Betriebswirtschaftslehre, Wiesbaden, S. 95–126

Barrainkua, I./Espinosa-Pike, M. (2020). Antecedents of organisational professional conflict faced by professional accountants in different work settings, in: Revista Brasileira de Gestão de Negócios, 22. Jg., Nr. 3, S. 686–704

Bauer, M. (2003). „Lotse in schwerer See": Was Controller in Deutschland zum Unternehmenserfolg beitragen, in: Zeitschrift für Controlling & Management, 47. Jg., Nr. 2, S. 117–122

Bauer, W./Horváth, P. (2015). Industrie 4.0 – Volkswirtschaftliches Potenzial für Deutschland, in: Controlling-Dialog, 27. Jg., Nr. 8/9, S. 515–517

Baum, H.-G./Coenenberg, A. G./Günther, T. (2013). Strategisches Controlling, 5. Aufl., Stuttgart

Baumeister, R. F./Leary, M. R. (1997). Writing narrative literature reviews, in: Review of General Psychology, 1. Jg., Nr. 3, S. 311–320

Baumöl, U./Bockshecker, A. (2019). Controlling in der digitalen Wertschöpfung, in: Ulrich, P./Baltzer, B. (Hrsg.), Wertschöpfung in der Betriebswirtschaftslehre, Wiesbaden, S. 145–166

Becker, A. (2003). Controlling als reflexive Steuerung von Organisationen, Stuttgart

Becker, W. (1990). Funktionsprinzipien des Controlling, in: Zeitschrift für Betriebswirtschaft, 60. Jg., Nr. 3, S. 295–318

Becker, W. (1996). Stabilitätspolitik für Unternehmen. Zukunftssicherung durch integrierte Kosten- und Leistungsführerschaft, Wiesbaden

Becker, W. (1999). Begriff und Funktionen des Controlling, in: Bamberger Betriebswirtschaftliche Beiträge 106, überarbeiteter Nachdruck, Bamberg

Becker, W. (2003). Balanced Value Map, Bamberg

Becker, W. (2009). Controlling: Konzepte, Methoden und Instrumente, in: Bamberger Betriebswirtschaftliche Beiträge, 5. Aufl., Bamberg

Becker, W. (2012). Controlling: Konzepte, Methoden und Instrumente, in: Bamberger Betriebswirtschaftliche Beiträge, 7. Aufl., Bamberg

Becker, W. (2019). Digitale Transformation von Geschäftsmodellen – Ein konzeptioneller Bezugsrahmen, in: Becker, Wolfgang/Eierle, Brigitte/Fliaster, Alexander/Ivens, Björn/Leischnig, Alexander/Pflaum, Alexander/Sucky, Eric (Hrsg.): Geschäftsmodelle in der digitalen Welt, Wiesbaden, S. 15–33

Becker, W. (2022). Wertschöpfungsorientiertes Controlling in Zeiten der Digitalisierung, in: Becker, W./Ulrich, P. (Hrsg.), Handbuch Controlling, 2. Aufl., Wiesbaden, S. 7–26

Becker, W./Fuchs, R. (2004). Controlling-Informationssysteme, in: Bamberger Betriebswirtschaftliche Beiträge 130, Bamberg

Becker, W./Lutz, S. (2007). Gabler Kompakt-Lexikon. Modernes Rechnungswesen, 2. Aufl., Wiesbaden

Becker, W./Baltzer, B. (2009). Controlling. Eine instrumentelle Perspektive, in: Bamberger Betriebswirtschaftliche Beiträge 162, Bamberg

Becker, W./Baltzer, B. (2010). Die wertschöpfungsorientierte Controlling-Konzeption, in: Bamberger Betriebswirtschaftliche Beiträge 172, Bamberg

Becker, W./Ulrich, P. (2011). Mittelstandsforschung in Deutschland: Begriffe, Relevanz und Konsequenzen, Stuttgart

Becker, W./Holzmann, R. (2016). Kosten-, Erlös- und Ergebnisrechnung, Einführung für Bachelor-Studierende, 2. Aufl., Wiesbaden

Becker, W./Nolte, M. (2019). Die Rolle des Controllings im Rahmen der Digitalisierung – Funktionen, Aufgaben und Instrumenten, in: Becker, W./Eierle, B./Fliaster, A./Ivens, B./Leischnig, A./Pflaum, A./Sucky, E. (Hrsg.), Geschäftsmodelle in der digitalen Welt, Wiesbaden, S. 75–89

Becker, W./Pflaum, A. (2019). Begriff der Digitalisierung – Extension und Intension aus betriebswirtschaftlicher Perspektiver, in: Becker, Wolfgang/Eierle, Brigitte/Fliaster, Alexander/Ivens, Björn/Leischnig, Alexander/Pflaum, Alexander/Sucky, Eric (Hrsg.): Geschäftsmodelle in der digitalen Welt, Wiesbaden, S. 3–13

Becker, W./Staffel, M./Ulrich, P. (2009). Wertmanagement als Instrument der strategischen Führung im Mittelstand: Konzepte, Modifikationen und Empfehlungen, in: Meyer, J.-A. (Hrsg.), Management-Instrumente in kleinen und mittleren Unternehmen, Lohmar-Köln, S. 257–282

Becker, W./Kollacks, K./Ulrich, P. (2011). ZP-Stichwort: Business Intelligence und Business Intelligence-Tools, in: Zeitschrift für Planung & Unternehmenssteuerung, 21. Jg., Nr. 2, S. 223–232

Becker, W./Baltzer, B./Ulrich, P. (2014). Wertschöpfungsorientiertes Controlling. Konzeption und Umsetzung, Stuttgart

Becker, W./Ulrich, P./Botzkowski, T. (2016). Data Analytics im Mittelstand, Wiesbaden

Becker, W./Ulrich, P./Stradtmann, M. (2018). Geschäftsmodellinnovationen als Wettbewerbsvorteil mittelständischer Unternehmen, Wiesbaden

Becker, W./Burggraf, A./Martens, M. (2019). Geschäftsprozessmanagement in Wertschöpfungsnetzwerken – Herausforderungen vor dem Hintergrund der Digitalisierung, in: Becker, Wolfgang/Eierle, Brigitte/Fliaster, Alexander/Ivens, Björn/Leischnig, Alexander/Pflaum, Alexander/Sucky, Eric (Hrsg.): Geschäftsmodelle in der digitalen Welt, Wiesbaden, S. 167–190

Becker, W./Ulrich, P./Güler, H. A. (2022). Digitalisierung im Controlling: Technologische Innovationen und Anwendungsfälle am Beispiel operativer Controlling-Prozesse, in: Becker, W./Ulrich, P. (Hrsg.), Handbuch Controlling, 2. Aufl., Wiesbaden, S. 373–400

Becker, W./Ulrich, P./Botzkowski, T./Eurich, S. (2017). Digitalisierung von Geschäftsmodellen, in: Schallmo, D./Rusnjak, A./Anzengruber, J./Werani, T./Jünger, M. (Hrsg.), Digitale Transformation von Geschäftsmodellen, Wiesbaden, S. 283–309

Becker, W./Ulrich, P./ Fibitz, A./Schuhknecht, F./Reitelshöfer, E. (2019). Digitale Arbeitswelten im Mittelstand. Veränderungen und Herausforderungen, Wiesbaden

Becker, W./Ulrich, P./Vogt, M./Botzkowski, T./Hilmer, C./Zimmermann, L. (2013). Digitalisierung im Mittelstand, in: Bamberger Betriebswirtschaftliche Beiträge 193, Bamberg

Beckmann, D./Huch, B. (2002). Controllingverständnis – dogmatisch oder pragmatisch? Zum paradigmatischen Kern des Controlling, in: Weber, J./Hirsch, B. (Hrsg.), Controlling als akademische Disziplin, Wiesbaden, S. 145–160

Bensberg, F. (2008). Mobile Business Intelligence. Besonderheiten, Potenziale und prozessorientierte Gestaltung, in: Bauer H.H./Bryant M.D./Dirks T. (Hrsg.), Erfolgsfaktoren des Mobile Marketing, Berlin, Heidelberg, S. 71–87

Benz, C. (2011). Touristikkostenrechnung. Management-Accounting für Touristik-Unternehmen, Wiesbaden

Benz, K./Lange, B. (2019). Die Rolle eines modernen Controllings im Rahmen strategischer Partnerschaften zwischen Airports und Airlines, in: Ulrich, P./Baltzer, B. (Hrsg.), Wertschöpfung in der Betriebswirtschaftslehre, Wiesbaden, S. 271–297

Berman, S. J./Bell, R. (2011). Digital transformation. Creating new business models where digital meets physical, IBM Institute for Business Value, IBM Global Business Services, Executive Report, New York, USA, S. 1–18

Betriebswirtschaftlichen Ausschuß des Verbandes der Chemischen Industrie e. V. (1965). Betriebswirtschaftliche Planung unter besonderer Berücksichtigung der Verhältnisse in der Chemischen Industrie, Wiesbaden

Beucher, O. (2007). Wahrscheinlichkeitsrechnung und Statistik mit MATLAB. Anwendungsorientierte Einführung für Ingenieure und Naturwissenschaftler, 2. Aufl., Berlin, Heidelberg

Bibel, W. (2011). KI ohne Geist, in: KI – Künstiliche Intelligenz, 25. Jg., Nr. 4, S. 299–302

BigML. Abgerufen am 17.08.2021 unter: https://bigml.com/

Binder, C./Högsdal, N. (2017). EBIT & Co., in: Controlling & Management Review, 61. Jg., Nr. 2, S. 58–61

Bitkom (2018) (Hrsg.) [Auf die Nennung aller Autoren wird auf Grund der hohen Anzahl verzichtet]. Digitalisierung gestalten mit dem Periodensystem der Künstlichen Intelligenz: Ein Navigationssystem für Entscheider, S. 1–98

Blau, P.M./Schoenherr, R. A. (1971). The Structure of Organizations, New York

Bliznak, K. (2017). SAP Digital Boardroom: Echtzeit-Analyse und Visualisierung unterstützen Entscheidungen der Unternehmensführung, in: Klein, A./Gräf, J. (Hrsg.), Reporting und Business Intelligence, 3. Aufl., Freiburg, S. 139–157

Blohm, H. (1974). Die Gestaltung des betrieblichen Berichtswesens als Problem der Leitungsorganisation: Organisation, Verwaltung und Arbeitswissenschaft, 2. Aufl., Herne, Berlin

BluePrism. Abgerufen am 17.08.2021 unter: https://www.blueprism.com/de/

BOARD. Abgereufen am 17.08.2021 unter: www.board.com

Bolt, S. (2015). Big Data Analytics, in: Controlling – Zeitschrift für erfolgsorientierte Unternehmenssteuerung, 27. Jg, Nr. 11, S. 674–675

Bonifati, A./Cattaneo, F./Ceri, S./Fuggetta, A./Paraboschi, S. (2001). Designing Data Marts for Data Warehouses, in: ACM Transactions on Software Engineering and Methodology, 10. Jg., Nr. 4, S. 452–483

Borchardt, A./Göthlich, S. E. (2009). Erkenntnisgewinnung durch Fallstudien, in: Albers, S./Klapper, D./Konradt, U./Walter, A./Wolf, J. (Hrsg.), Methodik der empirischen Forschung, 3. Aufl., Wiesbaden, S. 33–48

Botzkowski, T. (2018). Digitale Transformation von Geschäftsmodellen im Mittelstand. Theorie, Empirie und Handlungsempfehlungen, Wiesbaden

Böhmert, C./Abacioglu, F. (2023). Grundlagenbeitrag: Quantitative Befragungen, in: Niemann, P./van den Bogaert, V./Ziegler, R. (Hrsg.) Evaluationsmethoden der Wissenschaftskommunikation, Wiesbaden, S. 69–83

Brake, A. (2009). Schriftliche Befragung, in: Kühl S./Strodtholz P./Taffertshofer A. (Hrsg.) Handbuch Methoden der Organisationsforschung, Wiesbaden, S. 392–412

Brandt, B. (2016). Macht und Konflikte im Vorstand. Theoretische Fundierung und empirische Untersuchung, Wiesbaden

Breque, M./De Nul, L./Petridis, A. (2021). Industry 5.0. Towards a sustainable, human-centric and resilient European industry, The European Commission, Policy brief, S. 1–46

Brierley, J. A./Cowton, C. J. (2000). Putting meta-analysis to work: Accountants' organizational-professional conflict, in: Journal of Business Ethics, 24. Jg., Nr. 4, S. 343–353

Brockmann, T./Stieglitz, S./Kmieciak, J./Diederich, S. (2012). User acceptance of mobile business intelligence services, in: Proceedings of the 15th International IEEE Conference on Network-Based Information Systems (NBIS), Melbourne, Victoria, Australien, S. 861–866

Brodny, J./Tutak, M. (2021). Assessing the level of digital maturity of enterprises in the Central and Eastern European countries using the MCDM and Shannon's entropy methods, in: PLoS ONE, 16. Jg., Nr. 7, S. 1–38

Brodzinski, J./Crable, E./Ariyachandra, T./ Frolick, M. (2013). Mobile business intelligence, in: International Journal of Business Intelligence Research, 4. Jg., Nr. 2, S. 54–66

Brosig, S./Gerdes, S./Isensee, J./Tschierschky, T. (2020). Planung, Reporting, Konsoldierung unter SAP S/4HANA. Vielfältige Potenziale beim Technologiewandel erkennen und nutzen, Horváth & Partners, S. 1–10

Brüsemeister, T. (2008). Qualitative Forschung. Ein Überblick, 2. Aufl., Wiesbaden

Buchana, J./Naicker, V. (2014). The effect of mobile BI on organisational managerial decision-making, in: The Journal of Applied Business Research, 30. Jg., Nr. 4, S. 1003–1018

Burghardt, J. (2022). The reconstruction of a professional identity in times of change – evidence from the management accounting function, in: EAA (Hrsg.), 44th Annual EAA Congress, S. 1–47

Burns, J./Baldvinsdottir, G. (2005). An institutional perspective of accountants' new roles – The interplay of contradictions and praxis, in: European Accounting Review, 14. Jg., Nr. 4, S. 725–757

Burns, T./Stalker, G. (1961). The management of innovation, London

Buxmann, P./Schmidt, H. (2019). Künstliche Intelligenz. Mit Algorithmen zum wirtschaftlichen Erfolg, Wiesbaden

Bürgel, T. R./Hiebl, M. R. W./Pielsticker, D. I. (2023). Digitalization and entrepreneurial firms' resilience to pandemic crises: Evidence from COVID-19 and the German Mittelstand, in: Technological Forecasting & Social Change186, S. 1–18

Byrne, S./Pierce, B. (2007). Towards a more comprehensive understanding of the roles of management accountants, in: European Accounting Review, 16. Jg., Nr. 3, S. 469–498

Byrne, S./Pierce, B. (2018). Exploring management accountants' role conflicts and ambiguities and how they cope with them, in: Qualitative Research in Accounting and Management, 15. Jg., Nr. 4, S. 410–436

Cadez, S./Guilding, C. (2008). An exploratory investigation of an integrated contingency model of strategic management accounting, in: Accounting, organizations and society, 33. Jg., Nr. 7–8, S. 836–863

Camp, R. C. (1989). Benchmarking. The search for industry best practices that lead to superior performance, Milwaukee, Wisconsin

Cavélius, F./Endenich, C./Zicari, A. (2020). Back to basics or ready for take-off? The tensions on the role of management controllers in the digital age, in: Comptabilité – Contrôle – Audit, 26. Jg., Nr. 2, S. 89–123

Chamoni, P./Gluchowski, P. (2017). Business Analytics – state of the art, in: Controlling & Management Review, 61. Jg., Nr. 4, S. 8–17

Chandler, A. D. Jr. (1962). Strategy and structure, Cambridge, Massachusetts

Chen, H./Huang, S. Y./Chiu, A./Pai, F. (2012). The ERP system impact on the role of accountants, in: Industrial Management & Data Systems, 112. Jg., Nr. 1, S. 83–101

Chenhall, R. H. (2003). Management control systems design within its organizational context: findings from contingency-based research and directions for the future, in: Accounting, Organizations and Society, 28. Jg., Nr. 2–3, S. 127–168

Chiemelewicz, K. (1994). Forschungskonzeptionen der Wirtschaftswissenschaft, 3. Aufl., Stuttgart

Choi, L. K./Panjaitan, A. S./Apriliasari, D. (2022). The effectiveness of business intelligence management implementation in industry 4.0, in: Startupreneur Business Digital, 1. Jg., Nr. 2, S. 115–125

Church, K. S./Riley, J./Schmidt, P. J. (2022). Has Excel become a "Golden Hammer": The paradox of data analytics in SME clusters, in: Journal of Emerging Technologies in Accounting, 19. Jg., Nr. 2, S. 211–234

Cinquini, L./Mitchell, F. (2005). Success in management accounting: lessons from the activity-based costing/management experience, in: Journal of Accounting & Organisational Change, 1. Jg., Nr. 1, S. 63–78

Clark, W. R./Clark, L. A./Raffo, D. M./Williams, R. I. (2021). Extending Fisch and Block's (2018) tips for a systematic review in management and business literature, in: Management Review Quarterly, 71. Jg. Nr. 1, S. 215–231

Clausius, E. H. J. (1998). Betriebswirtschaftslehre, Einführung in hierarchischen Modulen, Bd. I, München, Wien

Cleff, T. (2015). Deskriptive Statistik und Explorative Datenanalyse. Eine computergestützte Einführung mit Excel, SPSS und STATA, 3. Aufl., Wiesbaden

Clinton, B. D./White, L. R. (2012). The role of the management accountant: 2003–2012, in: Management Accounting Quarterly, 14. Jg., Nr. 1, S. 40–74

Coenenberg, A. G./Haller, A./Mattner, G./Schultze, W. (2018). Einführung in das Rechnungswesen, Grundlagen der Buchführung und Bilanzierung, 7. Aufl., Stuttgart

Commission of the European Community (2003). Commission recommendation of 6 May 2003 concerning the definition of micro, small and medium-sized enterprises, in: Official Journal of the European Union, L 124, S. 36–41

Conn, V.S./Valentine J. C./Cooper, H. M./Rantz, M. J. (2003). Grey literature in meta-analyses, in: Nursing Research 52. Jg., Nr. 4, S. 256–261

Cooper, H. M./Hedges, L. V. (2009). Research synthesis as a scientific process, in: The Handbook of Research Synthesis and Meta-Analysis, Cooper, H. M./Hedges, L. V./Valentine, J.C. (Hrsg.), 2. Aufl., New York: S. 3–16

Corvellec, H. (1997). Stories of achievements. Narrative features of organizational performance, New Brunswick, NJ

Crowther, M./Lim, W./Crowther, M. A. (2010). Systematic review and meta-analysis methodology, in: Blood, 116. Jg., Nr. 17, S. 3140–3146

Dahrendorf, R. (2006). Homo Sociologicus. Ein Versuch zur Geschichte, Bedeutung und Kritik der Kategorie der sozialen Rolle, 16. Aufl., Wiesbaden

Dash, B./Ansari, M. F. (2022). Self-service analytics for data-driven decision making during COVID-19 pandemic: An organization's best defense, in: Academia Letters, Artikel 4978, S. 1–5

DataRobot. Abgerufen am 17.07.2021 unter: https://www.datarobot.com/

David, U. (2005). Strategisches Management von Controllerbereichen. Konzept und Fallstudien, Wiesbaden

Dedić, N./Stanier, C. (2016). Measuring the success of changes to existing business intelligence solutions to improve business intelligence reporting, in: Min Tjoa, A/Da Xu, L./Raffai, M./Novak, N. M. (Hrsg.), Research and practical issues of enterprise information systems. CONFENIS 2016. Lecture notes in business information processing, 268. Jg., Cham, S. 225–236

Deloitte (2016) o. V. Developing insightful management reporting. Opportunities and challenges for CFOs, S. 1–15

Deloitte (2023) o. V. Digital Maturity Index Survey 2023. Enabling business growth through digitalization, Deloitte Digital, S. 1–25

Demary, V./Engels, B./Röhl, K.-H./Rusche, C. (2016). Digitalisierung und Mittelstand. Eine Metastudie, IW-Analysen, Nr. 109, Köln

Diamantopoulos, A./Fritz, W./Hildebrandt, L. (2012). Quantitative marketing and marketing management. Marketing models and methods in theory and practice, Wiesbaden

Diefenthaler, A. (2008). Informations-Design. In: Erlhoff M./Marshall T. (Hrsg.) Wörterbuch Design, Basel, Boston, Berlin, S. 202–203

Diller, H. (1975). Produkt-Management und Marketing-Informationssysteme, Tätigkeitsbild und Informationsbedarf des Produkt-Managers als Determinanten der Ausgestaltung von Marketing-Informationssystemen, Berlin

Disselkamp, M./Heinemann, S. (2018). Digital-Transformation-Management. Den digitalen Wandel erfolgreich umsetzen, Stuttgart

Dossi, A./Patelli, L. (2010). You learn from what you measure: Financial and nonfinancial performance measures in multinational companies, in: Long Range Planning, 43. Jg., Nr. 4, S. 498–526

Döring, N./Bortz, J. (2016a). Empirische Sozialforschung im Überblick, in: Döring, N./Bortz, J. (Hrsg.), Forschungsmethoden und Evaluation in den Sozial- und Humanwissenschaften, 5. Aufl., Berlin, Heidelberg, S. 3–30

Döring, N/Bortz, J (2016b). Untersuchungsdesign, in: Döring, N./Bortz, J. (Hrsg.), Forschungsmethoden und Evaluation in den Sozial- und Humanwissenschaften, 5. Aufl., Berlin, Heidelberg, S. 181–220

Döring, N./Bortz, J. (2016c). Operationalisierung, in: Döring, N./Bortz, J. (Hrsg.), Forschungsmethoden und Evaluation in den Sozial- und Humanwissenschaften, 5. Aufl., Berlin, Heidelberg, S. 221–289

Döring, N./Bortz, J. (2016d). Datenerhebung, in: Döring, N./Bortz, J. (Hrsg.), Forschungsmethoden und Evaluation in den Sozial- und Humanwissenschaften, 5. Aufl., Berlin, Heidelberg, S. 321–577

Döring, N./Bortz, J. (2016e). Datenaufbereitung, in: Döring, N./Bortz, J. (Hrsg.), Forschungsmethoden und Evaluation in den Sozial- und Humanwissenschaften, 5. Aufl., Berlin, Heidelberg, S. 579–595

Döring, N./Bortz, J. (2016f). Datenanalyse, in: Döring, N./Bortz, J. (Hrsg.), Forschungsmethoden und Evaluation in den Sozial- und Humanwissenschaften, 5. Aufl., Berlin, Heidelberg, S. 597–784

Döring, N./Bortz, J. (2016g). Metaanalyse, in: Döring, N./Bortz, J. (Hrsg.), Forschungsmethoden und Evaluation in den Sozial- und Humanwissenschaften, 5. Aufl., Berlin, Heidelberg, S. 893–943

Drerup, B./Suprano, F./Wömpener, A. (2018). Controller 4.0. Anforderungsprofil des Controllers im digitalen Zeitalter, in: Controlling – Zeitschrift für erfolgsorientierte Unternehmenssteuerung, 30. Jg., Nr. 1, München

Duller, C. (2019). Einführung in die Statistik mit EXCEL und SPSS. Ein anwendungsorientiertes Lehr- und Arbeitsbuch, 4. Aufl., Berlin, Heidelberg

Easterby-Smith, M./Thorpe, R./Jackson, P. R. (2012). Management Research, 4. Aufl., Los Angeles et al.

EBSCOhost (2021). Business Source Complete, abgerufen am 04.03.2021 unter: http://support.ebsco.com/help/?int=ehost&lang=en&feature_id=Databases&TOC_ID=Always&SI=0&BU=0&GU=1&PS=0&ver=live&dbs=bthjnh,bth

Eckert, C. K. (2009). Wissenstransfer im Auslandsentsendungsprozess. Eine empirische Analyse der Rolle des Expatriates als Wissenstransfer-Agent, Wiesbaden

ECONBIZ (2021). Über EconBiz, abgerufen am 04.03.2021 unter: https://www.econbiz.de/eb/de/about

Egle, U./Keimer, I. (2017). Digitaler Wandel im Controlling, Schriften aus dem Institut für Finanzdienstleistungen Zug IFZ, Bd. 37, Luzern

Eilers, C. (2016). SAP S/4HANA: Neue Funktionen, Einsatzszenarien und Auswirkungen auf das Finanzberichtswesen, in: Gleich, R./Grönke, K./Kirchmann, M./Leyk, J. (Hrsg), Konzerncontrolling 2020, S. 183–200

Eisend, M. (2014). Metaanalyse. München, Mehring

Eling, M./Lehmann, M. (2018). The impact of digitalization on the insurance value chain and the insurability of risks, in: The Geneva Papers, 43. Jg., Nr. 3, S. 359–396

El-Sayed, H./Youssef, M. A. E.-A. (2015). "Modes of mediation" for conceptualizing how different roles for accountants are made present, in: Qualitative Research in Accounting and Management, 12. Jg., Nr. 3, S. 202–229

Engels, B. (2020). Corona: Stresstest für die Digitalisierung in Deutschland. IW-Kurzbericht, Nr. 23/2020, in: Institut der deutschen Wirtschaft (IW), Köln, o. S.

Emsley, D./Chung, L/Honga, I. (2010). How management accountants' cognitive style and role involvement combine to affect the effort devoted to initiating change, in: Abacus, 46. Jg., Nr. 3, S. 232–257

Enslin, Z./Hall, J. H./Du Toit, E. (2023). How Pervasive is the Business Decision-making Involvement of Management Accountants and What Factors Influence this Involvement?, in: Akroyd, C. (Hrsg.), Advances in Management Accounting, Advances in Management Accounting, 34. Jg., S. 117–144

Ereth, J./Kemper, H.-G. (2016). Business Analytics und Business Intelligence. Säulen eines integrierten Ansatzes der IT-basierten Entscheidungsunterstützung, in: Controlling – Zeitschrift für Erfolgsorientierte Unternehmenssteuerung, 28. Jg., Nr. 8–9, S. 458–464

Erichsen, J. (2019). Controlling – Digitalisierung, Automatisierung und Disruption verändern Aufgabenfelder und Anforderungen nachhaltig, in: Kümpel, T./Schlenkrich, K./Heupel, T. (Hrsg.) Controlling & Innovation 2019, Wiesbaden, S. 1–22

Erner M. (2019). Management 4.0 – Unternehmensführung im digitalen Zeitalter, Berlin, Heidelberg

Ernst, E./Vater, H./Reinhard, H./Poschmann, S. (2008). Veränderungen im Rollenbild des Controllers: theoretische Grundlagen und Erfahrungen aus der Unternehmenspraxis, in: Die Betriebswirtschaft, 68. Jg., Nr. 6, S. 729–742

Eschenbach, R./Siller, H. (2019). Controlling professionell. Gut gerüstet für digitale Herausforderungen, 3. Aufl., Stuttgart

Fähndrich, J. (2023). A literature review on the impact of digitalisation on management control, in: Journal of Management Control, 34. Jg. Nr. 1, S. 9–65

Fayyad, U. M./Piatetsky-Shapiro, G./Smyth, P. (1996). From data mining to knowledge discovery in databases, in: AI Magazine, 17. Jg., Nr. 3, S. 37–54

Feichtinger, C. (2023). Agiles Controlling. Anforderungen und Umsetzungsempfehlungen, Wiesbaden

Feldbauer-Durstmüller, B./Mayr, S. (2022). Controlling – Aktuelle Entwicklungen und Herausforderungen. Digitalisierung, Nachhaltigkeit und Spezialaspekte, 2. Aufl., Wiesbaden

Fernandez, D./Aman, A. (2018). Impacts of robotic process automation on global accounting services, in: Asian Journal of Accounting and Governance 9, S. 123–131

Few, S. (2005). Dashboard design: Taking a metaphor too far. Original, in: DM Review, Bd. 15, Nr. 3; gefunden in: Perceptual Edge

Few, S. (2006). Information dashboard design: The effective visual communication of data, Sebastopol, Kalifornien

Finance CFO Panel (2017) o. V. CFOs sehen Trump kritisch. Finance CFO Panel: Umfrage Frühjahr 2017, Frankfurt

Fink, A. (2014). Conducting research literature reviews – from the internet to paper, 4. Aufl., Los Angeles et al.

Fitzpatrick, M./Gill, I./Libarikian, A./Smaje, K./Zemmel, R. (2020). The digital-led recovery from COVID-19: Five questions for CEOs. McKinsey Digital

Franz, K.-P. (2004). Die Ergebniszielorientierung des Controlling als Unterstützungsfunktion, in: Scherm, E./Pietsch, G. (Hrsg.), Controlling, München, S. 271–288

Freidank, C.-C./Hinze, A.-K. (2014). Corporate Governance Reporting versus Integrated Reporting, in: Controlling – Zeitschrift für Erfoglsorientierte Unternehmenssteuerung, 26. Jg., Nr. 8–9, S. 453–462

Freistühler, S./Kempkes, J. A./Suprano, F./Wömpener, A. (2019). Controller und Data Scientist in der Unternehmenspraxis. Eine empirische Analyse der Aufgabenprofile im digitalen Zeitalter, in: Controlling – Zeitschrift für Erfolgsorientierte Unternehmenssteuerung, 31. Jg., Nr. 3, S. 63–69

Friedl, B. (2003). Controlling, Stuttgart

Friedl, G. (2019). Künstliche Intelligenz im Controlling, in: Controlling– Zeitschrift für Erfolgsorientierte Unternehmenssteuerung, 31. Jg. Nr. 5, S. 35–38

Fritz, W. (1995). Marketing-Management und Unternehmenserfolg. Grundlagen und Ergebnisse einer empirischen Untersuchung, 2. Aufl., Stuttgart

Fröhlich, M./Mayerl, J./Pieter, A. (2022). Sportwissenschaft: Methodologie und Methoden, in, Güllich, A./Krüger, M. (Hrsg.), Grundlagen von Sport und Sportwissenschaft, Berlin, Heidelberg, S. 77–93

Gadatsch, A. (2016). Die Möglichkeiten von Big Data voll ausschöpfen, in: Controlling & Management Review, 60. Jg., Sonderheft Nr. 1, S. 62–67

Gandomi, A./Haider, M. (2015). Beyond the hype: Big data concepts, methods, and analytics, in: International Journal of Information Management, 35. Jg., Nr. 2, S. 137–144

Gälweiler, A. (1987). Strategische Unternehmensführung, Frankfurt am Main/New York

Gälweiler, A. (2005). Strategische Unternehmensführung, 3. Aufl., Frankfurt am Main, New York

Gänßlen, S., Losbichler, H., Niedermayr, R., Rieder, L., Schäffer, U., & Weber, J. (2013). Die Kernelemente des Controllings – Das Verständnis von ICV und IGC, in: Controlling & Management Review, 57. Jg., Nr. 3, S. 56–61

Glaser, B. G./Strauss, A. L. (2010). Grounded Theory. Strategien qualitativer Forschung, 3. Aufl., Bern

Gleich, R./Grönke, K./Schmidt, H./Przytulla, G. (2022). Prozessmanagement im Controllerbereich, in: Becker, W./Ulrich, P. (Hrsg.), Handbuch Controlling, 2. Aufl., Wiesbaden, S. 115–132

Gleißner, W./Ulrich, P. (2024). Institutionelle, kulturelle und instrumentelle Abhängigkeiten im integrierten Risikomanagement, in: Zeitschrift für Risikomanagement (ZfRM), 5. Jg., Nr. 4, S. 88–95.

Gluchowski, P. (2006). Techniken und Werkzeuge zum Aufbau betrieblicher Berichtssysteme, in: Chamoni/Gluchowski (Hrsg.), Analytische Informationssysteme, 3. Aufl., Berlin, Heidelberg, S. 207–226

Good, P. I. (2001). Resampling methods. A practical guide to Data Analysis, 2. Aufl., Boston, MA

Google Cloud Plattform. Abgerufen am 24.08.2021 unter: https://cloud.google.com/

Goretzki, L./Weber, J. (2010). Der Wandel der Controller – Eine rollentheoretische Betrachtung am Beispiel der Hansgrohe AG, in: Zeitschrift für Controlling & Management, 54. Jg., Nr. 3, S. 163–169

Goretzki, L./Strauss, E./Weber, J. (2013). An institutional perspective on the changes in management accountants' professional role, in: Management Accounting Research, Jg. 24, Nr. 1, S. 41–63

Goretzki, L./Weber, J./Zubler, S. (2010). Die Rollen der Controller, in: Controller Magazin, 35. Jg., Nr. 2, 56–62

Goretzki, L./Weber, J./Zubler, S. (2019). Controller roles, in: Schäffer, U. (Hrsg.), Behavioral Controlling, Wiesbaden, S. 145–157

Göpfert, I. (2002). Berichtswesen, in: Küpper, H.-U./Wagenhofer, A. (Hrsg.), Handwörterbuch Unternehmensrechnung und Controlling, 4. Aufl., Stuttgart, Sp. 143–156

Graham, A./Davey-Evans, S./Toon, I. (2012). The developing role of the financial controller: Evidence from the UK, in: Journal of Applied Accounting Research, 13. Jg., Nr. 1, S. 71–88

Gries, B./Restrepo, J. (2011). KPI measurement in engineering design – a case study, in: DS 68–1: Proceedings of the 18th International Conference on Engineering Design (ICED 11), Impacting society through engineering design, 1. Jg., Design Processes, Lyngby/Kopenhagen, Dänemark, S. 531–537

Gronau, N./Ullrich, A. (2019). Auswirkungen der Digitalisierung – Implikationen und Handlungsempfehlungen für Transformation und betriebliche Weiterbildung, in: Schröder M./Wegner K. (Hrsg.), Logistik im Wandel der Zeit – Von der Produktionssteuerung zu vernetzten Supply Chains, Wiesbaden, S. 471–493.

Gudivada, V. (2017). Data analytics: Fundamentals, in: Chowdhury, M./Apon, A./Dey, K. (Hrsg.), Data Analytics for Intelligent Transportation Systems, Amsterdam, Oxford, Cambridge, Massachusetts, S. 31–67

Günther, N./Reiff-Stephan, J. (2020). Prescriptive Education im Zuge der Industrie 5.0, in: Jäkel, J./Thiel, R. (Hrsg.), Tagungsband AALE 2020, Automatisierung und Mensch-Technik-Interaktion, 17. Fachkonferenz, 4. März – 6. März 2020, HTWK Leipzig, S. 315–320

Günther, N./Prell, B./Reiff-Stephan, J. (2022). Industrie 5.0 – Von der Vision des menschzentrierten Ansatzes zu soziocyberphysischen Produktionssystemen für die Praxis, in: 18. AALE-Konferenz, Pforzheim, S. 1–11

Günther, T./Schiemann, F. (2005). Entscheidungsorientierung von Fair Value Ansätzen im internen und externen Rechnungswesen, in: Bieg, H./Heyd, R. (Hrsg.), Fair Value, München, S. 601–628

Hadid, W./Al-Sayed, M. (2021). Management accountants and strategic management accounting: The role of organizational culture and information systems, in: Management Accounting Research, 50. Jg ., Artikel 100725, S. 1–17

Hahn, D./Hungenberg, H. (2001). PuK – Wertorientierte Controllingkonzepte. Planung und Kontrolle – Planungs- und Kontrollsysteme – Planungs- und Kontrollrechnung, 6. Aufl., Wiesbaden

Halbouni, S. S./Nour, M. A. (2013). An empirical investigation of the impact of globalisation and information technology on the role of the management accountant: Evidence from the United Arab, in: International Journal of Accounting, Auditing and Performance Evaluation, 9. Jg., Nr. 3, S. 286–306

Halfar, B./Moos, G./Schellbar, K. (2020). Controlling in der Sozialwirtschaft. Praxishandbuch, 2. Aufl., Baden-Baden

Hamidian, K./Kraijo, C. (2013). Digitalisierung – Status quo, in: Keuper, F./Hamidian, K./Verwaayen, E./Kalinowski, T./Kraijo, C. (Hrsg.), Digitalisierung und Innovation, Wiesbaden, S. 1–23

Harrast, S. A. (2020). Robotic process automation in accounting systems, in: The Journal of Corporate Accounting & Finance, 31. Jg., Nr. 4, S. 209–213

Hastenteufel, J./Schuster, H./Kiszka, S. (2022). Controlling 4.0 – Herausforderungen der Digitalisierung für das Controlling und daraus resultierende Veränderungen des Berufsbilds von Controller:innen, in: Hastenteufel, J./Weber, S./Röhm, T. (Hrsg.), Digitale Transformation im Controlling, Wiesbaden, S. 1–12

Hauschildt, J. (1970). Die Organisation der finanziellen Unternehmensführung – Eine empirische Untersuchung, Stuttgart

Häder, M. (2019). Empirische Sozialforschung, Eine Einführung, 4. Aufl., Wiesbaden

Heimel, J./Müller, M. (2019). Controlling 4.0. Wie veränderte Datenverfügbarkeit und Analysemöglichkeiten das Controlling erneuern, in: Erner M. (Hrsg.) Management 4.0 – Unternehmensführung im digitalen Zeitalter, Berlin, Heidelberg, S. 389–430

Heinzelmann, R. (2013). Occupational identities of management accountants: Situated identity regulation and work, in: Proceedings of Pragmatic Constructivism, 3. Jg., Nr. 2, S. 67–86

Heinzelmann, R. (2018). Occupational identities of management accountants: The role of the IT system, in: Journal of Applied Accounting Research, 19. Jg., Nr. 4, S. 465–482

Heising, U. (2002). Wertorientiertes Investitionscontrolling bei Lufthansa, in: (Zeitschrift für Controlling, Accounting und System-Anwendungen) Controlling & Management Review, 46. Jg., Sonderheft Nr. 2, S. 31–37

Helm, J. M./Swiergosz, A. M./Haeberle, H. S./Karnuta, J. M./ Schaffer, J. L./Krebs, V. E./ Spitzer, A. I./Ramkumar, P. N. (2020). Machine learning and artificial intelligence: Definitions, applications, and future directions, in: Current Reviews in Musculoskeletal Medicine, 13. Jg., Nr. 1, S. 69–76

Hess, T. (2002). Netzwerkcontrolling. Instrumente und ihre Werkzeugunterstützung, Wiesbaden

Heß, G. (2015). Reifegradmanagement im Einkauf. Mit dem 15M-Reifegradmodell zur Exzellenz im Supply Management, Wiesbaden

Heupel, T./Lange, V. W. (2019). Wird der Controller zum Data Scientist? Herausforderungen und Chancen in Zeiten von Big Data, Predictive Analytics und Echtzeitverfügbarkeit, in:

Hermeier, B./Heupel, T./Fichtner-Rosada, S. (Hrsg.), Arbeitswelten der Zukunft, Wiesbaden, S. 201–221

Heupel, T./Reinhardt, R. (2019). Das Controlling-Bild der Zukunft: Welche Chancen und Risiken ergeben sich im Spannungsverhältnis zwischen IT und Controlling für den Controller der Zukunft?, in: Kümpel, T./Schlenkrich, K./Heupel, T. (Hrsg.), Controlling & Innovation 2019, Wiesbaden, S. 111–134

Heuring, M./Petzold, H. G. (2005). Rollentheorien, Rollenkonflikte, Identität, Attributionen – Integrative und differentielle Perspektiven zur Bedeutung sozialpsychologischer Konzepte für die Praxis der Supervision, in: Superversion, Theorie – Praxis – Forschung, Nr. 12, Düsseldorf, Hückeswagen, S. 1–59

Hiebl, M. R. W. (2023). Sample Selection in Systematic Literature Reviews of Management Research, in: Organizational Research Methods, 26. Jg., Nr. 2, S. 229–261

Hiller, F. (2013). BearingPoint CFO Survey 2013/2014, The impact of digitalisation, regulation and sustainability on the finance function, BearingPoint, Frankfurt am Main

Hintemann, R./ Clausen, J. (2018). Bedeutung digitaler Infrastrukturen in Deutschland, Sozioökonomische Chancen und Herausforderungen für Rechenzentren im internationalen Wettbewerb, Berlin

Hippmann, S./Klingner, R./Leis, M. (2018). Digitalisierung – Anwendungsfelder und Forschungsziele, in: Neugebauer, R. (Hrsg.): Digitalisierung, Berlin, Heidelberg, S. 9–18

Hirsch, B./Paefgen, A./Schaier, S. (2008). Gestaltung von Monatsberichten in deutschen Großunternehmen, in: Zeitschrift für Controlling & Management, 52. Jg., Nr. 5, S. 326–332

Hoffjan, A./Trapp, R./Boucoiran, T. (2011). Die Rolle des Controllers in internationalen Unternehmen: Empirische Analyse am Beispiel deutsch-französischer Unternehmen, in: Zeitschrift für Controlling & Management, 55. Jg., Nr. 3, S. 184–188

Hofmann, P./Samp, C./Urbach, N. (2020). Robotic process automation, in: Electron Markets, 30. Jg., Nr. 1, S. 99–106

Holland, H. (2019). Dialogmarketing und Kundenbindung mit Connected Cars. Wie Automobilherstellern mit Daten und Vernetzung die optimale Customer Experience gelingt, Wiesbaden

Holsapple, C./Lee-Post, A./Pakath, R. (2014). A unified foundation for business analytics, in: Decision Support Systems 64, S. 130–141

Homburg, C. (2017). Marketingmanagement. Strategie – Instrumente – Umsetzung – Unternehmensführung, 6. Aufl., Wiesbaden

Homburg, C./Weber, J./Aust, R./Karlshaus, J. T. (1998). Interne Kundenorientierung der Kostenrechnung – Ergebnisse der Koblenzer Studie -, Vallendar

Hootsuite. Abgerufen am 17.08.2021 unter: https://www.hootsuite.com/de/

Hora, W./Kailer, N. (2022). Die Rolle des Controllers im Prozess der Geschäftsmodellinnovation, in: Feldbauer-Durstmüller, B./Mayr, S. (Hrsg.), Controlling – Aktuelle Entwicklungen und Herausforderungen, 2. Aufl., Wiesbaden, S. 393–405

Horton, K. E./Wanderley, C. de A. (2023). I'd do anything, but I won't do that: Job crafting in the management accounting profession, in: Accounting and Finance, Early View , S. 1–21

Horton, K. E./Wanderley, C. de A./Souza, G. H. C./de Araujo, J. G. (2020). Roles and attitudes in the management accounting profession: An international study, in: Management Accounting Quarterly, 21. Jg., Nr. 3, S. 1–9

Horváth, P. (2006). Controlling, 10. Aufl., München

Horváth, P. (2009). Controlling, 11. Aufl., München

Horváth, P./David, U. (2022). Koordinationskonzeption des Controllings in der Praxis, in: Becker, W./Ulrich, P. (Hrsg.), Handbuch Controlling, 2. Aufl., Wiesbaden, S. 133–157

Horváth, P./Gleich, R./Seiter, M. (2015). Controlling, 13. Aufl., München

Hurrle, B./Kieser, A. (2005). Sind Key Informants verlässliche Datenlieferanten?, in: Die Betriebswirtschaft, 65. Jg., Nr. 6, S. 584–602

Hyvönen, T./Järvinen, J./Pellinen, J. (2015). Dynamics of creating a new role for business controllers, in: Nordic Journal of Business, 64. Jg., (Frühling), S. 21–39

IBM Produkte. Abgerufen am 24.08.2021 unter: https://www.ibm.com/de-de/products?lnk=hpmpr

IBM SPSS Statistics. Abgerufen am 02.11.2023 unter: https://www.ibm.com/de-de/products/spss-statistics

Imhoff, C./White, C. (2011). Self-service business intelligence. Empowering users to generate insights, TDWI Best Practices Report, TDWI Research, S. 1–38

Initiative D21/fortiss (2019) o. V. eGovernment MONITOR 2019, Berlin

Inspirient. Abgerufen am 17.08.2021 unter: www.inspirient.com

International Group of Controlling (2015) o. V. Controller-Kompetenzmodell – Ein Leitfaden für die moderne Controller-Entwicklung mit Muster-Kompetenzprofilen, Freiburg, München

International Group of Controlling (2017) o. V. Controlling-Prozessmodell 2.0. Leitfaden für die Beschreibung und Gestaltung von Controllingprozessen, 2. Aufl., Freiburg, München, Stuttgart

IRPAAI (2019). Definition and Benefits, abgerufen am 26.08.2020 unter: http://irpaai.com/definition-and-benefits/

Isensee, J. (2017). Reporting 4.0: Management Reporting im digitalen Kontext, in: Klein, A./Gräf, J. (Hrsg.), Reporting und Business Intelligence, 3. Aufl., Freiburg, S. 23–40

Isensee, J./Emler, M./Schönherr, M./Goede, L. (2019). Digitale Transformation im Reporting. Durch Digitalisierung Nutzen und Effizienz des Reportings steigern. CFO-Studie 2019. Fokusthema Reporting, Horváth & Partners, S. 1–5

Jedinger, A./Michael, T. (2019). Interviewereffekte, in: Baur, N./Blasius, J. (Hrsg.), Handbuch Methoden der empirischen Sozialforschung, 2. Aufl., Wiesbaden, S. 365–376

Joos-Sachse, T. (2006). Controlling, Kostenrechnung und Kostenmanagement, Grundlagen – Instrumente – Neue Ansätze, Aufl. 4, Wiesbaden

JSTOR (2021). About JSTOR, abgerufen am 17.10.2023 unter: https://about.jstor.org/

Jung, H. (2016). Allgemeine Betriebswirtschaftslehre, 13. Aufl., Berlin, Boston

Justenhoven, P./Loitz, R. (2021). Digitalisierung im Finanz- und Rechnungswesen 2021 – und was sie für die Zukunft der Abschlussprüfung bedeutet. Befragung zum Status quo und zur digitalen Weiterentwicklung, PwC, S. 1–39

Kagermann, H./Wahlster, W./Helbig, J. (2013). Umsetzungsempfehlungen für das Zukunftsprojekt Industrie 4.0, Abschlussbericht des Arbeitskreises Industrie 4.0, in: Promotorengruppe Kommunikation der Forschungsunion Wirtschaft – Wissenschaft (Hrsg.), Plattform für Industrie 4.0, Berlin

Katz, R. L./Kahn, D. (1978) [1966]. The social psychology of organisation, 2. Aufl., New York et al.

Kajüter, P./Schaumann, K./Schirmacher, H. (2019). Einfluss aktueller IT-Trends auf das interne Berichtswesen, in: Kümpel, T./Schlenkrich, K./Heupel, T. (Hrsg.), Controlling & Innovation 2019, Wiesbaden, S. 135–153

Kamat, V. (2017). Distributed computing in cognitive analytics, in: Mazumder, S./Bhadoria, R. S./Deka, G. C. (Hrsg.), Distributed Computing in Big Data Analytics, Cham, S. 107–120

Kane, G. C./Palmer, D./Phillips, A. N./Kiron, D./Buckley, N. (2018). Coming of age digitally. Learning, leadership, and legacy, in: MIT Sloan Management Review und Deloitte Insights, S. 1–31

Kaplan, R. S./Norton, D. P. (1992). The balanced scorecard – measures that drive performance, in: Harvard Business Review, 70. Jg., Nr. 1, S. 71–79

Kaplan, R. S./Norton, D. P. (1996). Using the balanced scorecard as a strategic management system, in: Havard Business Review, 74. Jg., Nr. 1, S. 75–85

Kaplan, R. S./Norton, D. P. (2006). Alignment: Using the balanced scorecard to create corporate synergies, Boston, MA

Karlsson, B./Kurkkio, M./Hersinger, A. (2019). The role of the controller in strategic capital investment projects: Bridging the gap of multiple topoi, in: Journal of Management and Governance, 23. Jg., Nr. 3, S. 813–838

Kaya, M. (2009). Verfahren der Datenerhebung, in: Albers, S./Klapper, D./Konradt, U./Walter, A./Wolf, J. (Hrsg.), Methodik der empirischen Forschung, 3. Aufl., Wiesbaden, S. 49–64

Kaya, M./Himme, A. (2009). Möglichkeiten der Stichprobenbildung, in: Albers, S./Klapper, D./Konradt, U./Walter, A./Wolf, J. (Hrsg.), Methodik der empirischen Forschung, 3. Aufl., Wiesbaden, S. 79–88

Keim, D. A./Mansmann, F./Thomas, J. (2009). Visual analytics: How much visualization and how much analytics?, in: SIGKDD Explorations, 11. Jg., Nr. 2, S. 5–8

Keim, D. A./Kohlhammer, J./Mansmann, F./May, T./Wanner, F. (2010). Visual analytics. In: Keim, D. A./Kohlhammer, J./Ellis, G./Mansmann, F. (Hrsg.), Mastering the information age. Solving problems with visual analytics, Goslar, S. 7–18

Keimer, I./Gisler, M./Bundi, M./Egle, U./Zorn, M./Kosbah, M./Bueel, A. (2018). Wie digital ist das Schweizer Controlling? Eine schweizweite Analyse auf Basis eines Reifegradmodells, Hochschule Luzern – Wirtschaft Institut für Finanzdienstleistungen Zug IFZ, Deloitte, S. 1–69

Keimer, I./Egle, U. (2020). Digital Controlling – Grundlagen für den erfolgreichen digitalen Wandel im Controlling, in: Keimer, I./Egle, U. (Hrsg.), Die Digitalisierung der Controlling-Funktion, Wiesbaden, S. 1–16

Keimer, I./Zorn, M. (2020). Aktuelle Trends der digitalen Transformation im Finanzbereich, in: Keimer I./Egle U. (Hrsg.), Die Digitalisierung der Controlling-Funktion, Wiesbaden, S. 17–23

Keimer, I./Egle, U. (2023). The digitalization of management accounting. Use cases from theory and practice, Wiesbaden

Keimer, I./Zorn, M./Gisler, M. G./Fallegger, M. (2017). Dimensionen der Digitalisierung im Controlling, Grundlagen und Denkanstösse zur Selbstanalyse und Weiterentwicklung. Rechnungswesen, in: Expert Focus, 11. Jg., S. 827–831

Keller, P./Seidler, L. (2018). Agiler entscheiden mit Self-Service BI, in: Controlling & Management Review, 62. Jg., Nr. 2, S. 38–44

Kersten W./Schröder M./Indorf M. (2017). Potenziale der Digitalisierung für das Supply Chain Risikomanagement: Eine empirische Analyse, in: Seiter M./Grünert L./Berlin S. (Hrsg.), Betriebswirtschaftliche Aspekte von Industrie 4.0., ZfbF-Sonderheft 71/17, Wiesbaden, S. 47–74

Kieser, A. (1973). Einflussgrößen der Unternehmensorganisation, Habilitationsschrift, Köln

Kieser, A. (2002). Der Situative Ansatz, in: Kieser, A. (Hrsg.), Organisationstheorien, 5. Aufl., Stuttgart, S. 169–198

Kieser, A./Kubicek, H. (1976). Organisation, Berlin

Kirchberg, A./Müller, D. (2016). Digitalisierung im Controlling: Einflussfaktoren, Standortbestimmung und Konsequenzen für die Controllerarbeit, in: Gleich, R./Grönke, K./ Kirchmann, M., Leyk, J. (Hrsg), Konzerncontrolling 2020, Freiburg, München, Stuttgart, S. 79–98

Kirchmair, R. (2022). Qualitative Forschungsmethoden. Anwendungsorientiert: vom Insider aus der Marktforschung lernen, Berlin, Heidelberg

Kirsch, H.-J./Steinhauer, L. (2003). Zum Einfluss der internationalen Rechnungslegung auf das Controlling, in: Zeitschrift für Planung & Unternehmenssteuerung, 14. Jg., Nr. 4, S. 415–435

Kirsch, W. (1973). Empirische Entscheidungsforschung und Betriebswirtschaftslehre. Eine Einführung in den Problemkreis der Untersuchung von Prof. Dr. Werner Kirsch, in: Berg, C. C., Individuelle Entscheidungsprozesse: Laborexperimente und Computersimulation, Wiesbaden, S. 11–20

Kirsch, W./Seidl, D./van Aaken, D. (2007). Betriebswirtschaftliche Forschung. Wissenschaftstheoretische Grundlagen und Anwendungsorientierung, Stuttgart

Klein, A./Gräf, J. (2017). Reporting und Business Intelligence, 3. Aufl., Freiburg, München, Stuttgart

Kludacz-Alessandri, M. (2020). The relationship between cost system funktionality, management accounting practices, and hospital performance, in: Foundations of Management, 12. Jg., Nr. 1, S. 223–236

Kneidinger, B. (2013). Geopolitische Identitätskonstruktionen in der Netzwerkgesellschaft. Mediale Vermittlung und Wirkung regionaler, nationaler und transnationaler Identitätskonzepte, Wiesbaden

KNIME. Abgerufen am 17.08.2021 unter: www.knime.com

Knudsen, D.-R. (2020). Elusive boundaries, power relations, and knowledge production: A systematic review of the literature on digitalization in accounting, in: International Journal of Accounting Information Systems 36, S. 1–22

Koch, R. (1994). Betriebliches Berichtswesen als Informations- und Steuerungsinstrument, Frankfurt am Main, et al.

Koch, R./Storm, L. (2020). Controller 4.0: die Rolle des Controllers im digitalen Zeitalter, in: Zeitschrift Führung und Organisation: ZfO, 89. Jg., Nr. 1, S. 38–42

Kohlhammer, J./Proff, D. U./Wiener, A. (2016). Der Markt für Visual Business Analytics, in: Kohlhammer, J./Chamoni, P. (Hrsg.), Analytische Informationssysteme, 5. Aufl., Berlin Heidelberg, S. 303–323

Kokina, J./Blanchette, S. (2019). Early evidence of digital labor in accounting: Innovation with robotic process automation, in: International Journal of Accounting Information Systems 35, S. 1–13

Kortendieck, G./Stepanek, P. (2019). Controlling in der deutschsprachigen Sozialwirtschaft. Eine Einführung, Wiesbaden

Koß, R. (2016). Ein Reifegradmodell für das digitale Controlling, in: Controlling and Management Review, 60. Jg., Nr. 6, S. 32–39

Kotulla, T. (2012). Strategien der internationalen Produktstandardisierung und -differenzierung. Mit einem Geleitwort von Prof. Dr. Stefan Schmid, Wiesbaden

Kreher, M./Winker, M./Sellhorn, T./Hess, T./Köster, A. (2022). Digitalisierung im Rechnungswesen. Ausgabe 2022/2023. Studie, KPMG, S. 1–48

Kreher, M./Eichner, V./Sellhorn, T./Hess, T./Köster, A./Weiß, K. (2021). Digitalisierung im Rechnungswesen 2021. Studie, KPMG, S. 1–53

Kreher, M./Winker, M./Sellhorn, T./Hess, T./Sehn, V./Meythaler, A. (2024). Digitalisierung im Rechnungswesen. Studienausgabe 2023/2024, KPMG, S. 1–46

Krüger, W. (1981). Theorie unternehmensbezogener Konflikte, in: Zeitschrift für Betriebswirtschaft, 51. Jg., Nr. 7, S. 910–952

Krystek, U./Reimer, M. (2012). Strategisches Controlling – Strategische Controller. Eine Befragung unter Personalberatern zur Rolle der strategischen Controller in der Unternehmenspraxis, in: Controlling – Zeitschrift für erfolgsorientierte Unternehmenssteuerung, 24. Jg., Nr. 1, S. 10–15

Kubicek, H. (1977). Heuristische Bezugsrahmen und heuristisch angelegte Forschungsdesigns als Element einer Konstruktionsstrategie empirischer Forschung, in: Köhler, R. (Hrsg.), Empirische und handlungstheoretische Forschungskonzeptionen in der Betriebswirtschaftslehre, Stuttgart, S. 3–36

Kuckertz, A./Block, J. (2021). Reviewing systematic literature reviews: Ten key questions and criteria for reviewers, in: Management Review Quarterly, 71. Jg., Nr. 3, S. 519–524

Kumar, S. (2020). Robotic process automation, in: International Research Journal of Modernization in Engineering Technology and Science, 2. Jg., Nr. 7, S. 1248–1251

Kunisch, S./Denyer, D./Bartunek, J. M./Menz, M./Cardinal, L. B. (2022). Review Research as Scientific Inquiry, in: Organizational Research Methods, 26. Jg., Nr. 1, S. 3–45

Küpper, H.-U. (2005). Controlling: Konzeption, Aufgaben, Instrumente, 4. Aufl., Stuttgart

Küpper, H.-U. (2008). Controlling: Konzeption, Aufgaben, Instrumente, 5. Aufl., Stuttgart

Küpper, H.-U./Weber, J./Zünd, A. (1990). Zum Verständnis und Selbstverständnis des Controlling, in: Zeitschrift für Betriebswirtschaft, 60. Jg., Nr. 3, S. 281–293

Küpper, H.-U./Friedl, G./Hofmann, C./Hofmann, Y./Pedell, B. (2013). Controlling: Konzeption, Aufgaben, Instrumente, 6. Aufl., Stuttgart

Lachnit, L./Müller, S. (2017). Bilanzanalyse, Grundlagen – Einzel- und Konzernabschlüsse – HGB- und IFRS-Abschlüsse – Unternehmensbeispiele, 2. Aufl., Wiesbaden

Langmann, C. (2019). Digitalisierung im Controlling, Wiesbaden

Langmann, C./Turi, D. (2020). Robotic Process Automation (RPA) – Digitalisierung und Automatisierung von Prozessen. Voraussetzungen, Funktionsweise und Implementierung am Beispiel des Controllings und Rechnungswesens, Wiesbaden

Lanquillon, C./Mallow, H. (2015). Advanced Analytics mit Big Data, in: Dorschel, J. (Hrsg.), Praxishandbuch Big Data, Wiesbaden, S. 55–89

Lasi, H./Fettke, P./Kemper, H.-G./Feld, T./Hoffmann, M. (2014). Industry 4.0, in: Wirtschaftsinformatik, 56. Jg., Nr. 4, S. 261–264

Lausberg, I./Hoffmann, D. (2019). Robotic Process Automation, Predictive Analytics und Künstliche Intelligenz – Wo liegen die Anwendungsbereiche im Controlling? Ergebnisse einer empirischen Studie, in: CARF Controlling. Accounting. Risiko. Finanzen, Konferenzband, Hochschule Luzern, Luzern, S. 49–63

Lawrence, P. R./Lorsch, J. W. (1967). Organization and Environment, Homewood, TI

Leidinger, B. (2017). Wertorientierte Instanthaltung. Kosten senken, Verfügbarkeit erhalten, 2. Aufl., Wiesbaden

Lemmer, G./Gollwitzer, M. (2018). Quantitative Forschung, in: Decker O. (Hrsg.) Sozialpsychologie und Sozialtheorie, Wiesbaden, S. 245–279

Lepistö, L./Järvenpää, M./Ihantola, E.-M./Tuuri, I. (2016). The tasks and characteristics of management accountants: Insights from finnish recruitment processes, in: Nordic journal of business, 65. Jg., Nr. 3–4, S. 76–82

Levi, P./Rembold, U. (2003). Einführung in die Informatik für Naturwissenschaftler und Ingenieure, 4. Aufl., München, Wien

Lichtblau, K./Schleiermacher, T./Goecke, H./Schützdeller, P. (2018). Digitalisierung der KMU in Deutschland, Konzeption und empirische Befunde, IW Consult, Köln, S. 1–72

LinkedIn. Abgerufen am 23.02.2022 unter: https://www.linkedin.com/

Linton, R. (1936). The study of man. An introduction, The century social sience series, Studend's edition, New York

Loebbecke, C. (2006). Digitalisierung – Technologien und Unternehmensstrategien, in: Scholz C. (Hrsg.), Handbuch Medienmanagement, Berlin Heidelberg, S. 357–373

Loitz, R./Flath, C./Dittmar, H.-P. (2022). Digitalisierung im Finanz- und Rechnungswesen 2022 – und was sie für die Zukunft der Abschlussprüfung bedeutet. Befragung zum Status quo und zur digitalen Weiterentwicklung, PwC, S. 1–35

Loo, I. de/Verstegen, B./; Swagerman, D. (2011). Understanding the roles of management accountants, in: European Business Review, 23. Jg., Nr. 3, S. 287–313

Lueg, R./Vu, L. (2015). Success factors in Balanced Scorecard implementations – A literature review, in: Management Revue, 26. Jg., Nr. 4, S. 306–327

Macharzina, K./Wolf, J. (2023). Unternehmensführung. Das internationale Managementwissen. Konzepte – Methoden – Praxis, 12. Auflage, Wiesbaden

Malagueño, R./ Gomez-Conde, J./de Harlez, Y./Hoffmann, O. (2021). Controller involvement in a project management setting: effects on project functions and performance, in: Journal of Applied Accounting Research, 22. Jg., Nr. 2, S. 334–364

Marmonti, S. (2019). Der Controller als Data Steward, in: Controlling & Management Review, 63. Jg., Nr. 2, S. 64–67

Matanovic, S./Sabel, R./Wöhrmann, A. (2019). Controller vs. Data Scientist: Eine empirische Analyse des Status quo der Aufgaben, in: Controlling – Zeitschrift für erfolgsorientierte Unternehmenssteuerung, 31. Jg., Nr. 6, S. 54–62

Mayr, A./Losbichler, H./Brückl, V. (2020). Berufsfeld Controlling – Was Stellenanzeigen verraten, in: Controlling & Management Review, 64. Jg., Nr. 8, S. 8–19

McCarthy, J./Minsky, M. L./Rochester, N./Shannon, C. E. (2006). A proposal for the dartmouth summer research project on artificial intelligence, August 31, 1955, in: AI Magazine, 27. Jg., Nr. 4, S. 12–14

Mischke, J./White, O./Palter, R./Luby, R./Sanghvi, A./Dua, A./Vickery, B./Rhee, J./Smit, S./Woetzel, J./Fu, A. (2023). Empty spaces and hybrid places. The pandemic's lasting impact on real estate, McKinsey Global Institute S. 1–77

Mead, G. H. (1934). Mind, Self, and Society, Chicago London
Mehanna, W./Tatzel, J./Vogel, P. (2016). Business Analytics im Controlling – Fünf Anwendungsfelder, in: Controlling – Zeitschrift für erfolgsorientierte Unternehmenssteuerung, 28. Jg., Nr. 8–9, S. 502–508
Merton, R. K. (1957). The role-set: Problems in sociological theory, in: The British Journal of Sociology, 8. Jg., Nr. 2, S. 106–120
Mettler, T./Ballester, O. (2021). Maturity Models in Information Systems: A Review and Extension of Existing Guidelines, in: Forty-Second International Conference on Information Systems, S. 1–16
Mey, G./Ruppel, P. S. (2018). Qualitative Forschung, in: Decker, O. (Hrsg.) Sozialpsychologie und Sozialtheorie, Wiesbaden, S. 205–244
Meyer, A./Mattmüller, R. (1987). Qualität von Dienstleistungen. Entwurf eines praxisorientierten Qualitätsmodells, in: Marketing ZFP – Journal of Research and Management, 9. Jg., Nr. 3, S. 187–195
Micheel, H.-G. (2010). Quantitative empirische Sozialforschung, München
Micheli, P./Mari, L. (2014). The theory and practice of performance measurement, in: Management Accounting Research, 25. Jg., Nr. 2, S. 147–156
Microsoft. Abgerufen am 24.08.2021 unter: https://www.microsoft.com/de-de
Microsoft Excel. Abgerufen am 10.03.2022 unter https://www.microsoft.com/en-us/microsoft-365/excel
Microsoft Power BI. Abgerufen am 20.03.2023 unter https://powerbi.microsoft.com/de-de/
Minsky, M. (1988). Semantic Information Processing, 6. Aufl., Cambridge et al.
Mio, C./Costantini, A./Panfilo, S. (2022). Performance measurement tools for sustainable business: A systematic literature review on the sustainability balanced scorecard use, in: Corporate Social Responsibility and Environmental Management, 29. Jg., Nr. 2, S. 367–384
Mistry, V./Sharma, U./Low, M. (2014). Management accountants' perception of their role in accounting for sustainable development. An exploratory study, in: Pacific Accounting Review, 26. Jg., Nr. 1/2, S. 112–133
Moffitt, K. C./Rozario, A. M./Vasarhelyi, M. A. (2018). Robotic process automation for auditing, in: Journal of Emerging Technologies in Accounting, 15. Jg., Nr. 1, S. 1–10
Mohamed, N./Al-jaroodi, J. (2014). Real-time big data analytics: Applications and challenges, in: 2014 International Conference on High Performance Computing & Simulation (HPCS), Bologna, Italien, S. 305–310
Moher, D./Liberati, A./Tetzlaff, J./Altman, D. G. (2009). Preferred reporting items for systematic reviews and meta-analyses: The PRISMA statement, in: Annals of Internal Medicine, 151. Jg., Nr. 4, S. 264–269
Moro-Visconti, R. (2022). Augmented Corporate Valuation. From Digital Networking to ESG Compliance, Cham
Möbus, M./Kirschmann, D./Florian, S (2022). Neue Controller-Profile für die digitale Zukunft, in: Controlling & Management Review, 66. Jg., Nr. 2, S. 50–55
Mödritscher, G./Wall, F. (2022). Controlling und Digitalisierung – Änderungen im Kompetenzprofil, in: Feldbauer-Durstmüller, B./Mayr, S. (Hrsg.), Controlling – Aktuelle Entwicklungen und Herausforderungen, 2. Aufl., Wiesbaden, S. 43–56
Mumm, M. (2015). Kosten- und Leistungsrechnung. Internes Rechnungswesen für Industrie- und Handelsbetriebe, 2. Aufl., Berlin, Heidelberg

Müller, M. (2023). Qualitative Forschung in der Sozialen Arbeit, in: Buntrock, M./ Peinemann, K. (Hrsg.), Grundwissen Soziale Arbeit, Wiesbaden, S. 411–428

Müller-Böling, D. (1992). Organisationsforschung, Methodik der empirischen, in: Frese, E. (Hrsg.), Handwörterbuch der Organisation, 3. Aufl., Stuttgart, Sp. 1491–1505

Müller, S./Brösel, G. (2008). Herausforderungen für das Controlling in der TIME-Branche vor dem Hintergrund wachsender Konvergenz am Beispiel des Risikocontrollings, in: Keuper, F./Vocelka, A./Häfner, M. (Hrsg.), Die moderne Finanzfunktion, Wiesbaden, S. 385–414

Neely, A./Gregory, M./Platts, K. (2005). Performance measurement system design. A literature review and research agenda, in: International Journal of Operations & Production Management, 25. Jg., Nr. 12, S. 1228–1263

Nerdinger, F. W. (2012). Grundlagen des Verhaltens in Organisationen, 3. Aufl., Stuttgart

Nevries, P./Weide, G. (2012). Die Leistungen von Top-Controllern in den Phasen des strategischen Planungsprozesses: Rollen, Aufgaben und Instrumente, in: Controlling – Zeitschrift für erfolgsorientierte Unternehmenssteuerung, 24. Jg., Nr. 1, S. 4–9

Nobach, K. (2019). Bedeutung der Digitalisierung für das Controlling und den Controller, in: Ulrich, P./Baltzer, B. (Hrsg.), Wertschöpfung in der Betriebswirtschaftslehre, Wiesbaden, S. 247–269

Nuhu, N.A./Baird, K./Bala Appuhamilage, A. (2017). The adoption and success of contemporary management accounting practices in the public sector, in: Asian Review of Accounting, 25. Jg., Nr. 1, S. 106–126

Nunkesser, R./Thorn, J. (2020). Möglichkeiten und Einschränkungen mobiler Applikationen für das Controlling, in: Keimer I./Egle U. (Hrsg.) Die Digitalisierung der Controlling-Funktion, Wiesbaden, S. 265–286

Palomino, M. N./Frezatti, F. (2016). Role conflict, role ambiguity and job satisfaction: Perceptions of the Brazilian controllers, in: Revista de Administração, 51. Jg., Nr. 2, S. 165–181

Nylén, D./Holmström, J. (2015). Digital innovation strategy: A framework for diagnosing and improving digital product and service innovation, in: Business Horizons, 58. Jg., Nr. 1, S. 57–67

O'Donnell, E./David, J. S. (2000). How information systems influence user decisions: a research framework and literature review, in: International Journal of Accounting Information Systems, 1. Jg., Nr. 3, S. 178–203

Oehler, K. (2006). Corporate-Performance-Management mit Business-Intelligence-Werkzeugen, München Wien

Oesterreich, T. D./Teuteberg, F. (2019). The role of business analytics in the controllers and management accountants' competence profiles: An exploratory study on individual-level data, in: Journal of Accounting & Organizational Change, 15. Jg. Nr. 2, S. 330–356

Oesterreich, T. D./Teuteberg, F./Bensberg, F./Buscher, G. (2019). The controlling profession in the digital age: Understanding the impact of digitisation on the controller's job roles, skills and competences, in: International Journal of Accounting Information Systems 35, S. 1–23

Open as App. Abgerufen am 18.08.2021 unter: https://www.openasapp.com/?nowprocket=1

Oppi, C./Vagnoni, E. (2020). Management accountants' role and coercive regulations: Evidence from the Italian health-care sector, in: Qualitative Research in Accounting and Management, 17. Jg., Nr. 3, S. 405–433

Ortiz, A./Schalkowski, H. (2021). Künstliche Intelligenz. Eine Technologie mit tiefgreifendem Einfluss auf die Corporate Governance?, in: Zeitschrift für Corporate Governance, 16. Jg., Nr. 5, S. 197–202

Pabinger, D./Mayr, S. (2022). Controlling und Business Intelligence & Analytics, in: Feldbauer-Durstmüller, B./Mayr, S. (Hrsg.) Controlling – Aktuelle Entwicklungen und Herausforderungen, 2. Aufl., Wiesbaden, S. 57–76

Pappas, L./Whitman, L. (2011). Riding the technology wave: Effective dashboard data visualization, in: Smith M.J., Salvendy G. (Hrsg.), Human interface and the management of information. Interacting with information. Human Interface 2011. Lecture Notes in Computer Science, 6771, Berlin, Heidelberg, S. 249–258

Pargmann, J./Riebenbauer. E./Flick-Holtsch, D./Berding, F. (2023). Digitalisation in accounting: a systematic literature review of activities and implications for competences, in: Empirical Research in Vocational Education and Training, 15. Jg., Nr. 1, S. 1–37

Parsons, T. (1951). The social system, Glencoe

Parviainen, P./Tihinen, M./Kääriäinen, J./Teppola, S. (2022). Tackling the digitalisation challenge: How to benefit from digitalisation in practice, in: International Journal of Information Systems and Project Management, 5. Jg., Nr. 1, S. 63–77

Pasch, T. (2019). Strategy and innovation: The mediating role of management accountants and management accounting systems' use, in: Journal of Management Control, 30. Jg., Nr. 2, S. 213–246

Pastwa, A. (2010). Serviceorientierung im betrieblichen Berichtswesen: Entwicklung eines Ar-chitektur- und Vorgehensmodells zur konzeptionellen Gestaltung von Berichtsprozessen auf Basis einer SOA und XBRL, Frankfurt a. M et al.

Peemöller, V. H. (2005). Controlling. Grundlagen und Einsatzgebiete, 5. Aufl., Herne, Berlin

Pellens, B./Fülbier, R. U./Gassen, J./ Sellhorn, T. (2021). Internationale Rechnungslegung. IFRS 1 bis 17, IAS 1 bis 41, IFRIC-Interpretationen, Standardentwürfe, 11. Aufl., Stuttgart

Peters, S./Brühl, R./Stelling, J. N. (2005). Betriebswirtschaftslehre. Einführung, 12. Aufl., München, Wien

Phornlaphatrachakorn, K./Na-Kalasindhu, K. (2020). Strategic management accounting and firm performance: Evidence from finance businesses in Thailand, in: Journal of Asian Finance, Economics and Business, 7. Jg., Nr. 8, S. 309–321

Picot, A. (1990). Organisation von Informationssystemen und Controlling, in: Controlling – Zeitschrift für erfolgsorientierte Unternehmenssteuerung, 2. Jg., Nr. 6, S. 296–305

Pierce, B./O'Dea, T. (2003). Management accounting information and the needs of managers: Perceptions of managers and accountants compared, in: The British Accounting Review, 35. Jg. Nr. 3, S. 257–290

Plekhanov, D./Netland, T. H. (2019). Digitalisation stages in firms: Towards a framework, in: 26th EurOMA Conference, Helsinki, Finnland

Ploier, D./Mayr, S. (2022). Digitalisierung im Rechnungswesen und Controlling – praktische Aspekte der Steuer- und Unternehmensberatung, in: Feldbauer-Durstmüller, B./ Mayr, S. (Hrsg.), Controlling – Aktuelle Entwicklungen und Herausforderungen, 2. Aufl., Wiesbaden, S. 143–164

Podsakoff, P. M./Organ, D. W. (1986). Self-reports in organizational research: Problems and prospects, in: Journal of Management, 12. Jg., Nr. 4, S. 531–544

Podsakoff, P. M./MacKenzie, S. B./Lee, J.-Y./Podsakoff, N. P. (2003). Common method biases in behavioral research: A critical review of the literature and recommended remedies, in: Journal of Applied Psychology, 88. Jg., Nr. 5, S. 879–903

Popper, K. (1966). Logik der Forschung, 2. Aufl., Tübingen

Porter, M. E. (1986). Wettbewerbsvorteile (Competitive Advantage). Spitzenleistungen erreichen und behaupten, Frankfurt a. M.

Porter, M. E. (2014). Wettbewerbsvorteile. Spitzenleistungen erreichen und behaupten. 8. Aufl., Frankfurt a. M.

Potthoff, P./Eller, M. (2000). Survey mit Fragebogen: Vor- und Nachteile verschiedener Erhebungsverfahren, in: Zeitschrift für Gesundheitswissenschaften, 8. Jg., Nr. 2, S. 100–105

PredictionIO. Abgerufen am 17.08.2021 unter: https://predictionio.apache.org/

Preisendörfer, P. (2005). Organisationssoziologie. Grundlagen, Theorien und Problemstellungen, Wiesbaden

Preißler, P. R. (2007). Controlling. Lehrbuch und Intensivkurs, 13. Aufl., München

Prümm, D./Loitz. R./Dittmar, H.-P. (2023). Digitalisierung im Finanz- und Rechnungswesen 2023 – und was sie für die Zukunft der Abschlussprüfung bedeutet. Befragung zum Status quo und zur digitalen Weiterentwicklung, PwC, S. 1–36

Pugh, D. S./Hickson, D. J. (1976). Organizational structure and its context. The Aston Programme I, Westmead

Rack, O./Christophersen, T. (2009). Experimente, in: Albers, S./Klapper, D./Konradt, U./Walter, A./Wolf, J. (Hrsg.), Methodik der empirischen Forschung, 3. Aufl., Wiesbaden, S. 17–32

Rajeevan, S. (2019). Management accountant's role and society's expectations: Sri Lankan study, in: Asian Journal of Accounting Research, 4. Jg., Nr. 2, S. 202–232

Rambusch, R./Sill, F. (2007). Role Making versus Role Taking im Controllerbereich, in: Controlling, 19. Jg., Nr. 7, S. 375–382

Randolph, J. J. (2009). A guide to writing the dissertation review, in: Practical Assessment, Research & Evaluation, 14. Jg., Nr. 13, S. 1–13

RapidMiner. Abgerufen am 17.08.2021 unter: www.rapidminer.com

Rasch, M./Koß, R. (2015). Digital Controlling. Digitale Transformation im Controlling, PwC, S. 1–25

RavenPack. Abgerufen am 17.08.2021 unter: https://www.ravenpack.com/

Rech, S. (2020). Dienstleistungscontrolling. Ein wertschöpfungsorientierter Beitrag zur konzeptionellen, theoretischen und empirischen Fundierung, Wiesbaden

Reiber, W. (2013). Vom Fachexperten zum Wissensunternehmer. Wissenspotenziale stärker nutzen, die persönliche Wirksamkeit erhöhen, Wiesbaden

Reichmann, T. (2006). Controlling mit Kennzahlen und Management-Tools. Die systemgestützte Controlling-Konzeption, 7. Aufl., München

Reichmann, T./Kißler, M./Baumöl, U. (2017). Controlling mit Kennzahlen. Die systemgestützte Controlling-Konzeption, 9. Aufl., München

Reimer, M./Schäffer. U. (2021). Wie Controller und IT die Zukunft des Controllings gestalten. Highlights aus der Studie des WHU Controller Panels (2021), in: WHU Controller Panel 2021, S. 1–5

Reimer, M./Schäffer. U. (2022). Management Reporting in turbulenten Zeiten. Highlights aus der Studie des WHU Controller Panels (2022), in: WHU Controller Panel 2022, S. 1–5

Reitmaier, T. (2015). Aktives Lernen für Klassifikationsprobleme unter der Nutzung von Strukturinformationen, Kassel

Rieg, R. (2018). Task, interaction and role perception of management accountants – evidence from Germany, in: Journal of Management Control, 29. Jg., Nr. 2, S. 183–220

Rieg, R./Ulrich, P./Finckh, C. (2022). An empirical study on management accountants' roles and role perceptions: A german perspective, in: Corporate Ownership & Control, 20. Jg., Nr. 1, S. 31–45

Riesenhuber, F. (2009). Großzahlige empirische Forschung. In: Albers, S./Klapper, D./ Konradt, U./Walter, A./Wolf, J. (Hrsg.), Methoden der empirischen Sozialforschung, 3. Aufl., Wiesbaden, S. 1–16

Rîndaşu, S.-M. (2017). Emerging information technologies in accounting and related security risks – what is the impact on the Romanian accounting profession, in: Journal of Accounting and Management Information Systems, 16. Jg., Nr. 4, S. 581–609

Rîndaşu, S.-M./Topor, I. D./Ionescu-Feleagă, L. (2023). The Evolution of Management Accountants' Digital Skills in Industry 4.0: A Qualitative Approach, in: Oblìk ì fìnansi 1(99), S. 38–48

Rohrlack, C. (2009). Logistische und Ordinale Regression, in: Albers, S./Klapper, D./ Konradt, U./Walter, A./Wolf, J. (Hrsg.), Methoden der empirischen Sozialforschung, 3. Aufl., Wiesbaden, S. 267–282

Roth, A. (2016). Industrie 4.0 – Hype oder Revolution?, in: Roth A. (Hrsg.), Einführung und Umsetzung von Industrie 4.0. Berlin, Heidelberg, S. 1–15

Röhl, K. F. (1987). Rechtssoziologie, Ein Lehrbuch, Köln et al.

Runkler, T. A. (2015). Data Mining. Modelle und Algorithmen intelligenter Datenanalyse, 2. Aufl., Wiesbaden

Ruso, B. (2007). Qualitative Beobachtung, in: Buber R./Holzmüller H. H. (Hrsg.), Qualitative Marktforschung, Wiesbaden, S. 525–536

Russell, S. J./Norvig, P. (1995). Artificial intelligence. A modern approach, Englewood Cliffs, New Jersey

Russom, P. (2011). Big data analytics, TDWI Best Practice Report, TDWI Research, S. 1–37

Samuel, A. L. (1962). Artificial intelligence: A frontier of automation, in: The Annals of the American Academy of Political and Social Science 340, 10–20

Santos, S. C./Liguori, E. W./Garvey, E. (2023). How digitalization reinvented entrepreneurial resilience during COVID-19, in: Technological Forecasting & Social Change 189, S. 1–15

SAP. Abgerufen am 17.08.2021 unter: www.sap.com

SAP Help Portal (Dokumentation). Data Warehousing, abgerufen am 14.08.2023 unter: https://help.sap.com/doc/saphelp_nw74/7.4.16/de-DE/4a/1e8b8a46c51977e10000000a42189c/frameset.htm und Modellierung, abgerufen am 21.08.2023 unter: https://help.sap.com/doc/saphelp_crm60/6.0.0.14/de-DE/03/c97842b180c153e10000000a1550b0/frameset.htm

SAP Produkte. Abgerufen am 24.08.2021 unter: https://www.sap.com/germany/products.html

Sari, A. W./Alfiany, N./Hesti, A. N./Nisa, A. Z. (2022). The application of a Balanced Scorecard in SME: A case study of Milanzo Kids, in: Jurnal Keunis, 10. Jg., Nr. 1., S. 56–65

Satzger, G./Enders, T./Reimer, N. (2017). Künstliche Intelligenz: Löst Watson den Controller ab? Wie kognitive Technologien das Berufsbild des Controllers verändern, in: Controlling – Zeitschrift für erfolgsorientierte Unternehmenssteuerung, 29 Jg., Sonderheft K, S. 24–30

Schallmo, D./Rusnjak, A. (2017). Roadmap zur Digitalen Transformation von Geschäftsmodellen, in: Schallmo, D./Rusnjak, A./Anzengruber, J./Werani, T./Jünger, M. (Hrsg.). Digitale Transformation von Geschäftsmodellen, Wiesbaden, S. 1–31

Schawel C./ Billing F. (2018). Top 100 Management Tools. Das wichtigste Buch eines Managers. Von ABC-Analyse bis Zielvereinbarung, 6. Aufl., Wiesbaden

Schäffer, U./Brückner, L. (2019). Rollenspezifische Kompetenzprofile für das Controlling der Zukunft, in: Controlling & Management Review, 63. Jg., Nr. 7, S. 14–31

Schäffer, U./Weber, J. (2012). Zukunftsthemen des Controllings, in: Controlling – Zeitschrift für erfolgsorientierte Unternehmenssteuerung, 24. Jg., Nr. 2, S. 78–84

Schäffer, U./Weber, J. (2016). Die Digitalisierung wird das Controlling radikal verändern, in: Controlling & Management Review, 60. Jg., Nr. 6, S. 6–17

Schäffer, U./Weber, J. (2018). Digitalisierung ante portas. Die Veränderung des Controllings im Spiegel der dritten WHU Zukunftsstudie, in: Controlling – Zeitschrift für erfolgsorientierte Unternehmenssteuerung, 30. Jg., Nr. 1, S. 42–48

Schäffer, U./Weber, J. (2019). Role Making ist gefragt!, in: Controlling & Management Review, 63. Jg., Nr. 7, S. 3

Schäffer, U./Brückner, L./Fiala, H./Rester, F. (2019). WHU Delphi study – future controller roles & competencies: Final report, Vallendar

Scheer, C./Loos, P. (2002). Internetbasierte Geschäftsmodelle. Neue Möglichkeiten der Wertschöpfungsorganisation in der Internet-Ökonomie, in: Modelle im E-Business, S. 27–38

Scherm, E./Pietsch, G. (2007). Organisation. Theorie, Gestaltung, Wandel, München, Wien

Scherm, E./Lindner, F. (2022). Controllingkonzeptionen in der Unternehmenspraxis, in: Becker, W./Ulrich, P. (Hrsg.), Handbuch Controlling, 2. Aufl., Wiesbaden, S. 45–63

Schiefer, H./Schiefer, F. (2018). Statistik für Ingenieure. Eine Einführung mit Beispielen aus der Praxis, Wiesbaden

Schildbach, T. (1992). Begriff und Grundprobleme des Controlling aus betriebswirtschaftlicher Sicht, in: Spremann, K./Zur, E. (Hrsg.), Controlling, Wiesbaden, S. 21–36

Schimank, C./Güler, H. A. (2019). Steuerung betrieblicher Wertschöpfungsprozesse im digitalen Zeitalter mit S/4HANA, in: Ulrich, P/Baltzer, B., Wertschöpfung in der Betriebswirtschaftslehre, Wiesbaden, S. 299–328

Schmitz, M./Schüssler, S./Schneider, C. (2022). Controlling mit Hilfe von Robotics und künstliche Intelligenz. Der Controller als Business Partner für das Management und Coach für die maschinelle Workforce, in: Becker, W./Ulrich, P. (Hrsg.), Handbuch Controlling, 2. Aufl., Wiesbaden, S. 953–979

Schneider, D. (1991). Versagen des Controlling durch eine überholte Kostenrechnung, in: Der Betrieb, 44. Jg., Nr. 15, S. 765–772

Schneider, D. (1994). Betriebswirtschaftslehre. Band 2: Rechnungswesen, München, Wien

Schneider, D. (2011). Betriebswirtschaftslehre als Einzelwirtschaftstheorie der Institutionen, Wiesbaden

Schoeneberg, K.-P./von Schudnat, C./Gürbüz, E. (2021). Controller versus Data Scientist: Welche Berufsgruppe überlebt den digitalen Wandel?, in: Zerres C. (Hrsg.), Handbuch Marketing-Controlling, 5. Aufl., Berlin, Heidelberg, S. 17–40

Schön, D. (2022). Planung und Reporting im BI-gestützten Controlling. Grundlagen, Business Intelligence, Mobile BI, Big-Data-Analytics und KI, 4. Aufl., Wiesbaden

Schönherr, M./Million, C. (2022). Working-Capital Management in der Unternehmenspraxis in: Becker, W./Ulrich, P. (Hrsg.), Handbuch Controlling, 2. Aufl., Wiesbaden, S. 727–743

Schöning, S./Mendel, V. (2021). Kompetenzentwicklung im Controlling. Mit systematischer Personalentwicklung in der Digitalisierung und Globalisierung zum Erfolg, Wiesbaden

Schuff, D./Corall, K./Louis, R. D. St./Schimyk, G. (2018). Enabling self-service BI: A methodology and a case study for a model management warehouse, in: Information Systems Frontiers, 20. Jg., Nr. 2, S. 275–288

Schuhknecht, F. (2020). Performance Management in der digitalen Welt. Die Digitalisierungsscorecard als Instrument für das Management digitaler Geschäftsmodelle, Wiesbaden

Schulze, K.-D./Dittmar, C. (2006). Business Intelligence Reifegradmodelle. Reifegradmodelle als methodische Grundlage für moderne Business Intelligence Architekturen, in: Chamoni, P./Gluchowski, P. (Hrsg.), Analytische Informationssysteme, 3. Aufl., Berlin, Heidelberg, S. 71–87

Schulze, M./Nuhn, H. F. R. (2020). Robotic process automation in controlling – results of an empirical study, in: IGC Study Report, St. Gallen, S. 1–32

Schütze, B./Schlieter, H. (2019). Künstliche Intelligenz. Ein nützliches Werkzeug für den Radiologen?, in: Radiologe, 59. Jg., Nr. 12, S. 1091–1096

Schulz-Schaeffer, I./Funken, C. (2008). Das Verhältnis von Formalisierung und Informalität betrieblicher Arbeits- und Kommunikationsprozesse und die Rolle der Informationstechnik, in: Funken, C./Schulz-Schaeffer (Hrsg.), Digitalisierung der Arbeitswelt, Wiesbaden, S. 11–39

Schwaiger, M./Zimmermann, L. (2009). Quantitative Forschung: Ein Überblick, in: Schwaiger, M./Meyer, A. (Hrsg.) Theorien und Methoden der Betriebswirtschaft, München, S. 419–437

Schweitzer, M./Friedl, B. (1992). Beitrag zu einer umfassenden Controlling-Konzeption, in: Spremann, K./Zur, E. (Hrsg.), Controlling, Wiesbaden, S. 141–167

Sebastian, I. M./Ross, J. W./Beath, C./Mocker, M./Moloney, K. G./Fonstad, N. O. (2017). How big old companies navigate digital transformation, in: MIS Quarterly Executive, 16. Jg., Nr. 3, S. 197–213

Seidler, J. (1974). On using informants: A technique for collecting quantitative data and controlling measurement error in organization analysis, in: American Sociological Review, 39. Jg., Nr. 6, S. 816–831

Senge, K. (2011). Das Neue am Neo-Institutionalismus. Der Neo-Institutionalismus im Kontext der Organisationswissenschaft, Wiesbaden

Serpa, S. (2020). Digitalisation of organisations and COVID-19, in: Serpa, S./Ferreira, C. M./Sá, M. J./Santos, A. I. (Hrsg.) Digital society and social dynamics, United Kingdom, S. 59–61

Sesen, E. (2015). Role theory and its usefulness in public relations, in: European Journal of Business and Social Sciences, 4. Jg., Nr. 1, S. 136–143

Stets, J. E./Burke, P. J. (2000). Identity theory and social identity theory. Social Psychology Quarterly, 63. Jg., Nr. 3, S. 224–237

Shekhar, S. S. (2019). Artificial intelligence in automation, in: Research Review International Journal of Multidisciplinary, 4. Jg. Nr. 6, S. 14–17

Shi, S. (2020). COVID-19 accelerates the digitalization of enterprises, in: Control Engineering China

Shidaganti, G./Salil, S./Anand, P./Jadhav, V. (2021). Robotic process automation with AI and OCR to improve business process: Review, in: Proceedings of the Second International Conference on Electronics and Sustainable Communication Systems (ICESC-2021), Coimbatore, Indien, S. 1612–1618

Shields, J. F./Shelleman, J. M. (2020). SME sustainability dashboards: An aid to manage and report performance, in: Journal of Small Business Strategy, 30. Jg., Nr. 2., S. 106–114

Shields, M. D. (1995). An empirical analysis of firms' implementation experiences with activity-based costing, in: Journal of Management Accounting Research, 7. Jg., Nr. 1, S. 148–166

Sidler, P./Gerussi, L. (2020). Vom Finanzbericht zum Controlling Cockpit im Zeitalter der Digitalisierung. Praxisbeispiel EKZ Eltop AG, in: Keimer, I./ Egle, U. (Hrsg.), Die Digitalisierung der Controlling-Funktion, Wiesbaden: Springer, S. 251–263

Sill, F. (2008). Controllerbereichserfolg aus Sicht des Managements: Eine empirische Analyse, Wiesbaden

Simbeck, K./Wirsam, J./Doskova, A. (2019). Mobile und interaktive Reporting-Prozesse, in: Controlling – Zeitschrift für erfolgsorientierte Unternehmenssteuerung, 31 Jg., Nr. 3, S. 73–75

Siska, L. (2015). The concept of management control system and its relation to performance measurement, in: Procedia Economics and Finance, 25 Jg., S. 141–147

Smeets, M./Erhard, R./Kaußler, T. (2019). Robotic Process Automation (RPA) in der Finanzwirtschaft. Technologie – Implementierung – Erfolgsfaktoren für Entscheider und Anwender, Wiesbaden

Smith, M./Abdullah, Z./Razak, R. A. (2008). The diffusion of technological and management accounting innovation: Malaysian evidence, in: Asian review of accounting, 16. Jg., Nr. 3, S. 197–218

Smith, V. S. (2013). Data dashboard as evaluation and research communication tool, in: Azzam, T./Evergreen, S. (Hrsg.), Data Visualization, Part 2, S. 21–45

Snyder, H. (2019). Literature review as a research methodology: An overview and guidelines, in: Journal of Business Research 104, S. 333–339

Staehle, W. H. (1999). Management: Eine verhaltenswissenschaftliche Perspektive, 8. Aufl. (überarbeitet von Condrad P./Sydow, J.), München

Stamm, H./ Schwarb, T. M. (1995). Metaanalyse. Eine Einführung, in: Zeitschrift für Personalforschung, 9. Jg., Nr. 1, S. 5–27

Steens, B./de Bont, A./Roozen, F. (2020). Influence of governance regime on controller roles – supervisory board members' perspectives on business unit controller roles and role conflict, in: Corporate Governance: The International Journal of Business in Society, 20. Jg., Nr. 6, S. 1029–1051

Steiners, D. (2005). Lernen mit Controllinginformationen, Empirische Untersuchung in deutschen Industrieunternehmen, Wiesbaden

Steinhoff, F. (2008). Der Innovationsgrad in der Erfolgsfaktorenforschung – Einflussfaktor oder Kontingenzfaktor?, in: Schmeisser, W./Mohnkopf, H./Hartmann, M./Metze, G. (Hrsg.) Innovationserfolgsrechnung, Berlin, Heidelberg, S. 3–19

Stinchcombe, A. L. (1959). Bureaucratic and craft administration of production: A comperative study, in: Administrative Science Quarterly, 4. Jg., Nr. 2, S. 168–187

Stirzel, M./Yaldiran, S. (2023). Reporting im Zeitalter der Digitalisierung. Ein Ansatz zur Effizienzsteigerung im Reporting durch Self Services, in: Schallmo, D. R. A. /Lang, K./ Werani, T./Krumay, B. (Hrsg.), Digitalisierung, Wiesbaden, S. 529–551

Stoffers, P./Karla, J./Kaufmann, J. (2022). Digitalisierung von Management-Reporting-Prozessen – Ein technologieorientiertes Reifegradmodell zum Einsatz in KMU. HMD Praxis der Wirtschaftsinformatik, 59. Jg., Nr. 3, S. 940–960

Stoklossa, V. (2009). Berichtswesen, in: Controlling-Compact, 21. Jg. Nr. 10, S. 535–537

Strauß, E./Reuter, C. (2022). Die Rolle des Controllers – lokale Entwicklungen, globale Trends und Ausblick in die Zukunft, in: Feldbauer-Durstmüller B./Mayr S. (Hrsg.), Controlling – Aktuelle Entwicklungen und Herausforderungen, 2. Aufl., Wiesbaden, S. 29–42

Strauß, E./Weber, J./Windeck, D. (2014). The rise and fall of the management accountant—Swinging between bean counter and business partner, in: European Accounting Association (Hrsg.), 37th Annual Congress Tallinn 2014

Strauß, E./Quinn, M./Kristandl, G. (2015). Möglichkeiten und Grenzen eines IT-gestützten Controlling- und Reportingsystems für mittelständische Unternehmen mit mobilen Endgeräten, in: Controlling – Zeitschrift für erfolgsorientierte Unternehmenssteuerung, 27. Jg., Nr. 6, S. 313–317

Streim, H. (1975). Heuristische Lösungsverfahren. Versuch einer Begriffsklärung, in: Zeitschrift für Operations Research,19. Jg, Nr. 5, S. 143–162

Sutton, M. A./Weißenberger, B. E. (2022). Light in the darkness: How the COVID-19 pandemic strengthens the role of controllers in managerial decision-making, in: EAA (Hrsg.), 44th Annual EAA Congress, S. 1–40

Szczerbicka, H./Trivedi, K. S./Choudhary, P. K. (2004). Discrete event simulation with application to computer communication systems performance, in: Reis R. (Hrsg.), Information Technology, New York, S. 271–304

Tableau. Abgerufen am 20.03.2023 unter: https://www.tableau.com/

Taschner, A. (2013). Management Reporting. Erfolgsfaktor Internes Berichtswesen. Wiesbaden

Taschner, A. (2019). Management Reporting und Behavioral Accounting. Verhaltenswirkungen des Berichtswesens im Unternehmen, 2. Aufl., Wiesbaden

Thielsch, M. T./Weltzin, S. (2009). Online-Befragungen in der Praxis, in: Brandenburg, T./ Thielsch, M. T. (Hrsg.), Praxis der Wirtschaftspsychologie, Münster, S. 69–85

Thierbach, C./Petschick, G. (2019). Beobachtung, in: Baur N./Blasius J. (Hrsg.), Handbuch Methoden der empirischen Sozialforschung, 2. Aufl., Wiesbaden, S. 1165–1181

Thomas, J./Kielman, J. (2009). Challenges for visual analytics, in: Information Visualization, 8. Jg., Nr. 4, S. 309–314

Thompson, J. D. (1967). Organizations in action: Social science bases of administrative theory, New York

TIBCO. Abgerufen am 17.08.2021 unter: https://www.tibco.com/products

Tokola, H./Gröger, C./Järvenpää, E./Niemi, E. (2016). Designing manufacturing dashboards on the basis of a key performance indicator survey, in: 49th CIRP Conference on Manufacturing Systems (CIRP-CMS 2016), Procedia CIRP 57, S. 619–624

Töpfer, A. (2007). Betriebswirtschaftslehre. Anwendungs- und prozessorientierte Grundlagen, 2. Aufl., Berlin, Heidelberg

Töpfer, A. (2012). Erfolgreich Forschen. Ein Leitfaden für Bachelor-, Master-Studierende und Doktoranden, Springer-Lehrbuch. 3. Aufl., Wiesbaden

Torres-Carrión, P. V./González-González, C. S./ Aciar, S./ Rodríguez-Morales, G. (2018). Methodology for systematic literature review applied to engineering and education, in: 2018 IEEE Global Engineering Education Conference (EDUCON), Santa Cruz de Tenerife, Spanien, S. 1364–1373

Trachsel, V./Bitterli, C. (2023). Controller Profiles in Switzerland: Importance of Digitalization. Job Advertisement Analysis in Switzerland, in: Keimer, I./Egle, U. [Hrsg.], The Digitalization of Management Accounting, Wiesbaden, S. 181–191

Tranfield, D./Denyer, D./Smart, P. (2003). Towards a Methodology for Developing Evidence-Informed Management Knowledge by Means of Systematic Review, in: British Journal of Management, 14. Jg., Nr. 3, S. 207–222

Trapp, R. (2012). Konvergenz des Rechnungswesens: Eine Inhaltsanalyse der Diskussion um eine Annäherung des internen und externen Rechnungswesens in deutschsprachigen Fachzeitschriften, Wiesbaden

Tsai, C.-W./Lai, C.-F./Chao, H.-C./Vasilakos, A. V. (2015). Big data analytics: a survey, in: Journal of Big Data, 2. Jg., Nr. 21, S. 1–32

Turner, R. H. (2001). Role theory, in: Turner, J. H. (Hrsg.), Handbook of Sociological Theory. New York et al., S. 233–254

Tzafestas, S. G./ Verbruggen H. B. (1995). Artificial intelligence in industrial decision making, control, and automation: An introduction, in: Tzafestas, S. G./ Verbruggen H. B. (Hrsg.) Artificial intelligence in industrial decision making, control and automation, Dordrecht, Boston, London, S. 1–39

Ubermetrics. Abgerufen am 17.08.2021 unter: www.ubermetrics.com

Udy, S. H. (1958). Bureaucratic elements in organizations – some research findings, in: American Sociological Review, 23. Jg., Nr. 4., S. 415–418

Uipath. Abgerufen am 17.08.2021 unter: www.uipath.com

Ullman, A. A. (1985). Data in search of a theory: A critical examination of the relationships among social performance, social disclosure, and economic performance of US firms, in: Academy of Management Review, 10. Jg., Nr. 3, S. 540–557

Ulrich, P. (2011). Corporate Governance in mittelständischen Familienunternehmen. Theorien, Feldstudien, Umsetzung, Wiesbaden

Ulrich, P./Rieg, R. (2022). Digitalization in planning, budgeting and forecasting. IGC Study Report, S. 1–50

Ulrich, P./Frank, V./Kratt, M. (2021). KI im Mittelstand, in: Erfolgsfaktoren der Unternehmensführung, Bd. 15, Aalener Institut für Unternehmensführung (AAUF), Aalen University

Ulrich, P./Behringer, S./Unruh, A./Frank, V. (2022a). Individual corrupt behavior: An experimental analysis of the influence factors personality and gender. In: Corporate Ownership & Control, 19. Jg., Nr. 2, S. 93–108

Ulrich, P./Frank, V./Becker, W./Büttner, R. (2022b). Current Developments in Management Reporting – A Systematic Literature Review focusing on Digitization and Role Changes, PACIS 2022 Proceedings (VHB-Rating 2024 WI: C), S. 332

Ulrich, P./Frank, V./Büttner, R./Becker, W. (2022c). A Literature Review on the Impact of Modern Technologies on Management Reporting, in: Procedia Computer Science, 130. Jg., S. 907–915

LexisNexis. Nexis Uni, abgerufen am 23.02.2022 unter: https://www.lexisnexis.de/loesungen/research/akademische-recherche-nexis-uni

Vaivio, J./Kokko, T. (2006). Counting big: Re-examining the concept of the bean counter controller, in: The Finnish Journal of Business Economics (Liiketaloudellinen Aikakauskirja), 55. Jg., Nr. 1, S. 49–74

Valančienę, L./GimŽauskienę, E. (2007). Changing role of management accounting: Lithuanian experience case studies, in: Engineering Economics, Jg. 55, Nr. 5, S. 16–23

Van Bruggen, G. H./Lilien, G. L./Kacker, M. (2002). Informants in organizational marketing research: Why use multiple informants and how to aggregate responses, in: Journal of Marketing Research, 39. Jg., Nr. 4, S. 469–478

Verkooij, K./Spruit, M. (2013). Mobile business intelligence: Key considerations for implementations projects, in: Journal of Computer Information Systems, 54. Jg., Nr. 1, S. 23–33

Verma, J. P./Agrawal, S./Patel, B./Patel, A. (2016). Big data analytics: Challenges and applications for text, audio, video, and social media data, in: International Journal on Soft Computing, Artificial Intelligence and Applications, 5. Jg., Nr. 1, S. 41–51

VHB-Rating 2024. Abgerufen am 11.09.2024 unter: https://vhbonline.org/service/vhb-rating-2024/teilratings

Vogelsang, M. (2010). Digitalization in open economies. Theory and policy implications, Berlin, Heidelberg

Wagner-Schelewsky, P./Hering, L. (2019). Online-Befragung, in: Baur, N./Blasius, J. (Hrsg.), Handbuch Methoden der empirischen Sozialforschung, 2. Aufl., Wiesbaden, S. 787–800

Walter, C. (2020). Statistische Untersuchungen planen. Schwierigkeiten und Fehler von Schülern beim Bearbeiten statistischer Planaufgaben, Wiesbaden

Weber, F. (2020). Künstliche Intelligenz für Business Analytics. Algorithmen, Plattformen und Anwendungsszenarien, Wiesbaden

Weber, J. (2001). Versagen des Controlling? Ein Beitrag zur Theoriefindung, Erwiderung zu dem Beitrag von D. Schneider, in: Der Betrieb 44, S. 1785–1788

Weber, J. (2008). Rollen der Controller – Theoretische Herleitung und empirische Erkenntnisse, in: Weber, J./Vater, H./Schmidt, W./Reinhard, H./Ernst, E. (Hrsg.), Die neue Rolle des Controllers, Stuttgart, S. 3–14

Weber, J./Schäffer, U. (2008). Einführung in das Controlling, 12. Aufl., Stuttgart

Weber, J./Schäffer, U. (2016). Einführung in das Controlling, 15. Aufl., Stuttgart

Weber, J./Schäffer, U. (2020). Einführung in das Controlling, 16. Aufl., Stuttgart

Weber, J./Wiegmann, L. (2018). Self-Service BI-Fluch oder Segen?, in: Controlling & Management Review, 62. Jg., Nr. 2, S. 24–31

Weber, J./Strauß, E./Spittler, S. (2012). Controlling & IT: Wie Trends und Herausforderungen der IT die Controllingfunktion verändern, in: Zeitschrift für Controlling und Management, 56. Jg., Nr. 2, S. 105–109

Weber, J./Schaier, S./Strangfeld, O. (2018). Was verbirgt sich hinter »Berichtswesen«, was bestimmt dieses?, in: Schäffer, U. Weber, J. (Hrsg.), Entwicklungen im Berichtswesen, Weinheim, S. 15–21

Weber, M. (1988). Gesammelte Aufsätze zur Wissenschaftslehre, 7. Aufl., Tübingen

Weich, I./Löchte, E. (2019). Self-service-reporting – do it yourself?, in: KoR: internationale und kapitalmarktorientierte Rechnungslegung; IFRS, 19. Jg., Nr. 6, S. 265–267

Weide, G. (2009). Gestaltung und Erfolg des Management Reporting. Empirische Analyse der Auswirkungen einer Integration des Rechnungswesens, Hamburg

Weißenberger, B. E. (1997).: Die Informationsbeziehung zwischen Management und Rechnungswesen. Analyse institutionaler Koordination, Wiesbaden

Weißenberger, B. E./Bauch, K. A. (2019). Controlling in der Echtzeit-Economy: Auswirkungen der digitalen Transformation auf die Unternehmenssteuerung, in: Obermaier, R. (Hrsg.), Handbuch Industrie 4.0 und Digitale Transformation, Wiesbaden, S. 703–721

Weißenberger, B. E./Angelkort, H./Göbel, S. (2012). Integration der Rechnungslegung und Rollenwandel von Controllern: Ergebnisse einer empirischen Untersuchung, in: Controlling – Zeitschrift für erfolgsorientierte Unternehmenssteuerung, 24. Jg., Nr. 2, S. 85–92

Weißenberger, B. E./Wolf, S./Neumann-Giesen, A./Elbers, G. (2012). Controller als Business Partner: Ansatzpunkte für eine erfolgreiche Umsetzung des Rollenwandels, in: Zeitschrift für Controlling und Management, 56. Jg., Nr. 5, S. 330–335

Welge, M. K. (1980). Management in deutschen multinationalen Unternehmungen: Ergebnisse einer empirischen Untersuchung, Stuttgart

Weltgesundheitsorganisation Regionalbüro für Europa (2020). Pandemie der Coronavirus-Krankheit (COVID-19), abgerufen am 04.12.2020 unter: https://www.euro.who.int/de/health-topics/health-emergencies/coronavirus-covid-19/novel-coronavirus-2019-ncov

Wettstein, K./Caderas, R. (2023). The Digital Transformation of Reporting at Swiss Radio and Television (SRF). The Way from Excel to Online Reporting, in: Keimer, I./Egle, U. [Hrsg.], The Digitalization of Management Accounting, Wiesbaden, S. 57–71

Wiegmann, L./Schäffer, U./Weber, J. (2016). IT plus Interaktion!, in: Controlling & Management Review, 60. Jg., Nr. 4, S. 34–43

Wiegmann, L./Tretbar, T./Strauß, E. (2014). Business Partner 2.0. Wie IT-Trends die Rolle des Controllers verändern, in: Controlling – Zeitschrift für erfolgsorientierte Unternehmenssteuerung, 26. Jg., Nr. 3, S. 197–201

Wild, J. (1974). Betriebswirtschaftliche Führung und Führungsmodelle, in: Wild, J. (Hrsg.), Unternehmensführung, Berlin, S. 141–179

Willmes, C./Hess, T. (2014). Ein Meer an Daten. Ein mehr an Wissen. Eine empirische Studie zum Einsatz von Big Data im Controlling, KPMG, S. 1–32

Windeck, D./Weber, J./Strauss, E. (2015). Enrolling managers to accept the business partner: the role of boundary objects, in: Journal of Management and Governance, 19. Jg., Nr. 3, S. 1–37

Wiswede, G. (1977). Rollentheorie, Stuttgart et al.

Wittenberg, V. (2006). Controlling in jungen Unternehmen. Phasenspezifische Controllingkonzeptionen für Unternehmen in der Gründungs- und Wachstumsphase, Wiesbaden

Wolf, J. (2020). Organisation, Management, Unternehmensführung. Theorien, Praxisbeispiele und Kritik. 6. Aufl., Wiesbaden

Wolf, T./Heidlmayer, M. (2022). Die Auswirkungen der Digitalisierung auf die Rolle des Controllers, in: Feldbauer-Durstmüller, B./Mayr, S. (Hrsg.), Controlling – Aktuelle Entwicklungen und Herausforderungen, 2. Aufl., Wiesbaden, S. 3–27

Wolf, T./Strohschen, J.-H. (2018). Digitalisierung: Definition und Reife. Quantitative Bewertung der digitalen Reife, in: Informatik Spektrum, 41. Jg., Nr. 1, S. 56–64

Wolf, T./Kuttner, M./Feldbauer-Durstmüller, B./Mitter, C. (2020). What we know about management accountants' changing identities and roles – a systematic literature review, in: Journal of Accounting & Organizational Change, 16. Jg., Nr. 3, S. 311–347

Woodward, J. (1958). Management and Technology, London

Woodward, J. (1965). Industrial Organisation: Theory and Practice, Oxford

Wunderer, R. (1993). Führung. In: Hauschildt, J./Grün, O. (Hrsg.), Ergebnisse empirischer betriebswirtschaftlicher Forschung, Stuttgart, S. 633–672

Xiao, Y./Watson, M. (2019). Guidance on conducting a systematic literature review, in: Journal of Planning Education and Research, 39. Jg., Nr. 1, S. 93–112

XLSTAT. Abgerufen am 17.08.2021 unter: https://www.xlstat.com/de/

Yadranjiaghdam, B./Pool, N./Tabrizi, N. (2016). A survey on real-time big data analytics: Applications and tools, in: 2016 International Conference on Computational Science and Computational Intelligence (CSCI), Las Vegas, Nevada, USA, S. 404–409

Yoo, Y./Lyytinen, K./Boland, R./Berente, N./Gaskin, J./Schutz, D./Srinivasan, N. (2010). The next wave of digital innovation: Opportunities and challenges, in: Report on the Research Workshop: "Digital Challenges in Innovation Research", S. 1–37

Yazdifar, H./Tsamenyi, M. (2005). Management accounting change and the changing roles of manage ment accountants: A comparative analysis between dependent and independent organizations, in: Journal of Accounting & Organizational Change, 1. Jg., Nr. 2, S. 180–198

Yazdifar, H./Askarany, D./Askary, S. (2008). Management accountants' role in dependent and independent companies: Does ownership matter?, in: Journal of Accounting – Business & Management, 15. Jg., Nr. 2, S. 1–21

Yigitbasioglu, O. M. (2017). Drivers of management accounting adaptability: the agility lens, in: Journal of Accounting & Organizational Change, 13. Jg., Nr. 2, S. 262–281

Yigitbasioglu, O. M./Velcu, O. (2012). A review of dashboards in performance management: Implications for design and research, in: International Journal of Accounting Information Systems, 13. Jg., Nr. 1, S. 41–59

Zakir, J./Seymour, T./Berg, K. (2015). Big data analytics, in: Issues in Information Systems, 16. Jg., Nr. 2, S. 81–90

Zarzycka, E. (2017). The role of management accountant in enterprises operating in Poland, in: Zeszyty Teoretyczne Rachunkowości, 93. Jg., Nr. 149, S. 235–252

Zelewski, S. (1991). Die Starke KI-These. Zu Searle's Wiederbelebung einer fragwürdigen Debatte über die Grundlagen des Erkenntnisprogramms der Erforschung Künstlicher Intelligenz (KI), in: Journal for General Philosophy of Science, 22. Jg., Nr. 2, S. 337–348

Zillmann, M. (2019). Robotic Process Automation. Sonderanalyse zur Lünendonk-Studie „Der Markt für IT-Beratung und IT-Service in Deutschland", Lünendonk & Hossenfelder GmbH, Mindelheim, S. 1–30

Zirkler, B. (2022). Management Accounting in den USA, in: Becker, W./Ulrich, P. (Hrsg.), Handbuch Controlling, 2. Aufl., Wiesbaden, S. 679–695

FSC
www.fsc.org
MIX
Papier | Fördert
gute Waldnutzung
FSC® C083411

Kolibri 360 GmbH
Ferdinand-Jühlke-Straße 7
99095 Erfurt, Deutschland
produktsicherheit@kolibri360.de